# 法学论坛集

## 第二辑

中国政法大学法学院◎编

中国政法大学出版社

2022·北京

声　明　1. 版权所有，侵权必究。

　　　　　2. 如有缺页、倒装问题，由出版社负责退换。

**图书在版编目（ＣＩＰ）数据**

法学论坛集. 第二辑/中国政法大学法学院编. —北京：中国政法大学出版社，2022.10
ISBN 978-7-5764-0676-4

Ⅰ.①法…　Ⅱ.①中…　Ⅲ.①法学－文集　Ⅳ.①D90-53

中国版本图书馆CIP数据核字(2022)第179785号

--------------------------------------------------------------------------------------------------------------------------

| 出　版　者 | 中国政法大学出版社 |
| 地　　　址 | 北京市海淀区西土城路 25 号 |
| 邮　　　箱 | fadapress@163.com |
| 网　　　址 | http://www.cuplpress.com (网络实名：中国政法大学出版社) |
| 电　　　话 | 010-58908435(第一编辑部) 58908334(邮购部) |
| 承　　　印 | 北京京鲁数码快印有限责任公司 |
| 开　　　本 | 720mm×960mm　1/16 |
| 印　　　张 | 17 |
| 字　　　数 | 233 千字 |
| 版　　　次 | 2022 年 10 月第 1 版 |
| 印　　　次 | 2022 年 10 月第 1 次印刷 |
| 定　　　价 | 56.00 元 |

# 目　录 | Contents

# 英国、德国、阿根廷防疫政策纵横谈

**主讲人** ·······························································

**谭道明** 中国社科院拉美所副研究员

（时为阿根廷布宜诺斯艾利斯大学法学院访问学者）

**郑玉双** 中央财经大学法学院副教授

（时为牛津大学法律系访问学者）

**朱　铮** 中国政法大学法学院讲师

（时驻德国柏林做学术交流）

**主持人** ·······························································

**李松锋** 中国政法大学法学院副教授

**李松锋（主持人）：**

各位同学，各位朋友，大家晚上好。我是中国政法大学法学院的李松锋，欢迎大家来参加本期域外公法论坛。最近因为疫情我们都被困在家里，刚才我放的音乐是 2020 年 4 月 19 日演出的《同一个世界，团结在家》的音乐会片段。现在很遗憾的是，我不得不把音乐掐断，开始我们的讲座。病毒是人类共同的敌人。我看到有学者称此次防疫是"第三次世界大战"。这次"世界大战"的特点是全人类共同向病毒开战，这就需要全人类的共同合作。而合作的前提是彼此了解，相互学习。在互联网时代，了解彼此似乎很方便，人们可以瞬间获取各个国家的信息。好像昨晚世界任何角落发生了什么大事，今天我们就都知道了。但是，又因种种原因，我们对海外的信息其实了解得并不多，有时还夹杂着错误信息，至少在域外防疫问题上，信息就呈现出混乱的局面。

在这样一个大背景下，域外公法论坛策划了疫情期间特别系列，邀请了如今身在海外的学者来给我们分享当地的防疫情况。今天是这个系列的第一讲。我们非常荣幸地邀请到了三位年轻又出色的学者，他们现居住在三个不同的国家。一位是中国社科院拉美所的谭道明副研究员，他正在阿根廷布宜诺斯艾利斯大学做访问学者；第二位是我们中国政法大学法学院的朱铮博士，他正在德国柏林；第三位是中央财经大学法学院的郑玉双副教授，他在英国牛津。他们虽没有经历国内的疫情，此时此刻却在各自所在的国家面临着同样的挑战，正在经历着所在国家的抗疫防疫，因此，论坛邀请他们来现身说法，听他们讲述各自的经历。当然，每个人的认识都是有限的，但相信他们的讲解能为我们提供第一手的信息，让我们获取一些不同的声音，这是我们整个系列讲座追求的目的。

今天是第一讲，目前已经确定了四讲，在接下来几周会陆续跟大家见面。因为讲座是在网络上举行的，所以还是有许多不便之处，在此需要提醒各位：讲座中请不要打开话筒，免得干扰讲座进行；交流环节亦因为人数较多，无法让大家用麦克风发言，所以在听讲座的过程中可以随时在聊天区以文字的形式提出问题。三位主讲人讲完之后，会留一点时间回答各位提出的问题。如果听的过程中出现如网络卡顿或者声音听不清的情况，也请各位及时在聊天区提出来，我们尽力改善。

下面有请第一位主讲人，现在位于阿根廷的谭道明博士。

**谭道明（主讲人）：**

我现在正在布宜诺斯艾利斯，阿根廷的首都。这是我第二次来中国政法大学的域外公法论坛，上一次谈的话题是"巴西的宪制发展和制度变迁"。今天，我想简单地跟大家介绍一下阿根廷的防疫情况。我目前正在阿根廷布宜诺斯艾利斯大学（以下简称布大）法学院做访问学者。布大是阿根廷最好的大学，法学院又是这个大学最好的学院，没有之一。好到什么程度呢？阿根廷的现任总统阿尔韦托·费尔南德斯在就职之前是布大法学院的教授，并且布大法学院在历史上已经出了十几位总统了。

我的访问时间是 1 年，2019 年 11 月 1 日从北京出发，2 日到达布宜诺斯艾利斯，到今天——北京时间 4 月 21 日——共 5 个月 20 天。我来到这里两个月的时候，湖北武汉等地暴发了新冠肺炎。有朋友和同事就跟我开玩笑，当时还没觉得是玩笑，说我完美地"躲过"了这一次疫情，因为我计划 10 月底才回国。然而，现在看来并没有"躲过"——我现在正根据阿根廷政府的全民隔离规定禁足在家，到今天已经整整 1 个月了。全世界可能没有一个人能够想象的到疫情发展竟会如此迅猛，连世界上最南的地方也不能幸免。

阿根廷与英国、德国都有一定的渊源。在独立前后，阿根廷与英国的关系非常密切，后来由"爱"转"恨"了。大家知道，1982 年发生了马岛战争，阿根廷战败，英国战胜了，这是阿根廷人的一个伤疤。阿根廷是一个移民国家，德裔移民的数量排在意大利移民和西班牙移民之后，是第三位。德国二战战败以后，有很多的纳粹分子逃到了阿根廷，有的人终老阿根廷，有的人又被抓回去了。汉娜·阿伦特的名著《艾希曼在耶路撒冷》中讲到，主人公艾希曼逃到了阿根廷，待了十多年，后来被以色列的情报机构摩萨德抓回去，被绞死了。也有人说，希特勒并没有自杀，而是伪装后逃到了阿根廷，并在此善终。当然，这是一个传说，不足为凭。总而言之，德国、英国与阿根廷是有很深的历史渊源的。

首先我想讲一下阿根廷的防疫情况，它有哪几个特点。其次，讲一下防疫对公法、政治以及日常生活意味着什么。最后，我想讲一讲对阿根廷防疫的一点观察所得：第一个观察所得是我从福山的观点出发引申出来的——成功的抗疫，从长线看，靠的是一个国家的国家能力；从短期看，要依靠人民对现任政府的信任。一个国家的国家能力与人民对政府的信任，在作用方面有长期与短期的区分。第二个观察所得是，防疫抗疫的过程中，在国家能力相同、领导人同等重视的情况下，左翼政府的表现会比右翼政府更好一些，一会儿解释我的理由是什么。第三个观察所得是，防疫抗疫非常强调团结与合作，但是团结和合作又非常困难，不仅人和人之间，还有人和国家之间、国家和国家之间，似乎都陷入了囚徒困境，越想合作越无法合作。

首先谈一下阿根廷的情况。到今天为止，阿根廷的新冠病毒的感染总人数是 3031 人，目前确诊并在医院里面救治的有 2152 人，康复的有 737 人，死亡人数是 142 人。疫情最严重的地区是人们常说的"大布宜诺斯艾利斯地区"，主要是布宜诺斯艾利斯省和布宜诺斯艾利斯市，这两个地方占了大部分。其他比较严重的地区有科尔多瓦、查科、圣菲、黑河、火地岛、内乌肯，这几个省份的确诊人数突破了 100 人。布宜诺斯艾利斯省的感染者已经有 915 人了，布宜诺斯艾利斯市的感染人数是 728 人，这个数字还不是很惊人的，尤其与拉美、欧美乃至全球比较而言。阿根廷新冠疫情的致死率是 4.7%，低于美国的 5.2%，也低于西班牙和意大利的 10.5% 和 13.2%。

3 月 3 日在阿根廷发现了第 1 例感染者，3 月 6 日又发现了第 2 例。4 月份以来每天都是 60 例及以上，很多时候都超过 100 例。3 月 6 日出现了第 1 例死亡病例，男女的感染率是不相上下的，但男性的死亡率是女性的 2 倍还多；老年人的死亡率也比较高，达到 80% 以上。所以此次疫情对男性和老人是非常不友好的。

大家都知道，美国、西班牙、意大利，法国、德国、英国的确诊人数都是 10 万以上，美国是七十几万。在拉美地区，阿根廷的感染人数也比较少。巴西目前的确诊人数是 36 658 人，马上超过 4 万人，是拉美地区里最严重的国家。而且我还听说，处在亚马逊雨林深处的土著人，也有了感染者，这是非常可怕的。还有智利也马上破万了，确诊人数达九千多人，厄瓜多尔的形势也非常糟糕，墨西哥也比较严重。相对来讲，阿根廷的防疫工作做得还不错。

阿根廷的防疫力度，介于中国非常重视的模式与欧美曾经采取的宽松模式之间。有人说，阿根廷的疫情不太严重，是因为占了地理位置的便宜，这种看法有部分道理。但是，巴西、厄瓜多尔也距离很远，现在情况却非常不乐观，所以地理位置有一定影响，但这个影响不能夸大。我觉得主要还是阿根廷政府、阿根廷老百姓在抗疫方面采取了很多的措施，做了很多的事情。

第一，行动比较迅速。最初在中国出现疫情之后，他们就对中国来的飞机开始喷药、隔离乘客，做好相应的防控。意大利、西班牙疫情大暴发以后，政府就断然把航班给停了。从 3 月 20 日开始，就要求全民隔离，到现在一个多月还没有解除，而且还会继续延长。每个家庭每天可以有一个成年人出门买菜，小孩子完全禁止出门，老年人不建议出门。

第二，阿根廷的各项防疫措施是逐渐收紧的，不是一下子收紧。口罩就是一个例子。刚开始的时候，阿根廷是没有人戴口罩的，华人如果戴口罩的话，还要被举报，认为你感染了才戴。最初，政府要求普通老百姓可以不戴口罩，但超市等公共服务场所的工作人员必须戴口罩，但现在规定所有人只要出门就必须戴口罩，不戴的话，不仅面临巨额罚款，甚至还会被拘留。布宜诺斯艾利斯省的首府拉普拉塔市出台规定，如果市民不戴口罩，可能最高要被处以 133 000 比索的罚款。133 000 比索的罚款是多少钱？相当于人民币 1 万多。如果不戴口罩，你可能被罚人民币 1 万块，这个罚款的额度是非常高的。另外，还有可能面临 30 天的拘留。首都布宜诺斯艾利斯市最近出台了规定，因为发现新冠病毒对老人非常不友好，所以禁止 70 岁以上的老人出门。很有意思的是，这个对老人的禁足令被一些老人告到了法院，法院认为涉嫌歧视，该规定被撤销了。布宜诺斯艾利斯市政府放弃上诉到最高法院，只好退而求其次，要求老人出门之前给市政府防疫人员打电话，由政府提供相应帮助，防止这些老人被感染。

我也发现，阿根廷的广播、电视、网络等媒体全部开足马力，提高民众的抗疫意识。原来大街上都是各种商业广告，现在大部分都变成了抗疫广告。有一个口号让我特别感动"cuidarte es cuidarnos"，意思就是"照顾好你自己就是照顾好我们大家"。这是一个很个人主义的口号，它体现了个人利益与集体利益不是对立起来的，是完全可以统一的。把自己照顾好了，就是照顾好我们大家，适用于抗疫我觉得恰如其分。

第三，阿根廷规定的隔离不是无限期的，是一段一段延长式的。第一段是3月20日到4月1日。在该阶段结束之前，总统与各省磋商，认为隔离需要从4月1日继续延长到4月20日。4月20日以后，又考虑到普通民众，认为需要继续隔离到5月10日。但是有11种行业是可以复工的，因为经济下滑得非常厉害，本来经济体就很脆弱，它经不起长时段的停摆。比如税费缴纳这种可以网上预约再去现场办理的行业是可以部分复工的。

其次，我们在谈论防疫的时候，究竟在谈论什么？我们谈的不是一个常态的政治，而是一个非常态的政治，又可以叫例外状态或者紧急状态。有很多人说，就相当于霍布斯在《利维坦》中讲的那种自然状态。人类重新返回了这种自然状态，每个人都把生存的权利置于自由权和财产权之上。而且这个排序就类似于罗尔斯《正义论》里面的"词典式序列"，人们只追求保命，其他的权利和利益都可以推后，并需要一个强大的政府来保护人们。

但是，人类政治文明发展到现在，类似防疫的状态虽然是非常态，但未必就要掉进霍布斯所讲的人与人的"战争状态"。防疫这种非常态之下，也应遵守或强调一些基本的法治原则。政府的隔离措施，还必须符合比例原则。隔离时间的长短、隔离的范围、违反隔离措施的处罚力度，应当符合相应的比例，不能不足，也不能过度。权利救济的渠道要通畅，如果对相关隔离措施和处罚不服，当事人应该有途径去寻求救济，不管是行政的救济还是司法的救济，都应该是畅通的。

最后，就是思考为什么阿根廷的防疫做得还不错。首先，福山最近有一篇发表在《大西洋月刊》上的文章中讲到，不管民主还是非民主体制在防疫面前都不重要，重要的是这个国家的国家能力和人民对政府的信任，后者尤其重要，这也是我的第一个观察所得。读过福山的《政治秩序的起源》《政治秩序与政治衰败》的朋友可能会知道，福山说拉美地区整体上是一个弱国家能力的地区，在拉美地区中，只有智利、乌拉圭和哥斯达黎加这三个国家的国家能力是比较强的。但是，我们看到智利这一次的防疫表现就不太好，它的感染人数马上破万了；而阿根廷的国家能力相比而言并不强，却表现得还不错，这里面的原因是什么？

我觉得第一个原因就是，阿根廷的现任政府——费尔南德斯政府，比较好地维持了人民对它的信任。总统12月初才就任，3月初就发生了疫情。实际上还处于政治上的"蜜月期"，政治人物身上的卡里斯马的光环还没有消逝。第二个原因，就是阿根廷的现政府在应对国际货币基金组织的贷款和控制超级通货膨胀方面，做得比前任马克里政府要好一些，使得它在短时间内能够团结和集中最大的力量去控制疫情在全国的扩散。而智利呢，原本也是具有强国家能力的，但是从去年底智利就暴发了大规模的抗议，政府与民众的关系非常脆弱，民众对总统和政府的信任度都不高，有很多民众即使待在家里也还要在阳台上敲锅来抗议。巴西就更加糟糕了。巴西政治自博索纳罗当选以来就非常地极化。而且博索纳罗这个人物也非常具有争议性，他经常成为重大争议的对象。2019年的亚马逊森林大火，博索纳罗的民意就受到严重影响，最近关于要不要隔离、要不要立即复工、如何权衡经济发展与抗疫措施，他的态度和表态让很多民众，包括军队以及他的内阁成员都对他没有太多的信任，甚至互相吵起架来。

第二个观察所得，就是拉美地区在面对抗疫这种非常态政治的时候，左翼政府通常会比右翼政府表现得更好，为什么？在类似的国家能力之下，在领导人同等重视的情况下，这主要是因为：在政治主张方面，右翼政府主张一个小政府，守夜人国家，政府要尽可能少地干预，在常态政治下这是很有优势的，有利于发挥主体的积极性，但是在非常态政治下，政策空间就不够用。即使右翼政府发现需要向左翼政府学习政府干预，但在它转向学习的时候，这个时间差就会导致疫情进一步扩大。

关于左翼政府干预的力度，我还是谈一下阿根廷。疫情要求全民隔离后，政府就说老百姓你不要担心，就在家里隔离好了，你的电话费、水电费都不用急着去交，即使不交电话费，电话公司也要自动给你延长，不得中断。我的手机这个月没有交 600 比索的手机包月费，但通讯公司还是继续提供服务，因为政府规定了它不能中断。房租也不用担心，会顺延，还包括一些其他的民生保障措施，有对贫困人口的补助，每人发了 5000 比索的补助金，布市政府最近又给每位流浪汉发了 3000 比索。

左翼政府在同等情况下比右翼政府更注重不同的群体受到疫情冲击的影响不同。薄伽丘的《十日谈》里面就讲到，佛罗伦萨发生了瘟疫，然后 7 个女子和 3 个男子就到郊区别墅里面躲瘟疫，每天有一个人讲故事，每个人每天讲 10 个，讲了 10 天，就是 100 个故事。这 10 个人都出身贵族之家，他们能在乡间别墅里面非常有格调地讲故事、听故事。但是，佛罗伦萨市内的众多老百姓，已经因为黑死病的肆虐而十室九空了。我的意思是说，实际上穷人总是这一类灾难的最大受害者，他们是最脆弱的，他们最应该受到保护，但却是最难受到保护的。

我的第三个观察所得是，面对疫情防控这种非常态的政治，合作团结是第一位的。它要求几个方面的合作，第一个就是人民与政府的合作，政府的隔离措施，人民要能够理解和支持，也要去服从和遵守。第二个就是朝野两派之间要能够合作，执政党和在野党要能够摒弃前嫌，精诚合作。阿根廷的联邦政府是左翼政党执政，而它的首都是反对党在执政，发生疫情之后，布市的政府和联邦政府之间没有发生大的摩擦，它们在实行隔离和民生措施的时候都比较配合。但在巴西，中央与各州之间就有很大的不一致，中央说不能再隔离了，需要复工，各州不同意，还要继续隔离。总统和他的内阁也有很大的摩擦。第三个就是国际与国内的合作，这一次防疫，我看到阿根廷接受了古巴的 200 名医生加入了抗疫。而且阿根廷也有一两百名医生在欧美国家，他们主动提出回国来抗疫。还有从中国运进来防疫物资，前几天已经是第三架飞机了。面对疫情这种非常态政治的冲击，各个层面的团结和合作是非常重要的。

我现在也是隔离在家，偶尔去超市购物买菜，但毕竟不能每天都出去，所以在这里谈的东西可能不够全面，希望大家批评。我还担心一点，若由于经济的压力，阿根廷逐渐取消了隔离措施以后，疫情会不会反弹。阿根廷毕竟是一个弱国家能力的国家，与英美发达国家相比，无论是医疗体系的容纳能力，还是经济抗压能力，阿根廷都比较有限。我开玩笑说，现在都在担心 10 月底能不能顺利回国，其中不仅取决于阿根廷的疫情，还涉及全球疫情的情形，因为从阿根廷回国还要经过德国的法兰克福——歌德的家乡。谢谢松锋兄，我期待听一下玉双兄和朱铮兄对英国和德国的观察。


**李松锋（主持人）：**

谢谢谭老师给我们介绍了当地的防疫情况，还分享了他自己的一些思考，对我来说还是很有启发的。他借用福山的观点，指出国家能力、人民信任等是抗击疫情很重要的因素。让我们明白武汉方舱医院里那位被隔离的年轻人为何读福山了。谭老师提了几个很重要的抗疫因素，认为这些因素会有助于抗疫的成功，一个是人民对政府的信任，还有朝野之间的合作，执政党和在野党的合作。

因为时差问题，谭老师那边还是凌晨，一大早起来做讲座，我知道他昨天晚上睡得时间很少。但是，谭老师还不能回去睡觉，聊天区有几个提给你的问题，可以准备一下，在另外两位主讲人讲完之后，统一回答。

接下来有请我们的第二位主讲人，中国政法大学的朱铮博士。朱铮博士获得英国的博士学位，他的英语应该比德语好，但目前人在德国。他今天晚上要跟大家讲的是德国防疫情况。有请朱铮老师。

**朱铮（主讲人）：**

大家好，我是朱铮，非常感谢松锋老师的邀请。我是 1 月 15 日来的柏林，由于回国航班三次取消，就被困在了德国。我愿意和大家分享我看到、听到和想到的德国防疫情况，其实更多的是自己的一些疑问。我大概讲两方面的问题：第一个是德国防疫的发展和现状；第二个是关于德国防疫中的宪法问题。请大家指正。

现在柏林街头春光明媚，柏林几乎没有人戴口罩，而戴口罩的人会被特别关注，这是因为在德国，一是民众不习惯戴口罩，二是人们认为不是感染者或病人就不需要戴口罩，所以大部分德国人都不戴口罩。这倒给了大家一个印象：德国的疫情并不像想象得那么严重，那么德国政府采取了哪些措施，真实情况如何呢？

德国政府 3 月 23 日颁布了一个接触限制令，规定所有人必须尽可能地留在家中，除非为了购物或探望病人和老年人等，同时，从国外回到德国的人必须先自行隔离 14 天。值得注意的是，政府在颁布接触限制令时，就明确了执行期限，规定接触禁令的有效期是从 3 月 23 日到 4 月 19 日。这说明德国政府预测到 4 月 19 日疫情就会好转，从我得到的数据看，这一预测是准确的。目前，德国的病例增长正在下降，柏林地区感染的人数也正在下降。疫情从 3 月 2 日的暴发到 4 月 12 日的增长放缓，再到最近的低点，这反映了疫情逐步好转的过程。我所在的米特区感染人数已经达到单日新增 803 人，属于高风险地区。但是我不担心，这是因为 Charite 医院在米特区，几乎所有的确诊病例都被集中隔离在此医院。

德国人把感染人数的下降称为"脆弱的胜利"。据德国科赫病毒研究所的统计，德国已经有累计超过 14 万人确诊新冠肺炎，死亡数是 4598 例，病死率是比较低的。有意思的是，根据美国约翰霍普金斯大学的统计，无论是确诊数还是死亡数都比德国统计的多一些。截止到 4 月 20 日，柏林地区的确诊数是 5265 例，男女各占一半。至少从数字上看，德国取得了阶段性胜利并非虚言。

德国的重症监护病床数量充足。德国目前有 29 215 张此类病床，占用率才 58%，还有一半是空置的，所以有人开玩笑说，不发生疫情都不知道德国的实力。德国现在治愈的人数已经超过了新感染的人数。从德国的重症监护网站上的消息来看，德国现在还拿出相当的精力去救治法国的重症病人，这也是德国一再强调欧盟必须团结的原因。综上，德国的防疫表现总体上是不错的。

从 4 月 20 日开始，柏林地区 800 平方米以下的商店就陆续开门了，高考也已经开始了，大概有 14 600 名高中毕业生将参加高考。但是，柏林地区的高校仍然在进行线上授课，比如洪堡大学现在 85% 的课程是在网上进行的，而柏林工业大学的网课甚至占到 90% 以上。但是，德国总理默克尔认为局势具有"欺骗性"。她敦促民众保持警惕，维持纪律。她强调"德国离越过山顶还有很长的路要走，虽然现在放宽政策，但没人知道 14 天后会发生什么"。所以，根据默克尔的说法，德国疫情防控的任务还很重。

在这样一个背景下，德国推出了一系列新举措。比如德国在建新冠肺炎专业治疗中心，也就是"方舱医院"；每 2 万居民至少配备 5 个人组成的接触追踪小组；德国联邦还组织学生成立了一个 105 人的移动团队，为民众提供帮助；柏林地区还在建一个免下车的新冠测试中心；而德国奔驰公司现在已经开始生产口罩和防护服了。与此同时，萨克森州和梅前州等个别州强制民众戴口罩。根据相关调查估计，如果强制民众每天戴口罩，德国需要 80 亿到 120 亿个口罩才能满足需求。民调显示，有一半的德国人支持在新冠期间佩戴口罩。新冠病毒改变了德国人的生活方式，比如银行卡交易逐步取代现金交易，网络教学也逐步取代课堂——虽然很多德国教授仍然坚持师生之间的互动是德国教育的一大优势。新冠病毒为德国带来了方方面面的新变化。

也许我们更关心的是德国防疫中的宪法问题。我归纳了一下，德国防疫主要涉及三方面的宪法问题：一是"紧急状态"的判断；二是联邦制和防疫的关系问题；三是防疫大背景下基本人权的保障。

首先来看"紧急状态"的判断问题。在德国联邦体制下，联邦不能干涉州的事务，但《基本法》规定了例外情况。德国《基本法》第35条规定了在灾害面前联邦和州的互助，第91条规定了"内政紧急状态"（internal emergency）中特殊的州与联邦的关系。具体而言，第35条允许在遇到"自然灾害"或"危及地域超过一个州范围的事故"时，联邦和州之间互相提供协助。具体而言，在"以一州的能力很难维护和恢复公共秩序和安全时"，州可以请求联邦边防部队的帮助，也可以请求其他州的帮助；在这种情形下，联邦也可以主动指令其他州帮助遭遇困难的州或直接动用联邦力量帮助救灾。

更为相关的是《基本法》第91条。根据该条规定，"为抵御有关危及联邦或州的紧迫危险"，州可以请求他州予以协助，联邦也可以直接指挥该州的警察部队或指令他州警察部队进行协助，在危险排除后，联邦参议院将撤销相关指令。也就是说在"内政紧急状态"中，联邦可以对州直接发号施令，这是一种宪法的"例外状态"。那么问题随之产生，新冠疫情是"内政紧急状态"吗？

德国学界对此有不同的看法。一种看法认为由于新冠疫情已经危及了联邦和州的生存与基本秩序，它的影响超越一州，符合《基本法》中有关"内政紧急状态"的规定。另一种看法认为新冠疫情并不构成"内政紧急状态"，因为第91条赋予了联邦巨大的权力，使其能够干涉州事务，所以对紧急状态的判断应该慎之又慎。从历史来看，紧急状态条款会触碰德国人的敏感神经，毕竟1933年希特勒就是打着"紧急状态"的幌子，通过制造纵火案架空《魏玛宪法》攫取了巨大权力上台的，而德国艾伯特总统也曾援引"紧急状态"

条款达 136 次，把紧急状态常态化，常常为人诟病。另一方面，根据德国科赫研究所的定义，新冠病毒是"缓慢推进的自然灾害（slow motion natural catastrophe）"，不符合"紧急性"的要求，况且新冠病毒还很难说危及了德国的宪法秩序，因此德国的宪法学者认为新冠疫情并不构成"内政紧急状态"——联邦打着新冠防疫的旗号侵入州的领地是值得警惕戒备的宪法现象。

第二个与德国《基本法》相关的是联邦制和防疫的关系问题。德国和美国同是联邦制国家，但防疫表现大相径庭，这使我们不得不去思考联邦制和疫情的关系。从理论上来看，联邦制应该有利于抗疫才对，因为它能提供不同的制度选项。最近的一个德国新闻，内容是北威州和巴伐利亚州州长公开的电视辩论，两人代表不同的价值观——北威州州长更关心经济，要求马上复课复工复产，但巴伐利亚州州长却认为"人命关天"，在任何情况下都应该把人的生命放在首位。两位州长在电视上公开辩论，意见发生冲突，以至于巴伐利亚州州长愤而离席。这条新闻启示我们，在联邦制下，不同的州可以围绕同一个命题进行不同的制度设计，提供不同的公共政策产品供国家选择，保持多元性，提供不同方案。

但联邦制本身也存在诸多问题，包括纵向和横向的权力关系问题。在纵向权力配置上，像前面所说的，在德国的联邦制下，联邦不能直接干涉州事务，总理无法强迫 16 个州执行联邦决定，这使得如何"全国一盘棋"地推行某项政策成为很大的挑战。在美国的联邦制下，联邦和州呈竞争状态，如何"合众为一"，有效弥合州之间、联邦和州之间的推诿和扯皮成为宪法不得不解决的问题。关于如何理顺纵向的权力关系的一个典型例子就是德国的《传染病防治法》。由于这部法律是联邦立法，它能否得到执行实际上取决于各州，因此在疫情面前，即便是联邦立法也很大程度上有赖于各州的决定。

在横向的权力配置上，一个有意思的问题是如何有效制衡行政权的扩张。我们都知道在疫情面前，行政权势必会扩张，这是因为行政权有灵活机动的特点，但如何保证行政权不逾越必要的边界是宪法学关心的话题。从比较法的视角看，联邦制国家的横向分权有可能需要司法机关积极作为以抵消行政权扩张带来的弊端。比如美国学者就认为有效的违宪审查需要联邦制作为条件，因为联邦制为州际贸易创设了条件，而违宪审查是打击地方保护主义，凝聚国家共识的一种有效方法。伴随着疫情长期化和常态化带来的行政权过于能动的问题，德国联邦宪法法院能否有效地遏制行政权的扩张，将政府行为羁縻于法律框架之内，并同时整合不同州之间的利益冲突，凝聚国家的共识，是值得进一步观察的。

最后一个与疫情相关的宪法问题是如何有效保障人权。关于这一点，德国的公法学界已经有过很多的讨论。例如，用手机来定位感染者、密切接触者是否会侵犯公民的隐私？这些收集来的数据归谁？是否应该公开感染者名单？随着人工智能和人脸识别的应用，公民自由会不会伴随着国家权力的扩大进一步被蚕食？围绕这些问题，德国学者甚至提出了一个"新冠不可能三角"，即解除封城、减少死亡和保护公民自由，三者不能兼得，只能存在两个。这是一个有意思也是很宏大的话题，值得我们深思。

困于学识所限，我对德国《基本法》的了解非常粗浅。对于德国这样一个国家来说，"它不是用战争去拷打世界，就是用理论去拷问世界"。在德国《基本法》的框架中，如何去安放防疫这样一个话题，我想随着学术研究的深化，我们会对以上一些问题有新的认识。我的介绍大概就是这些。谢谢大家！剩下的时间交还给主持人。


**李松锋（主持人）：**

谢谢朱铮老师！朱铮老师不仅介绍了德国的防疫情况，还提出了防疫所引发的一些宪政问题，分享了他的思考，诸如紧急状态权的运用、联邦制、强司法权和个人权利保护等。非常感谢！聊天区也有一些问题，朱老师可以先准备一下，等会儿一并来回答。

怎么发现我一说话听众人数就纷纷下降了，大家借机喝水上厕所可以理解，但请不要下线，给我制造点假象。好了，我不说了，下面请第三位主讲人——现在在牛津的郑玉双老师。

**郑玉双（主讲人）：**

非常感谢松锋老师的邀请，也谢谢大家的支持。感谢中国政法大学法学院给我这样一个机会，即使身在异国他乡，也能够有这样的平台与大家做一下交流。刚才谭老师和朱老师从自己的切身视角，对阿根廷和德国做了一些观察。正如两位老师所讲的，其实我们身在国外，但是困于家中，基本上出不了门，所以只能做一些个人性的和片段性的观察。至于不管是德国还是英国，到底如何从政策或者法律的角度来应对这样突如其来的危机，就公开的资料来说，其实大家能够掌握的都差不多，甚至于要了解英国一些抗疫的政策，我都需要借助于中文的文献。

我是来自中央财经大学法学院的郑玉双，从 2019 年 11 月 1 日开始在英国的牛津大学访学，我的合作导师是 Ruth Chang，张美露教授。我们对英国应该都非常熟悉了，可能也有同仁来过。我对英国的整体印象是，其一，英国非常落后，很多方面很落后，特别是它的服务行业，比如快递和餐饮行业。有一个朋友在牛津旁边的一所大学里工作，他讲过一个故事：国内的一个朋友来看他，在走之前跟他意味深长地说，我之前能够想象到英国比较落后，但是没想到来了之后发现是如此落后。英国地方很小，大概也就 24 万平方公里，约等于中国的广西壮族自治区。但是它的快递有点慢，你要在亚马逊上买一个东西，快的时候第 2 天能到，一般情况下得 3~4 天。我们很难想象中国一个省份之内的快递，需要 3~4 天。这是第一个感受。

第二个感受，英国很慢，就一个字慢，不管做什么事情都慢腾腾的。英国人的性格有点慢，不管是政府还是民间，做一些事情都是比较慢的。比如说政府反应很慢，我们知道英国对于疫情的反应应该说是最慢的。再一个是英国的医疗，英国的医疗技术和保障应该算是非常先进了，但是它的医疗服务也是比较慢，我自己亲身体验过。在这一次疫情之中，如果你感染了病毒要给医院打电话，可能需要等 2 个小时才能够接通。接通了之后告诉他们你的症状是什么，如果他觉得症状比较轻微，你就可以挂电话了；如果症状有点严重，或者非常严重的话，他会告诉你救护车马上来接你，但你等待救护车的时间可能需要 2 天。总之就是很慢，这是英国的一个特点。

英国的总人口大概是 6600 万，相当于北京市人口的 2 倍，不算是太多。对比之下，英国目前的疫情数据，就有点让人触目惊心了。当前数据确实看起来非常不乐观，最新的数据显示，截止到昨天总共有 50 万人接受了检测，确诊的病例数接近 13 万，死亡病例的数字是 17 337 例。相比于欧洲的其他国家，特别是对岸的德国可以说是比较严重的。它的严重性还体现在另外一个方面，接受新冠测试的总数才 50 万。英国采取的方法是轻症不检测，只是检测重症，也就意味着有一部分轻症患者、无症状感染者实际上没有被检测到，那也就意味着目前 13 万的数字是远远不止的。同时有报道讲到，总死亡人数并没有把那些在家中或者在养老院死去的人统计在内。总结起来，英国的感染数字要比这里所统计的还要多。只看数字的话，英国的情况已经很紧张了。

我现在在牛津大学访学。牛津大学处于英国的牛津郡，牛津郡范围比牛津大学所在的牛津市要大一些，相当于一个大县城，它的人口是 63 万，面积大概是 2600 平方公里，相当于北京市昌平区的两倍，所以实际上也不算是太大。在这样一个人口面积的基数之下，它最新的感染人数是 1158 人，死亡 83 人。在全英国范围内，这个数字不算是太高，因为最严重的是伦敦等大城市，它们有地铁，有地铁就意味着病毒的传播速度很显然要快很多。像牛津这种，落后的农村地区没有地铁，只有公交车，病毒的传播也就会弱一些，但还是有 1000 多人被感染了。这是总共的感染人数，至于说康复了多少，到目前为止并不清楚。在英国，统计方面一个非常独特的地方在于，到目前为止还没有统计康复人数，它的数字一直是很早之前康复的人数，不具有参考价值。政府的态度是等 4 月下旬开始正式地统计康复人数。所以我们只能看到感染的总人数。这是牛津目前的一个情况。

就抗疫举措来说，相比于其他的国家，英国可圈可点的地方确实是不太多，比起其他的国家，英国的节奏就是慢。英国政府最大的作为就是不作为，似乎到目前为止，政府好像也没有做太多事情。刚才朱铮老师讲到德国有很多的举措，包括德国在推动全民检测，但英国没有。英国只检测了一小部分，而且是基本上是只有重症才给检测，其他的大部分民众，基本上是居家隔离，放任自流。

再者，我们把英国作为法治国家的典型，但是，似乎在这一次应对疫情的整个过程之中，法律发挥的作用并不突出。我也查了一些相关的资料，包括英国首相约翰逊做的一些决策、政府的表态，其法治的意义都不强。比如说刚才两位都讲到了紧急状态。在这一次全球性疫情之中，很多国家都宣布进入紧急状态，虽然我们中国没有明确地宣布，但实际上是把它作为一种紧急状态来处理的，政府的举措也是结合相关法律中关于紧急状态的规定。但是英国一直没有表现出这样一种状态，虽然说它也采取了一些决策，比如说也发布了相关规则，但是并没有体现出非常紧急。

从时间线索上来看，我们就可以看出慢腾腾的国家到底是怎么个慢法。就现在的报道来说，英国最开始的感染病例很早。以前的新闻报道称，最早有两位来自中国的旅行者，他们到了英国，后来被确诊了，然后又治好了，但这并不是最早的感染者。早在1月19日就有一个从奥地利滑雪回来的英国人，开始传染其他人，也是一个超级传播者——他才是0号病人。这也就意味着，从1月19日到2月28日，一个多月的时间里，病毒一直在传播。但是英国官方从统计上把确诊的第一例放在2月28日，这就是为什么在3月初确诊人数很少，而3月中下旬就开始出现大暴发。

到现在为止，英国的疫情已经持续3个月了。我们感觉上好像才一个多月，但是实际上已经三个多月。随着疫情加重，政府开始采取相应的行动，但是大家也可以看到，从英国的报道来看，有些地方确实是让人难以理解。

特别是我们所关注的群体免疫这样一个观念，也说明英国政府不走寻常路。3月12日的时候疫情已经比较严重了，但英国政府提出从遏制阶段转向延缓阶段，遏制就是压制控制，而转入延缓意味着尽可能地放缓它的传播。

在3月12日左右的时候，社会生活基本上都是正常的。当时英国首相的建议是大家好好洗手。怎么个洗手法？洗20秒，然后唱生日歌，唱两遍洗完就行了。他也是这么做的，确实是言行一致，后来就被感染了。到了3月23日，疫情已经比较严重了，而且民众的意见也比较大，那个时候才开始宣布英国封城，关闭一切的商店，民众待在家里，没事别乱跑，要出去的话就只有两个理由，一个是出去购物，再一个是出去锻炼。绝大多数人都要待在家里，除了医院还有超市的工作人员。

3月23日政策出来之后，大家的反应也不是特别紧张。政府只是发布指令，没有对民众采取太多的执行措施。所以到目前为止，我能够切身感受到英国政府所做的事情，就是收到政府发来的一条短信。这也是英国针对所有民众所做的，看得见摸得着的唯一一件事情——政府发了条短信提醒大家必须得待在家里。从3月底到4月初，情况就越来越严重，现在英国政府决定继续隔离3周。

英国抗疫最吸引人眼球的一件事情是，首相自己"身先士卒"，感染了病毒。英国人称他是群体免疫的先行者。据说是因为3月27日他去医院里看望感染的病人，跟他们握手，然后就感染了。他被感染了之后，自己在家待了一周多，但是还是不太行，4月6日就进了重症监护室。当时英国人也有点紧张，首相千万不能出事，那个时候确实是全民上下团结一心。首相在医院里也得到了比较好的照料，也上了呼吸机，最后确实挺过来了，4月12日出院，目前正在休息。

下面谈一下英国的抗疫政策。其实正如之前所讲的，英国可圈可点的地方不是很多，至少目前是这样。由于信息不透明，英国的抗疫决策以及医疗体系是如何应对这次疫情的，公开报道的信息不是特别多，特别是 NHS 对疫情的应对。熟悉的同仁知道 NHS 可以说是目前英国最重要的、也是他们最引以为傲的一项制度。NHS 是英国的国家医疗服务体系，于 1948 年建立，发展成为现在的全民医疗体系，这是英国人的骄傲，也是这一次疫情的前线阵地。但关于 NHS 的信息不是特别多，他们如何应对疫情，以及他们目前的物资储备情况，目前只有一些有限的信息。有报道说有些地方的 NHS 医院物资比较缺乏，特别是口罩，但是它的床位到现在为止也没有用完。普通民众无法切身地体会到医护在前线的艰难，能做的就是感谢他们。在疫情开始之后，英国的民众通过各种各样的方式来感谢他们。各种各样的、大幅的标语都被贴出来感谢 NHS。另外，每个周四的晚上 8 点，英国民众会给他们鼓掌。我碰巧参与了一次，到路边给他们鼓掌。很多人敲锣打鼓，拿出盘子、碗来给他们鼓掌，场面的确非常温馨。NHS 是英国抗疫的核心，也考验着英国的医疗能力和面对疫情的治理能力。整合各方面信息，到目前为止 NHS 的应对算是相对乐观，英国即将迎来拐点。

下面是英国政府的具体政策。

第一个是关于检测与防护，英国属于反其道而行之，在其他国家都开始全面检测的情况之下，他采取了另外一种方案：严重的病患予以检测，轻微的病患留在家里就行了。这个政策还是让人非常担心的，身处英国，让我对英国政府的这个政策不是特别信任，因为轻症隔离主要就靠自觉程度。大概在 3 月份的时候，Google 提供了一个服务，搜索本地就能够看出来在哪些地方有病例，类似于我们国内的病例定位。后来这个服务就被取消了，取消的原因不太清楚，可能涉及隐私权保护。所以到目前为止，在英国，你所在区域到底有没有人感染，大家都是不清楚的。如果你出去的话，身边的这些人到底是什么情况，也不能够判断，所以其实还是有风险。我平时尽量不出去，出去的话要冒一些风险。

第二个是经济政策，英国的经济政策和其他的一些西方国家有点类似。封城之后，大部分的工作或者说 80% 的工作都暂停了。这会带来失业率上升的问题，所以政府必须要采取措施来予以扶持和救助，他们采取的方案也是简单粗暴：政府宣布，如果公司要停，员工回到家，那么政府给他们支付80%的工资，最高是2500英镑一个月。从昨天开始这项政策就具体执行了，公司可以申请，申请之后将钱发给员工。2500英镑一个月，对于英国的普通家庭来说，其生活基本上是有保障的。从数据上可以看到，封锁导致650万人失业。英国总共才6000多万人，有650万人失业，占了1/10，比例还是比较高的。另外一项政策就是刚才讲到的居家隔离，非必要不外出。感觉在我身边，政策的执行力度不是特别大，政府并没有严格执法，这一点和我们国内的情况确实是截然相反的，国内是严格执法。另外一个原因是，民众有一颗躁动的心，控制不住自己，必须得出去。所以即使现在情况比较严重，也能看到外面还是有人来来往往，虽然不像3月份那么多人但还是有很多人出去，比如骑自行车、跑步。超市一直都开放，但是超市确实也采取了限流措施，人与人保持距离，进一个出一个，尽可能地避免人与人的接触。

这是目前为止英国抗疫政策的一个基本现状。我能讲的东西不是特别多，从切身体验来看，很多事情都不明朗。英国的BBC——英国最大的新闻媒体，披露的信息也不是特别多，我们只能通过一些零零散散的信息来进行判断。

整合这些片段式的信息，谈一下我的几点反思。

第一，英国人面对这样一场危机时的状态。英国这样一个老牌国家的技术，特别是医疗技术、科学家的水平并不低，但是为什么面对这场危机的时候，反而错失了最佳的时机，与对岸的德国相比，晚了两周，导致疫情失控。目前基本上可以确定的是，英国会是欧洲疫情最严重的国家，不管是它的病例数还是死亡数，应该都是最多的，其死亡数将超过2万人。

第二，我们现在还在纠结的一个问题——戴不戴口罩。在这一段时间经常受到国内朋友的关怀，问我要不要寄口罩。我之前也买了一些口罩，但用得不多，在外面可以看到的，90%的人还是不戴口罩。到底要不要民众戴口罩，政府现在的态度还是不太明朗。从当前的态势来看，似乎戴口罩是必不可少的，但是不管是科学家、医生还是普通的民众，都觉得口罩不是特别有用。现在你戴上口罩去一趟超市，别人不会用异样的眼光看你了。但是，我们戴了别人不戴，到底能不能有效果？我觉得效果不是特别大，还是防不胜防。另外一个问题是，在面对这次疫情的时候，现代科技到底如何被用来防疫。不管是从医疗技术、科学研究还是使用信息科技来应对等方面都做得不错，比如通过技术定位来收集信息，尽可能地将疫情控制在萌芽状态。英国科学家也在开发疫苗，进行试验，但是科技力量在这次疫情面前究竟能够发挥什么作用？这是一个疑问。等疫情结束之后，我们可以再来思考这样的问题——常态生活中的科技，在这次重大的疫情面前如何发挥用处？另外是技术适用所带来的其他问题，比如说科技和隐私的问题。同时也涉及信息科技或新媒体在这一次疫情中发挥的作用。在中国，媒体发挥了极其重要的作用。但是英国没有类似于微信、微博这样的媒体平台，他们的 Twitter 或 Facebook 等的媒介原理与我们的不同。

疫情是一次社会危机，在应对这次疫情的过程中，不管是中国社会还是英国社会，都是一个社会整体来面对这次危机。很显然，因为文化的、历史的差异，我们在面对这些危机的时候，实际上社会反应是不太一样的。特殊状态下需要社会团结，但社会团结在中国和在英国有不同的表达形式，举两个例子：一个是英国的一个 99 岁的上尉，他在自己家里转了 99 圈，来募集资金支持 NHS，最后募集了两千多万英镑。这个活动还得到了威廉王子的支持；另一个是一位 84 岁的老奶奶，她之前是医护，作为志愿者又重新返回到了医院，在护理的过程中感染了病毒，然后去世了。在当前情况下，确实有一些多元因素和力量参与到抗疫之中，这体现了社会团结。

另外的一些反思涉及流行病学的研究，从这次疫情中，世界流行病研究应该如何在知识体系上更新和反思？科学家在这次抗疫过程中所起的角色是什么？英国科学家所提出的群体防疫观念到底怎么来评估？此外，经过这次疫情之后人类社会是否会进入新的社会形态？比如说从一个合作型的社会转向一个团结型的社会？这些都是值得反思的问题。我先讲这么多，谢谢大家。

**李松锋（主持人）：**

谢谢玉双老师给我们分享了英国目前的防疫情况以及他自己的一些反思。原来我想当然地认为牛津这样的地方，疫情应该相对来说不会那么严重。但听了玉双老师的报告之后，确实令人震惊。牛津镇不过相当于两个昌平大的面积，已经有1000多人确诊，而昌平区总共也就十几人确诊，何况牛津还是地广人稀。看来疫情确实很严重。玉双老师虽然住在管理比较好的小区，但还是要多保重。

接下来是提问、交流的环节，聊天区已经针对三位老师的演讲提了一些问题。接下来仍然可以提，我们先请谭道明老师回答刚才针对他的演讲提出的问题。

**谭道明（主讲人）：**

这两个问题都与阿根廷目前的债务危机或债务重组有关。第一个说阿根廷是被新冠疫情冲击下第一个倒下的国家。首先这是某个新闻媒体涉嫌抄袭"阿根廷新大陆周刊"微信公众号的文章，它把人家的两篇文章合并，然后起了一个耸人听闻的题目。据我个人观察，阿根廷是世界上被喊倒下次数最多的国家，没有之一。每次只要它有一些危机，人们都要说一遍"Don't cry for me，Argentina""阿根廷，不要为我哭泣"，每次都是这样。我到了阿根廷以后，发现阿根廷人其实挺淡定的。我从国内过来的时候，阿根廷的货币贬值比较厉害，我就在想阿根廷可能要人心惶惶，情绪各种不稳定，街上要充满愤怒的人群。我来了以后发现人家该怎么过日子还是怎么过日子。所以，我觉得阿根廷债务重组，对普通阿根廷人来说不是什么太大的事儿。其实，就在疫情之前政府就已经有债务重组的想法，也就是说阿根廷早就有这个计划了。阿根廷总统在竞选的时候就说愿意还钱，但前提是阿根廷要有经济增长，有收入了才能还钱，言外之意是如果经济不增长了，就不能够还了。所以这是意料之中的事情。

另一个问题就是说阿根廷是"违约大王"。阿根廷从独立开始就不断地违约，从它的历史来看，它就是不停地违约，所以违约对于阿根廷来说根本就不是什么事儿，对阿根廷老百姓来说也不是什么事儿。

**李松锋（主持人）：**

谢谢谭老师，后边还有几个问题是同时提给三位老师的，谭老师可以先看一下。接着有请朱铮老师。

**朱铮（主讲人）：**

感谢提问！我大致看了一下，主要是两个问题。第一个是何深睿提给我的，有关公民权利保护的问题。在我的讲座中，我也介绍了德国正在研发一种类似于新加坡所采用的手机应用，虽然不强制公民安装，但这种手机应用能短暂存储个人数据。当手机持有人经过不同基站，手机应用会发送信号给基站，如果你感染了新冠病毒的话，基站会通过信号提醒周边的人做好防护。围绕这一应用，宪法学家在讨论数据的归属问题，以及政府是否有权追踪公民的活动。这些都是大家忧虑的，这是第一个问题。

第二个问题是，疫情常态化是不是行政权扩张合法化的基础。我看到的一些资料说，如果疫情常态化的话，行政权还是需要立法授权才能作为。行政权需要找到合法性的基础，必须要得到议会立法的同意，这些问题可以更深入地讨论。

我觉得疫情发展到今天，带给我们很多的思考，并不仅仅局限于公法领域。比如说个人在重大灾难面前心理上非常脆弱，这时公民迫切希望出现一个无所不能的强大政府。这种公民心理弱势会在灾难中不断放大，也进一步暴露了人的局限性。

**李松锋**（主持人）：

谢谢朱铮老师。接下来有请玉双老师。

**郑玉双**（主讲人）：

我看到关于英国的问题好像比较多，那我就简要地回答。一个是涉及英国的媒体。根据我个人的有限观察，的确，相比于我们国内，英国的社交媒体没有那么发达。我之前看过一篇文章就讲到中国的微信和微博等媒介方式，在功能和信息的传播方式上和西方的 Twitter、Facebook 不太一样。传统媒体如 BBC，他们的信息披露都是在一个传统的限度之内，比如 NHS 的内部运行情况，对传统媒体来说，或许是出于对专业领域的尊重，他们在披露上是克制的。而英国的社交媒体对于社会事件的关注，确实不如国内强烈，当然在社交媒体上有很多对于英国政策和首相的批评，但我感觉他们的社会作用，没有微信这种平台的作用大——我们可以通过微信来关注很多事情，改变很多事情。

另外涉及技术应用。除了病毒研究和疫苗开发，英国在技术上采取的措施不是特别多。我举一个例子，对感染者的信息收集在英国基本上是没有的。有问题提到英国反恐和应对疫情采取的技术有很大差异，这个涉及对恐袭威胁和传染病威胁的性质区分。应对疫情显然跟应对反恐是不一样的，这是两种威胁。恐袭是一种人为的灾难，需要扼杀在萌芽状态；疫情是人很难控制的，而且不太容易被消灭，传染病是人与自然的关系所出现的问题，是人类社会所面临的一种特殊危机，与社会危机和人为危机不同。

在应对疫情的过程之中，要么采取一种比较严厉的方式，比如中国这种控制疫情的方式，可以立竿见影；要么就只能采取一种缓和的控制方式，一边控制一边要考虑经济的影响等。英国基于自身这种独特的制度更适合后者，所以政府不积极，如果采取严厉的措施，很显然其所付出的代价是非常巨大的。

另外一个是民间组织在西方社会所发挥的作用。对于民间组织，我们现在不太好观察，也很难有直接的数据。首先，他们的民间组织比较发达。在西方社会，民间组织是一种重要的社会力量，不管是在救济还是在参与政治方面都发挥了积极作用。只是说他们采取什么样的措施来应对疫情，我们目前看不到。很可能有一些民间组织募集物资来帮助 NHS。我看到过一个数据，英国所提供的口罩的数量仅够全英的医院用 15 ~ 20 天，其实是非常缺乏的，而且其生产能力有限，在这一点上民间组织可以发挥作用。

再一个是群体免疫的问题。我觉得这里面确实有一些误解，英国政府并没有采取群体免疫这样一个政策，它是科学家在一次访谈里面提出来的一个观念。尽管我们可以猜测英国政府一开始就是想采取这种方式，但实际上很快就改变了策略。所以有些人开玩笑说，鲍里斯就是想通过提出群体免疫把英国民众吓唬一下，让他们待在家里。所以它只是开始提出的一个观念，并不是英国正式的官方政策。

然后就涉及我们最关心的、在防疫的过程之中政府权力和公民权利之间的问题。在西方，首先是做不到严厉，政府治理能力和管控能力没有那么强。比如在牛津，平时看不到几个警察，要真让老百姓禁足在家里的话，没有那么多人出来执法。第二个就涉及对于权利和自由的一种理解。在这一点上，有一些理论问题只能抛出来，没法全面地回应。在紧急状态之下，限制权利和自由的界限在哪里？目前英国在这方面所做的限制应该说是比较弱的。这是好事，也是不好的事。好事就是说，民众相对自由，该跑步跑步，该出去玩还是出去玩，就是不能聚集；不好的地方在于，对于疫情的控制来说，的确是留了很多的漏洞。

关于英国的检测，它是选择性地检测，这应该是基于技术的考量。轻症患者自己在家隔离就行了，因为轻症患者基本上过两个星期就好了，然后就只把重症患者送到医院去，不给医院增加压力。政府是否选择性地救助，这一点我不是特别清楚，没有看到相关的报道。但是至少有一点，英国有很多的流浪汉，在疫情暴发之后，政府就采取一些措施，把他们集中到一些酒店，给他们提供住处等。

**李松锋（主持人）：**

谢谢玉双老师！因为时间关系，我们最好能够在 9 点准时结束。许多问题可能无法展开，但最后还是给谭道明老师和朱铮老师一个回应的机会，因为后边有一些对你们的追问。

**谭道明（主讲人）：**

前面还有一个关于口罩的问题，阿根廷口罩现在应该是不缺的。我从大街上观察，大约99%的人都戴上了口罩。最初的时候，阿根廷这边的口罩其实几乎被华人买光了，寄回中国。阿根廷政府最近有三架飞机从中国运防疫物资，我估计其中有很多是口罩，所以我觉得应该没有太大问题。

另一个问题是，为什么阿根廷会经常违约，这是一个很有意义的问题。首先，这是历史原因。阿根廷在历史上就是财政纪律松弛的，大手大脚地花钱，在 16 世纪的腓力二世时期——西班牙帝国最鼎盛的时期——甚至要宣布国家破产，这个做法也遗传给了他们在拉美的后裔。其次，阿根廷是一个经济外向型的国家，它非常依靠外部的投资，对外部的借债也是很宽松的，所以违约就比较普遍了。最后，也是最重要的原因，就是民粹主义。拉美是世界上民粹主义最严重的地区，阿根廷又是拉美地区民粹主义最严重的国家，没有之一。阿根廷从最早的伊利戈延总统开始，到庇隆再到现在，都是民粹主义政权，如今的执政党，还是民粹的庇隆党。自从庇隆党登上政治舞台以来，所有的民选政府除了刚卸任的马克里政府之外，没有一个能完整地结束任期，为什么？庇隆党这个民粹政党，通过不断地向人民许诺各种好处，诱导底层民众狂热地提供支持。它许诺了那么多好处，但有资源去履行承诺吗？

没有了怎么办？它就去借钱，窟窿就越来越大，最后只能是财政破产，国家违约，导致的问题非常严重。民粹主义是一个鸦片，是会不断地上瘾的。

**朱铮（主讲人）：**

感谢提问。我赞同有朋友提到的法治是弹性概念的说法。英国法学家戴雪认为，法治是维多利亚后期英国向全世界扩张的一个理论抓手，法治被大英帝国用来衡量一个地区文明程度的高低。法治概念发展到今天，它本身是具有弹性的。一些研究认为，正是因为法治无所不包，才消解了法治概念本身所固有的一些价值。

第二个问题，我认为舆情的反复是和各国抗疫情况有关的，在这样的背景下，我对世界性宪政主义的发展持保留看法，我认为疫情引发了逆全球化的过程，后续会怎样我们还可以继续观察。

最后一个问题是吴良健提的，良健的点评很好，等于替我们都回答了。良健研究财政分权，对防疫问题可能会有更深入的理解。如何进行财政权的配置，通过央地共同协作提供更多的公共产品，可能需要联系财政宪法才会找到比较切实的理论抓手。我的回应大致是这样，谢谢大家，谢谢主持人。

**李松锋（主持人）：**

感谢三位老师！因为时间关系，很多问题没法展开了。大家知道，因为时差原因，三位老师应该都是刚起床就来给我们做讲座，恐怕现在连早饭都还没吃。谢谢你们！虽然你们听不到我们的掌声，但我相信很多听众都和我一样，在心里为你们鼓掌。

用短短的两个小时来谈三个国家的防疫政策，确实很困难。这是我们的第一讲，后续还有跟进。接下来两周会分别聚焦美国和日本的防疫政策。希望大家能够继续关注。

大数据为我们提供了疫情的概况，对国家决策很有帮助。但我最后想说的是，无论在什么地方，无论感染率的高低，那个百分比不能给我们个人带来任何安慰，如果不幸落在我们身上，对我们来说，那就是 100%。所以希望大家能多多保重，以保护好自己的方式来贡献世界，希望疫情能早点过去。谢谢大家！今天的讲座就到这里。再见！

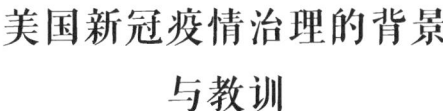

# 美国新冠疫情治理的背景
# 与教训

**主讲人** ……………………………………………………………………

  **程　迈**　南昌大学法学院教授

  　　　　(时在埃默里大学政治系访学，中美富布莱特高级访问学者)

**评议人** ……………………………………………………………………

  **袁　钢**　中国政法大学法学院教授

  　　　　(时为美国哥伦比亚大学访问学者)

  **李　强**　中国政法大学法学院副教授

  　　　　(时为耶鲁大学法学院访问学者)

**主持人** ……………………………………………………………………

  **李松锋**　中国政法大学法学院副教授

**李松锋（主持人）：**

　　大家好，欢迎参加本期域外公法论坛。就像刚才开场前放的那首经典歌曲所唱，"四海皆一家"，2020 年初的新冠病毒，让我们人类真正成了"命运共同体"。正是在这样的背景下，我们策划了这个系列的讲座，邀请在海外的学者给我们讲述其所在国如何应对这场疫情。上周举行了第 1 讲——关注英国、德国和阿根廷的防疫情况。如果错过那场讲座的朋友，可以关注中国政法大学法学院的公众号，近期会推出文字记录稿。腾讯会议没有回放，讲座结束就结束了。下周同一时间，我们会聚焦于日本的防疫情况，期待大家继续关注。

今晚的讲座主要聚焦美国，非常荣幸邀请到了三位仍在美国的学者来给我们讲讲美国的情况。主讲人是在亚特兰大埃默里大学政治系访学的程迈教授，他是南昌大学法学院教授，北京大学法学博士，现在的身份是中美富布莱特高级访问学者。同时还有幸邀请到正在纽约哥伦比亚大学访学的中国政法大学法学院的袁钢教授和正在耶鲁大学访学的李强教授。

本次讲座的题目是"美国新冠疫情治理的背景与教训"，程老师确实是非常合适的主讲人员，他不仅在美国，重要的是，他在认真观察美国的疫情治理。新浪微博"戏中人程老师"是他的微博名，有兴趣的朋友可以关注，那里有他的疫情观察笔记，记录了非常多的内容。

开始之前，还是想提醒两点：其一，受讲座举办形式的限制，请大家在听讲座的过程中不要打开话筒，避免造成干扰；其二，如果大家有什么感想，特别是问题，可以在评论区用文字的形式表述出来。老师们可以在评论区看到大家的问题，后面会有回应的时间。我就说到这里，有请人在亚特兰大的程迈老师。


### 程迈 (主讲人)：

好的，谢谢李松锋老师。亲爱的袁钢老师，亲爱的李强老师，亲爱的各位同学、各位老师，大家晚上好。今天非常有幸能够和大家来讨论一下美国新冠疫情治理的背景和教训。记得一个多月前，当时埃默里大学还没有封闭，我和一个中国留学生在食堂里吃饭，当时他说，美国新冠疫情发展得太快了，估计这星期确诊人数就要超过 1000 人了。我当时就跟他说，过 1000 人是肯定的，但一星期就过 1000 人应该不大会吧，美国号称自己在医疗能力、技术水平上都是比较强大的国家，那怎么可能发展得这么快。大家看看，截至今天美国的新冠确诊人数好像是超过 100 万了，死亡人数应该逼近 6 万了，完全超出了大家的想象。

这一个月来发生了很多事情，有的强化了我对美国的法律和社会的认识，有的的确是颠覆了我对它的认识。从研究的角度上说，这实际上是一个很好的时期。这就像一个沸腾的汤锅，平时如果没有把它煮沸，你看不出里面有什么东西。如今美国社会上上下下处于一种比较混乱的状态——现在好了一些，最开始的确是非常混乱的——这就把整个社会的方方面面都暴露了出来，从生活上说很不舒服，现在只能在办公室跟家里两点一线，别的地方都不能去，但是从研究方面来看非常好，这实际上把整个社会制度的真正面目暴露出来了。

我今天的报告分为四个部分。首先，比较快地梳理一下美国新冠疫情的发展时间线，给大家一个比较直观的背景感受。其次，我想向大家介绍一下美国新冠疫情治理的各种背景，主要包括法治的、政治的和社会的背景。再次，在这些背景知识的基础上，我们来看一看美国新冠疫情治理到底有哪些教训——到底有哪些方面的原因，使它搞成现在的局面？最后，如我的报告开头所讲的，通过美国在处理新冠疫情中暴露出的各种问题与各种教训，反思一下美国究竟是一个怎样的国家。

首先，我们快速梳理一下这次美国新冠疫情的时间线。1 月 21 日在美国西北部的华盛顿州确诊了第 1 例病例，这个病例是不是华人不知道，因为美国对病人的隐私保护得比较严格。美国西海岸最早受到新冠疫情的影响。到了后期，当欧洲的疫情，尤其是意大利的疫情变得严重，美国东海岸地区的疫情就开始变得严重了，因为它与欧洲的联系更紧密，于是纽约成了后来美国新冠疫情的"震中"。

1 月 30 日世界卫生组织宣布新冠疫情是世界卫生紧急事件，我对这条新闻的印象非常深。前几天我就在查世界卫生组织是不是会升级警报，然后有可能将中国隔离、隔绝，这其实是海外华人比较关心的一个事。1月30日，正好是星期四，我当时在上课。一下课我就掏出手机浏览世卫组织的官网，它宣布新冠疫情为世界卫生紧急事件。在这之后，我看当时的网上有些人说不要紧，世界卫生组织也反复强调不要切断同中国的交通。此后一个月的时间里，美国每天只是偶尔在一些西海岸的州出现一些新增的确诊病例，而且基本上都是输入病例。

到了2月26日，又是在西海岸发现了全美第1例本地传播病例，这说明新冠疫情已经在美国进入了本地传播和社区传播的阶段，它已经进入一个更严重的阶段了。过了3天，即2月29日，又是西海岸的一个州——华盛顿州报告了全美第1例新冠死亡病例。后来发现，2月6日加利福尼亚州的一例死亡病例就与新冠病毒有关，这说明新冠病毒在美国的传播已经开始变得越来越严重了。到了3月3日，美国疾控中心开始坐不住了，它放宽检测标准，原则上开始允许进行大规模的检测。我们刚才讲到，整个2月份，美国新冠疫情的发展都显得非常平静，其中一个很重要的原因就是美国疾控中心对检测规定了很高的门槛，比如它规定一定要有明显的症状，并且已经与确诊的病例有密切的接触，才允许进行检测。不检测也就查不到这些确诊的病例，所以看起来病例数据很少，但是大家都知道美国的新冠疫情已经进入了比较严重的阶段，美国疾控中心只好放低标准。从数据上看，美国的新冠疫情确诊数目是到3月17日以后才开始严重的，实际上从3月3日就开始翻番了。100、200、400等，在3月3日以后，疫情就已经开始呈指数型增长，只不过与后期的80万、90万人数相比比例较小。

到了3月13日，特朗普宣布美国进入国家紧急状态，并且切断与欧洲的交通。说实话那个时候就有点晚了，因为整个2月到3月中旬，他就完全任由美国和欧洲之间，尤其和意大利之间的交通自由进行。在新闻发布会上，他也承认美国现在的检测能力有问题，他也请了一些检测公司的负责人来表态，要一起来解决美国检测能力不足的问题。仅仅 4 天之后，全美 50 个州都发现了新冠确诊病例，而且当天美国的确诊病例就增加到了 7023 例，这说明新冠疫情在美国所有州全面进入了本地传播状态，其发展是非常迅速的。再过 5 天，美国人谈论的就不是新增的确诊病例了，而是新增的死亡病例。3 月 22 日那天，已经累计有 3089 名患者死于新冠肺炎。2001 年的"9·11"恐怖袭击对全美也只是造成了 2996 人死亡，这意味着新冠病毒对美国本土的袭击已经刷新了美国历史上曾经遭遇的最大的本土袭击"9·11"了。又过了 10 天，美国的确诊病例达到了 85 356 例，成了世界上确诊病例最多的国家，病毒发展极其迅速。4 月 12 日全美 50 个州都宣布进入灾难紧急状态，这是美国历史上第 1 次所有州全部进入紧急状态，即使是在第二次世界大战的时候，全美也没有如此。在当日，整个美国确诊的病例为 554 849 例，数字非常吓人。

不过，数据显示，因为此前各种模型都推演得出 4 月 12 日，也就是星期日，将会是美国疫情的最高峰，之后将会下行。后来显示，实际上在两天前也就是 4 月 10 日，复活节前的星期五，美国的疫情就已经开始下行了。新增死亡人数，新增发病人数的增速以及新增入院人数都开始减少，这表明美国疫情开始进入缓慢回落的阶段。在此之后，一些对经济发展比较重视的州，尤其是受共和党人控制的州就有些坐不住了，因为他们觉得限制人们活动对经济的打击太大。像我所在的佐治亚州以及田纳西州、南卡罗来纳州这三个南方州，是共和党能控制的州，就开始宣布他们要准备重启本州的经济活动。

其次，刚才是关于美国新冠疫情发展时间线的一个简要的回顾，接下来我们来分析一下美国新冠疫情治理的各种背景，主要包括法治的、政治的、社会的背景。首先是法治的背景，美国对新冠疫情的治理，比较好地反映出了它在法律制度中的两个比较重要的原则，一个是法治国家，另一个是联邦主义。

首先是法治国家，美国政府从联邦政府、州政府到地区政府，出台的各种措施都会详细地说明它的法律依据。包括后面我们提到的普通民众的一些不配合的行为，其往往也是基于法律和宪法来反对政府的调控措施。在法治国家方面，大家可以从宪法学、行政法学的角度进行多种探讨，我在这里给大家举个例子，比如我现在所在的迪克特市，它也发布了居家令，并且是以一份 8 页的文件的形式发布的，详细地说明了居家令发布的理由以及限制的范围，而且居家令现在还是有效的。我现在为什么可以坐在这里给大家做报告？这是因为居家令规定了各种 Essential Business，也就是必要的活动。这些活动包括：医疗服务、广播电台、电视台、超市、杂货店、洗衣店以及教育机构的相关活动。大学属于教育机构，现在很多学生都是在家里学习，即远程学习，但是老师可能因为软、硬件设备的问题没有办法做到在家里工作，所以必须到办公室等比较安静的环境。我们作为大学的教师员工，如果有必要的话还可以来学校，包括那些理工科的研究人员，他们的很多实验启动起来以后，就没有办法说停就停，不然前期的劳动就"打水漂"了，这也属于必要的劳动，也可以继续从事。

在联邦主义方面，美国新冠疫情的治理也反映了很多有意思的问题。联邦政府主要的工作是负责整个美国外部边境的管理，在国内主要负责物资在不同地区间的调配、对整个国家治理措施的协调以及向个别重灾区提供援助。联邦机构最重要的就是总统，他是联邦政府应对措施的总指挥。在美国总统之下，最重要的四个机构：第一个是美国的国土安全部，它主要负责美国外部边境的管理，负责切断美国和其他国家的交通；第二个就是美国疾控中心，即 CDC，主要负责提出各种医学指导建议，包括是否检测的问题、各种判断标准以及进行一些技术问题的协调；第三个机构是美国国土安全部内一个具有独立地位的机构，称之为联邦紧急事务管理局，即 FEMA，它的主要工作就是通过各种方式去获得医疗资源，然后再在国内不同地区间进行分配；第四个机构就是美军，因为总统是美军的最高司令，美军的主要工作就是在一些灾情比较严重的地区修建野战医院，并派遣医疗人员。美军有两艘医疗船就分别被部署在了加利福尼亚州的洛杉矶和纽约。

美国国家法律制度的联邦主义原则，这次体现得非常明显的一个方面，就是州以及地方政府主要负责疫情治理措施的具体操作，比如说是否进行检测，是否要限制公民出行，停止本周的相关组织和机构的活动，等等。我的印象非常深刻，比如说我所在的迪克特市，实际上它发布居家令早于整个佐治亚州。佐治亚州的州长是一个共和党人，态度比较暧昧，他不想太严重地限制经济发展，所以迟迟没有发布居家令。可是我所在的迪克特市提早一周就发布了居家令。这也反映出美国权力体系中的权力重心是下沉的。正是因为这种联邦主义的宪法架构，使得联邦、州和地方政府相对来说都有自己的权力体系。有的时候，在不同的政府之间就有可能会产生权力重叠甚至打架的问题，比如说前面提到的 FEMA，它的主要工作是获取医疗资源然后再进行分配，但是有的州就抱怨 FEMA 实际上和州是在一个市场上公开竞争，医疗资源有限但 FEMA 资本雄厚，这使得这些州很多时候买不到医疗资源。不同级的地方政府之间也有可能出现扯皮的现象，比如说，到目前为止整个美国的检测能力还是不足的，每次新闻发布会，记者都会问特朗普怎么解决检测能力不足的问题，他基本上的反应就是两手一摊说"不关我的事"，联邦只是提供各种资源，至于如何检测、在哪里检测、是不是达到检测能力的要求，这是州的事。在另外一些时候，州和联邦政府之间的权力也有可能发生冲突，比如说在疫情发生的早期，纽约州的情况比较严重，当时特朗普就说他要将整个纽约州封闭起来，当时纽约州的州长就很着急，就说将一个州封闭隔离的权力属于州而不属于联邦政府。疫情的后期，特朗普说他有权决定在国家哪些地区重启经济活动，几个州长又联合起来说，打开州的经济的权力不属于联邦而是属于州。当时纽约州州长有一句名言，"总统不是国王，我们有宪法"。这是关于美国新冠疫情治理的法治背景，因为时间有限，我们没有办法深入探讨。

第二个向大家来介绍一下美国新冠疫情治理的政治背景。其中最重要的一个方面是美国现在处于两党恶斗的极化政治的局面，尤其是特朗普个性非常强，因此得罪了很多人，尤其是政治对手。一些民主党的领导人对他恨之入骨。

美国的东海岸和西海岸，也就是人口比较多的地区，基本上都是蓝州，也就是由民主党人控制的地区；在美国的中部，基本上都是红州，也就是由共和党人控制的地区。在美国的政治语境下，蓝和红的意思是相反的。我们将民主党称之为比较左倾的政党，反而是用蓝色来代表。在这次疫情过程中，这些蓝州受到疫情影响比较严重，因为人口密度比较大，而且比较集中。中部的州地广人稀，相对来说疫情影响不是那么严重。共和党和民主党在政策上有很多分歧，其中一个比较重要的方面，也是跟这次美国新冠疫情结合比较紧密的方面，就是共和党更看重经济发展，而民主党更看重民生和平等。在这次疫情的治理过程中，最先宣布重启本州经济活动的三个州，是我所在的佐治亚州、田纳西州和南卡罗来纳州，这三个州都是由共和党人担任州长，他们都比较倾向于赶快结束目前的这种停滞、隔离状态，从而让本州的经济生活尽量早一点恢复正常的状态。

在包括特朗普在内的大部分共和党人看来，疫情控制得好不好，其关键的指标不是确诊人数，甚至不是死亡人数，而是国家的医疗系统会不会被压垮。在他们看来，大部分新冠病人都属于轻症，住在家里都可以好的，不需要进入医疗系统，只有那些重症的病人才需要进入医疗系统去接受救治。如果医院承受不了这么多病人而被压垮了，将会带来严重的社会问题。反过来说，如果一个地区的医院、医疗系统还支撑得住，甚至还有富余的床位，那么在共和党人看来，疫情就控制得不错；如果打开国家的经济，国家的医疗系统也能承受得住压力，那就没有问题。严格来说，民主党人判断新冠疫情是否得到了控制的标准和共和党人没有根本的区别。很多民主党的州长也认为，只要本州的医疗资源还支撑得住，还有富余的床位，就说明本州的新冠疫情得到了控制。只不过因为民主党人更偏向于关注中下阶层的利益，相较于更看重大企业、大资本家的共和党人，就显得更看重民生，更看重人民的健康。以上就是对美国相关政治背景进行的一个比较简要的介绍，如果大家感兴趣，等一下我们在讨论的时候还可以深入地谈。

接下来，我想和大家讲一讲美国新冠疫情治理的社会背景。这几个月有一句比较时髦的话叫，"雪崩时，没有一片雪花是无辜的"。目前美国的新冠疫情发展成这个样子，政府有责任，人民也有责任。疫情这样爆炸式的发展，在很大程度上也是由美国的社会文化所决定的。第一个对这次新冠疫情治理影响比较大的社会文化背景，可能就是美国的小政府传统或者说对政府的不信任传统。大家应该都知道，美国作为殖民地的时候，是一群逃避英国宗教迫害的清教徒跑到北美大陆来建立殖民地，想寻找一片自由的天地。后来北美的英国殖民地发展成13个殖民地之后，又通过独立战争，名义上是反抗英王的专制统治，取得了自己的独立地位，摆脱了英王的统治，成为一个独立的国家。可能它的血液里面就带着一种反叛和追求自由的精神。前面也提到了纽约州州长的批评，他说道，特朗普你不是King，不是国王，我们有Constitution，我们有宪法。这里面就反映出了美国政治社会文化中的一种对政府的不信任。2005年新奥尔良飓风后80%的美国人不相信政府。这就反映了美国普通民众的一种政治文化观，即政府的确就是一种必要的恶。

第二个社会文化背景，就是个人主义或者讲得更明确一点就是利己主义。美国社会是非常强调自食其力的，每个人需要通过自己的努力和奋斗去取得自己的成就，而不能通过什么裙带关系，通过别人的帮助去上升。如果你这样做，会被别人看不起，这种提倡自食其力的态度也影响到了公民和国家之间的关系。公民也不对政府期待很多，因为每个人都要靠自己的努力。举个例子，在美国历史上一直没有很强的社会主义传统，即个人跟社会之间的这种紧密联系的传统不是很强。在欧洲大陆，我们看到每个国家基本上都有比较强大的、历史比较久远的社会民主政党，但是在美国没有。从意识形态上来看，美国的政党也是跟欧洲大陆的这些社会民主主义政党保持一定的距离的，即使是民主党也很少去讲大政府，要政府积极介入市场，积极介入社会生活，积极为公民提供各种便利的条件。说到底，老百姓对政府其实也不是期待很多。在公民与公民之间，个人与个人之间，大家也以这种利己主义、个人主义的态度来采取行动。大家相互之间客客气气，但是都是生活在自己的小圈子里，都是以对自己利益的判断来采取行动。在中国，祖父母、外祖父母帮年轻的夫妻带孩子的情况比较多，但是在美国很少见。我的理解是，美国这些老人认为他们也有自己的生活，孩子长大了需要自食其力，不能够完全依靠父母。

第三个社会文化方面的背景就是美国的自信文化，或者说就是美国人表现出的充满活力、胆大、心大、脾气也大的性格。我这次带着两个孩子过来，我女儿在这里上小学。我女儿就跟我讲："爸爸，美国的老师可真会夸人，你只要做了一点点小成绩，他就说Perfect、Genius。"在这种环境下成长的孩子，自然非常自信。从美国整个国家来说，它也是高度自信的，本来每个公民都很自信，那就不可避免地决定整个国家也非常自信。对美国来说，第二次世界大战以后虽然有一些挫折，比如朝鲜战争、越南战争、"9·11"恐怖袭击，但是美国在整个世界上的领导地位基本上没有受到太大的挑战，尤其是在冷战结束以后，它基本上成了世界上唯一一个霸主。美国的媒体经常都说美国是世界上最伟大的国家。一直到今天，美国媒体、美国各方面的人士反思美国的疫情，也是在说我们有着世界上最强大的医疗力量和专家，为什么会做成这样？可以看出来他们对自己还是非常自信，但是大家都知道，自信和自负有时候就是一步之遥，自信过了头就是自负。

再次，基于对美国新冠疫情治理的背景分析，接下来我尝试跟大家讨论一下，美国这次的新冠疫情为什么会发展到如此局面，其中有哪些教训。在我看来有六个方面的原因，其一，美国政府早期的不作为；其二，到了后期又乱作为；其三，医疗资源严重短缺；其四，民众的不重视；其五，民众的自利考虑；其六，政府的权威不足。

近期刚刚公布的报告说，2月6日在加利福尼亚州就存在第1例新冠肺炎死亡病例，这说明很有可能在1月中旬新冠疫情已经在美国进行本地传播了。在1月中旬到3月中旬，差不多两个月的时间内，美国政府尤其是联邦政府其实是无所作为的。美国疾控中心没有展开大规模的检测，现在回头去调查，发现当时CDC的试剂出现了污染，使得最开始做的一些检测被作废，所以要重新去做，以至于出现了很多混乱，没有办法跟上检测的需要。我们在前面的讨论中也看到，3月中旬以后，美国的病例才出现了"火箭式"的增长。实际上这只不过是检测能力跟上了，把那些已经在美国广泛存在、到处活动的病例给找了出来，并不是说疫情在那个时候才开始暴发。这听起来好像是一个偶然因素，因为疾控中心一些工作上的失误使得美国的疫情失控，但是这也体现了美国政府的不重视。政府重视这件事情，肯定不会在技术化层面上出现问题。现在想想为什么在1月份的时候，特朗普不断地称赞中国的疫情治理很透明、很及时，当然有很多因素，其中一个因素可能就是在1月初特朗普总统刚和中国签署了2000亿元的贸易协定，那个时候他心情还好，对中国的感觉也挺不错。另外一个原因，很有可能就是美国政府，尤其是特朗普，对美国疾控中心的工作能力过于自信了，他认为在中国发生的问题不会在美国发生，他最开始认为病毒很快就会消失的。当疫情严重起来以后，不断从CDC曝出的一些新闻，不断地有各种"大"的研究发现，比如说发现原来病毒可以在空气中传播很久，发现原来无症状者也可以传播病毒……这让我们哭笑不得，但也反映了一个问题，显然美国医学界很有可能没有去密切追踪中国疫情的发展。

接下来一个问题，就是后期疫情严重起来以后，特朗普也开始重视起来，却乱作为。这几天一直都在炒作一个新闻，特朗普建议大家往身体里打消毒液，其实这不能称乱作为，倒可以讲是病急乱投医。特朗普的一些行为实际上使美国的疫情治理陷入混乱，显得更加低效。例如，4月中旬的时候特朗普发布了如何解禁整个国家的"三步走"的指导意见，它讲得很清楚，必须满足一些指标，比如说连续 14 天新增病例连续下降，才可以解禁。就在指导意见发布后的第二天，有三个州出现了要求立即解禁的呼声，他非但没有去劝说这些民众严格按照他发布的命令缓慢地解禁，反而推波助澜，还用了一个非常煽情的词"Liberate"，即"解放"。特朗普这样口是心非，在我看来可能有两方面的原因，一方面他作为一名共和党的总统，对整个国家的经济形势是非常重视的。特朗普一直吹嘘在他任期内美国的经济一直发展得很好，比如说股市达到了历史最高点，但是疫情迟迟不能退去，整个国家经济都停滞，失业率大幅度上升，时间拖得越久他就越着急。他现在内心是很着急的，希望整个国家的经济能够尽快地恢复正常。在某些州的医疗资源还没有被压垮的情况下，他从内心里并不认为真的需要按照美国疾控中心那些专家提供的意见去进行，即缓慢地一步一步去解封。只是说这些医学专家都不买他的账，他也没有办法，在明面上仍要支持这些医学专家的意见。另外一个原因，就是政党政治方面的考虑，前面提到了现在美国处于两党恶斗的背景之下。上面提到的三个州，都是由民主党人担任州长，其实还有其他一些州，民众也上街反对隔离措施，包括一些由共和党人担任州长的州。但是共和党人担任州长的州，特朗普没有提及，特朗普只提了这三个由民主党人担任州长的州，故意让这些州的州长没有办法处理本州的问题。

接下来我想讨论一下医疗资源短缺的问题，美国现在处于严重的医疗资源短缺的状态，一直到现在问题都没有得到解决，这也是令特朗普比较头痛的问题。所谓医疗资源短缺的问题，可能还不一定在于医护人员短缺，而在于像防护服、手套、面具等的短缺。这些产品主要的生产线都在中国，比如说检测拭子，它看起来很简单，但恰恰因为简单，美国认为没有必要在本土生产这种东西，有一些经济学背景知识的同学应该知道，这就是比较优势。他们认为美国人更适合生产飞机，为什么要去生产衬衫、棉签、口罩这种东西，就将后者的生产都转移出去，转移到中国去。现在却马上大量需要这种产品，没有的话就使得整个美国的医疗能力跟不上。首先检测能力跟不上，我们刚才讲，实际上，此前新冠疫情很有可能在没有经过大规模检测的情况下已经在美国传播了两个月，所以潜在的感染者已经相当多了，现在的首要问题是要赶快把他们找出来。但是找出这些人就要有检测试剂，而美国市场上没有足够的检测试剂，又没有办法让国内生产线赶快都来生产口罩、手套等物资，这需要时间。但是每拖一天，可能整个国家的感染人数就以 10 万级的速度在增长。从某种角度上说，医疗资源的短缺也是美国政府过于自负的体现。它觉得自己完全可以在世界上得到它所需要的各种资源，它财大气粗，有国际地位，不可能没人卖给它，但它就没有想到这种突发的情况。

以上三个方面讲的主要是美国的政治或者政府治理体系方面的教训。但前面也讲过，这次新冠疫情发展得这么严重，美国人民自己也有问题，接下来我们简要地看看美国人民做出了哪些事情。

4 月 19 日，佛罗里达州部分开放自己的海滩，在每天指定的时间里允许市民到海滩去放风。他们认为让市民去放松也是一个"Essential Business"，否则大家都憋出病了。这些市民欢欣鼓舞，他们没有戴口罩，根本就没有对新冠疫情的恐惧的表现。实际上在 4 月 19 日，佛罗里达州已经有 26 000 例确诊病例，当天新增 742 例确诊病例。在中国这就是非常严重的情况，可是在这些美国人的脸上，你看得出紧张、看得出恐惧吗？他们完全是不重视的态度，说实话，我个人对美国人这种非常淡定的心态有时候也不是很能理解，或许他们对疾病、对死亡，不是很在乎；或者说他们觉得自己的身体很健康，能够扛得住这种疾病。美国新冠疫情的死亡率现在计算下来的确是 5%。他们觉得自己应该很幸运，不会落入这 5%，自己肯定属于 95% 的行列。另一个原因，很有可能就是美国每年的冬季到春季都有很长的流感季。现在很多美国人还是认为新冠是个"大号"流感，实际上在初期就有专家不停给美国人喊话：请大家注意，这不是流感，流感的死亡率是 0.5%，而新冠肺炎的死亡率是流感的 10 倍，请大家一定要重视。所以，很多美国人不是形成了思维定式，就是对问题重视不起来。

接下来我想谈一下美国的个人主义对这次新冠疫情治理的影响。美国的个人主义，可以直白地称为利己主义，即每个人从自己的利益出发去采取行动，不一定会为别人考虑。有的时候，民众也利用了宪法中的规定来支持自己的主张，当然我们也可以讲美国宪法就是个人主义的反映，比如说一直到现在，实际上还有一些民众去教堂祈祷礼拜。有人称这涉及价值和自由的问题，这是美国精神的体现，而且美国宪法的确在第一修正案中就规定国会不得禁止任何宗教信仰，这种问题也很容易就上升到宪法问题。政府的各种隔离措施、各种禁止措施，说到底必须有法律依据，而法律必须要符合宪法。宪法赋予了每个人从事宗教信仰的自由，怎么可以随便进行限制。这看起来是一个法律上的矛盾，但背后实际上体现出了宪法的价值。

我印象最深的就是看到一些州的民众上街要求政府立即结束隔离状态并且允许大家回去工作。他们讲得很清楚，"政府没有办法给我提供充分的救济，没有办法给我所有我需要的钱，那为什么还不让我出去工作"？在这些示威者的对面，就是一些医护人员，他们在做一种"Silent Protest"。他们就静静地站在那里告诉这些示威者：你们要这样做，实际上是把负担压到了医疗系统上面，实际上是让我们用生命去保护整个社会。双方都讲得非常理直气壮，好像都有自己的理由，谁也没有办法用道德去绑架谁。这在我看来是典型的每个人都从自己的利益角度出发去分析问题，很难达成一种妥协，这是一个很复杂的问题。我想松锋老师、袁钢老师和李强老师肯定比我更有发言权。

就我自己的个人感受来说，对个人价值判断的尊重，在太平盛世的时候，非常有利于激发每个人的创造力，每个人都根据他的想法去构造自己的生活，那么整个社会就显得多元多样、生机勃勃。但是天下没有免费的午餐，当现在整个社会需要的不是创新、不是发展，而是协调一致的行动，以部分人的牺牲换取整个社会的更大的利益的时候，比较强调个人主义的宪法价值、精神、社会文化，是不是有利于让社会更好地摆脱暂时的危机，这其实值得深思。

最后，我想和大家分享一下，美国人对政府的不信任传统给这次疫情治理带来的不利影响。大家都说美国是一个高度重视结社自由的国家，美国社会的结社活动也非常发达。疫情暴发以前，我也的确感受到了这一点，他们有各种各样五花八门的社团，从事各种活动。美国人想做什么，他就先结社，组织一批人一起去做一件事。但是在新冠疫情期间，说实话，我到目前没有感受到有什么美国的民间社团在从事活动。当然这有可能是新冠疫情本身的性质所决定的，要处理好疫情本身就需要人们待在家里，就不可能再允许你走上街去结社。这种情况下，只能由一个组织出面，也就是最后的那个组织出来协调大小的活动，这个组织就是政府。非常尴尬的是，美国社会对政府的不信任态度也使得本来应该托底的组织却成了最不受信任的组织。在太平盛世的时候，这可能没有问题，因为在政府之外还有其他的各种民间组织。政府不被人信任，但可能其他民间组织能站出来协调相应的活动，这弥补了民众对政府的不信任而造成的对整个社会协调活动的冲击和损害。但是新冠疫情对美国社会完全是一个新的挑战，没有其他的组织有能力应对，只有政府可以出来组织协调大家的行动。可是大家还是基于思维惯性去看待政府，甚至把对政府的不服从上升到反暴政的道德高度，这就使得整个政府显得非常尴尬。以上是我对美国治理新冠疫情搞得这么差的各种原因进行的比较浅显的反思。接下来，我们来到最后一个问题，新冠疫情治理，暴露了美国到底是一个怎样的国家，一个怎样的社会？

我的第一个感受就是美国国家和美国社会的弹性非常大。今天美国的确诊人数已经过百万了，死亡人数也已经逼近 6 万了，但是整个社会非常的稳定。在这一个多月的疫情发展过程中，有些媒体会说美国会有大的社会动荡，会有对某些种族的大规模迫害，实际上这都没有发生，并且到今天，有些州还在慢慢地打开经济活动。整个国家的发展，严格来说保持了比较平稳过渡的状态，佛罗里达海滩上的美国人，脸上还洋溢着幸福的笑容。美国社会的弹性非常强，抗压力非常强，它是怎么做到这一点的？我觉得还是与小政府文化和个人主义文化有关。比如说在疫情期间美国政府强调大家不要制造恐慌，但是通过观察这次美国的疫情治理过程，我觉得最先制造恐慌的就是美国政府。它一开始说得很吓人，很可能有几十万，甚至有百万美国人会死亡。它先把最悲观的结果告诉你，然后慢慢下调、再下调。我觉得这背后有个逻辑，政府在这么说的时候，它其实是告诉你，我只能做到这么多，要想避免这种情况，整个社会都要参与，这不是我一个人的事，不是我自己的责任。你想不染上病，你就不要去参加一些活动，你要乖乖地去遵守社交隔离的措施。如果不配合，染上病，肯定也有你自己的问题。你不要怪我。这样一来，整个社会就分散了责任，也分散了风险和压力。是不是这样一来，弹性就比较强？

这次新冠疫情治理过程反映出的第二个特点是美国的确是一个资本主义国家。对于美国的这些媒体和很多官员来说，死亡病例的数字并不是决定他们判断的最重要的因素，当然他们也会说这些死亡的病人，每个都很宝贵，每个都很重要。但与此同时，他们也经常去讨论各种经济物质利益方面的问题，采取的各种防治措施、各种隔离措施会造成怎样的经济损失等。我认为实际上决策者、社会舆论正在进行权衡，是在生命和经济发展利益之间做一个权衡。在抗议活动里面经常看到的一个口号就是"治疗方案比疾病本身更具有杀伤性"。如果我们要较真的话，疾病最终造成的损失是生命，而治疗方案说白了就是隔离，就是让经济停摆，最终造成的损失就是一些物质上的、经济上的损失。可是这些口号可以被这些抗议者光明正大地说出来，而且舆论也不认为这种观点有什么可耻之处。这说明即使是生命，对他们来说也只是计算的价值之一，是被权衡的因素之一。你可以讲这是金钱文化的体现，可以讲这是物质利益优先的体现，但最终，我觉得还是反映出了这的确是一个资本主义社会。

第三个方面，这次疫情的发展反映出美国的确是一个奉行自由主义的国家。前面我们已经讨论了很多公民出于对自己个人利益的判断，主张自己个人的自由，对美国新冠疫情治理进行干扰。你可以说他不理智，甚至有点自私，但是你不能否认这的确就是文化，基于个人自由主义的文化。从整个制度的运作来看，这也反映出了自由主义的态度。目前美国的医疗资源其实还是紧缺的，但是一直到今天，都没有出现大规模的强制征收医疗资源，然后进行计划分配的现象。在疫情发展的早期，我依稀听到了一些新闻，有个别州的政府去征收一些资源，主要是呼吸机，但是没有出现大规模的征收。口罩的采购基本上还是按照市场化的方式去运作。联邦的紧急事务管理局和各个州之间都是在市场上进行公开采购、投标，谁出价高谁就买得多。有经济学家解释，这样做才能保证资源的有效配置，因为你出价高就说明你更需要，资源给了你那不就更好吗？特朗普宣布国家进入紧急状态之后，他实际上就可以采取强制的方式，要求企业去生产各种物资。但目前，他还是采取别的方式，比如说跟企业去协商生产呼吸机，并没有采取命令的方式。这表明美国是一个对市场机制、企业、个人的自由判断比较尊重的国家，哪怕到了危机的状态。这样做的确付出了代价，但是无法否认的是，这种思维方式已经根深蒂固地渗透到了社会的方方面面。以上，就是我对美国这次新冠疫情治理的背景和教训的反思。

**李松锋（主持人）**

谢谢程老师。因为时差，程老师一大早赶到办公室为我们做这场讲座，我个人收获非常大。程老师讲得很全面，从梳理美国新冠疫情发展的过程到政治、法律、文化等各方面因素给应对疫情带来的问题。

我发现，在批评美国政府方面，中国媒体和美国媒体达成了高度一致，他们都在批评美国政府应对疫情方面的不足。接下来，有请人在纽约的袁钢老师，据说纽约现在是世界上最危险的地方。请袁钢老师分享他的观察。

**袁钢（评议人）：**

各位老师、同学，大家好。非常感谢刚才程老师用了将近一个小时的时间跟我们分享了他对美国疫情治理的背景和教训的分析。我想说无论是分析的内容和分析的方法，还是讲义制作的技巧都值得我们好好学习。他对将近三个月以来的整个美国疫情的发展情况进行了认真的梳理，在梳理的过程当中我们能发现到底出现了哪些问题，哪些是我们值得关注的问题。程老师还分析了美国疫情治理的法治背景、社会背景和文化背景。例如，每天晚上7点，在纽约州和新泽西州都会举行自发的小仪式，居家的人都会在自己的阳台上或者窗口，为所有的"Essential Workers"鼓掌，或者敲打锅碗瓢盆对其进行鼓励。

在这次美国疫情当中，我把自己界定为一个"近距离的观察者"的角色。因为从疫情正式开始暴发起，到今天为止，我几乎没有走出过家门，那么我观察的模式、观察的方式是什么？无外乎是通过我的眼。第一是观察我的窗外到底发生了些什么，第二是近距离观看美国媒体的报道，我没有去抗疫的第一线，也没亲眼看到到底发生了什么样的事情。我觉得我的个人判断其实也有问题，我所有的资料其实都不是一手的资料，而是通过别人的一些转述所获得的，以此来得出我的判断，这个判断到底是否准确？我自己也打上了一个问号。

几乎全美国人都在观看一个网站，这个网站是由约翰霍普金斯大学对于全美的，包括全世界的确诊、康复的病例、死亡的人数进行统计，做成了一个"Maps"的形式，其中"US Maps"是刚刚做的一个新网页，在此之前只有"World Maps"。目前所有的确诊的数据并不是由CDC发布的，CDC早就已经"放弃治疗"了，它们早就不公布这些数字了，因为没有能力去公布。现在美国人所关注的主要是两个信息发布平台，第一个就是约翰霍普金斯大学网站，第二个就是一些华人信息平台，如"一亩三分地"组织的一个小的调查程序，而且其更新比约翰霍普金斯大学网站更为迅速和便捷，信息更为详细。换句话说，正如刚才程老师所提到的一个问题，美国并不是通过国家机构公布疫情数据，因为大家不太相信国家，反而是民间团体对于各个州、郡、市相关的数据进行了非常细致的大数据分析。

第一，作为近距离的观察者，我所居住的位置决定了我的观察范围。我所居住的位置能观察到整个曼哈顿岛发生了些什么。美国确诊人数已经达到了 101 万，死亡人数也在不停增加。我所居住的位置是位于曼哈顿岛的哈德逊河西侧的新泽西州哈德逊郡，昨天的确诊人数相对而言比较少，有 213 人，但死亡人数已经达到了 673 人。

第二，作为近距离的观察者，我发现疫情之前整个曼哈顿岛仍然处在繁荣之中。美国总统唯一自豪的一件大事，就是美国的两艘万吨级的医疗船的其中一艘——"安慰号"来到了纽约，进驻纽约第 90 号码头。非常有意思的事情是昨天的新闻讲到，这艘船将最后的 12 名病人卸下来，因为这艘船即将要离开纽约州纽约市，本周四就要离开 90 号码头。我所在区域楼下的一个大超市门外出现了物资抢购的情况，尤其是一些必要的物资、产品都被清空了。

第三，作为近距离的观察者，居家的我也感受到了风暴。我所在的公寓楼大概有三十多层，截至今天已经有确诊病例 3 例，死亡病例 1 例。可能我们这栋楼里的疫情情况已经超过了中国绝大部分市一级的疫情的情况。另外，距离我现在所处位置大概 1 公里有一个检测点，除了"Drive-Thru"检测点之外，美国很多的地方都建立了类似这样的人员以排队方式进行检测的检测点。这只是一个非常小的检测点，排了很长的队。他们并没有我们想象的那样保持"Social Distance"，他们的距离还是相当近的。

第四，作为近距离的观察者，我几乎每天观看电视播放的内容，经常观看特朗普每日疫情简报，看看他到底要说什么，结果发现：其一，他不守时。他在自己的推特上说下午 5 点见，可是我们经常在 5 点等不到他，要等到 5：30、5：40，甚至 6：00 的时候，他才会出现并发表他的简报。其二，实在耗不起。几乎每一天他都要进行这样的"Briefing"，时间长达两个小时。可能大家也都知道了背景，他在竞选连任。他实际上不仅把平台作为一个公共信息的发布平台，也当作一个非常重要的竞选平台，这也引起了非常大的争议。这样的情况持续了一个多月，他每天两个小时不停地各种自我吹捧，甚至跟各种各样的记者互怼，也发表了一些令人啼笑皆非的言论。

第五，作为近距离的观察者，我也浏览了美国的一些网站。其实我不想表明自己的态度，因为我自己真的也没有什么态度，我们获取的可能真的不是第一手资料。我既不支持，可能也不是一个完全的批判的角色或者态度，我更多地想去观察到底发生了些什么。可能程老师已经看到了，疫情之后美国政府自己制作了一个网站，它通过网站去告诉美国所有的民众，联邦政府在做什么，网站里面提到了各种各样的政府应对措施，包括医疗卫生、教育、检测、住房等很多方面都成为他们关注的问题。

我更关注的一个问题是美国人在法律层面到底做了些什么。这是我刚刚梳理出来的，3月6日第一阶段的《防备和应对冠状病毒补充拨款法》，3月18日第二阶段的《家庭优先新冠病毒应急方案》，3月27日第三阶段的《新冠病毒援助、救济与经济安全法案》（即"CARES法"），以及刚刚签署的第四阶段的救助计划。这几个阶段的法几乎将目前美国在立法层面的应对措施完全地展现出来了。这里面包括了很多的内容，包括最开始进行疫苗的研制，给所有的美国人发放援助金，即刺激经济支票。这其实有一个非常大的背景，即美国是一个高消费的国家，美国的整个消费主要是由个人推动的，而不是政府拉动的。美国经济的发展有70%是通过个人消费的方式进行的。40%以上的美国人是没有存款的，他们通过这样的高消费刺激了经济的发展。当出现经济危机，经济停滞的时候，如果没有收入，比如没有周薪、双周薪，他们怎么活下去？这时候美国出现了新的经济刺激的方式，或者一些新的方案，即通过发补助金或者是援助金的方式，能够满足这些人最基本的生存需求。但是补助金的发放也是不可持续的，是短期性的，这就是美国现在着急要求复工的一个非常重要的原因。

"CARES 法"里面有非常详细的一个方案，包括薪资保护方式、经济损失保护计划，重点保护 500 人以下的小企业。纽约州也采取了许多类似措施，包括要求对所有抵押贷款设置 90 天的宽限期，宽限期不作为违约；要求不得驱逐房客。刚才程老师也提到了，科莫州州长应该是这段时间大家最关注的一个对象，他和特朗普总统已经进行了多次的互动。上周四的时候，特朗普和科莫进行了一次会面，这次会面以后并没有公布任何文件。当科莫接受采访的时候，记者问他跟特朗普总统说了些什么，达成了什么协议，他说他们进行了坦诚的交流，达成了一些协议，但是没有具体说明。他说："大家都知道，我们俩都有一个共同点，他不喜欢我，我也不喜欢他。"

我关注的另一个问题是法院的应对。法院没有独立的应对方式，这也表现出了州和联邦层面的分权的关系。美国宪法对联邦和州的关系进行了区分和梳理。目前，美国的防疫重心其实并不是联邦，而是各个州，包括是否恢复生产等很多的问题都是由各个州决定的。就像刚才程老师所提到的，美国的整个治理模式实际是下沉的，在"City"或者是"County"层面都有非常多的举措，我们可以看到美国各个州采取了不同的防控措施。

我们关注的不光是立法，还有诉讼。诉讼领域关注到这样一个问题，特别支持美国总统特朗普的 Fox News，前段时间发生了一件非常好玩的事情，CNN 的一个女主播采访某卫生专家的时候问了这样一个问题，这个病毒的代号为 COVID-19，这个病毒和前面的 18 种病毒之间到底是种什么样的关系？媒体可能出现类似这样不专业的情形。对此，华盛顿州的一个非营利组织准备起诉 Fox News，他们认为 Fox News 实际上误导了所有观众。此外，还有很多其他的一些诉讼可能真的是需要我们去关注的。这是 4 月 22 日的新闻，密苏里州司法部部长正式要求提起诉讼，起诉中国政府的很多部门，包括实验室。如果我们仔细去看他的起诉书，就会发现这一场诉讼的安排有很多的考量，并不是我们通过一个主权豁免原则就能够把它给排斥掉的。

我想用两句话来做一个最后总结，第一句就是我们要去观察，在防疫过程当中，美国在立法层面到底做了些什么事情；第二句是我们要观察美国在司法方面做了哪些事情。最后也给程老师做一个补充，在疫情应对当中，美国出现了这样糟糕的情景，除了有社会、文化、政治的背景之外，其实还有一个非常重要的背景，就是美国的经济，包括刚才所提到的美国人日常的消费习惯，以及在美国社会当中大、中、小企业的比例，这些可能都是美国人在考量以及决定到底采用什么样的治理方式时重要的制约性因素。我话说得有点长了，把发言权交还给我们的主持人。

**李松锋（主持人）：**

谢谢袁钢老师！他帮我们从立法和司法两个角度，补充了美国应对疫情的方法。因为时间关系，我再提醒各位，如果有什么问题，可以直接在评论区提出来。刚才向程老师提的问题，程老师可以准备一下，等会儿会有回应的时间，接下来我把话筒交给在耶鲁大学的李强老师。

**李强（评议人）：**

松锋好，程迈老师好，袁钢老师好。非常荣幸能受邀参与域外公法论坛的这个活动。首先，非常感谢程迈老师的非常精彩的分享。程老师的观察，既有时间跨度又细致入微。我来这里本来只是临时性的，访学时间也不会太长，这是原本的计划，结果这场疫情打乱了这个计划，我被滞留在这里了。我也没有一个计划或者预期去观察美国疫情的走向，所以，我可能不会像程老师体会得这么深刻。袁钢老师是我师兄，我在这儿先严厉批评一下我师兄。这是我头一次发现评议人还要做PPT的，关键是你做了PPT还不告诉我，结果弄得我感觉准备得很不充分。一开始我给自己的定位是过来参与一下，结果现在确认了，我就是来"打酱油"的，我没有什么太深刻的思考或者体会。

在这段时间里，美国上上下下各种媒体、官方都在发布一些消息。特别是媒体发布的一些信息，经过加工，然后报道出来，我不想通过这些来跟大家反映我的感受。因为通过媒体的报道，这一转手，可能很多东西就失去了，会有一些偏差。我就我生活的情况，正如刚才袁钢老师说的，通过我的眼睛看到的、我的耳朵听到的，谈一下我自己的一些小感受。既然"打酱油"就要有"打酱油"的觉悟，我说的会相对简短一些，然后把更多的时间留给大家向两位老师提问。

我来美国，正好是处在疫情暴发之前，我是 1 月 19 日到的美国。当时，国内确确实实已经报道了一些肺炎病例，从我本身来讲没有太重视，也没有预想到会发展到这种程度。我觉得这个事情可能很快会过去，没想到会发展到现在这种情况。到了美国之后，特别是武汉封城以后，国内开始采取比较严格的防控措施。那个时候，可能更多从各种媒体，包括微信公众号去关注国内的情况。那时候美国的生活整体是比较平稳的，我的感受是什么时候开始发生变化的呢？

我在这里访学，从家里到我的办公室，中间会经过一个星巴克咖啡馆。我的习惯是，每天去办公室的路上，去买杯咖啡，然后到办公室上班。一开始买咖啡很自由的，我当时出于节省成本的需要，每次我都是用自己的杯子喝咖啡。过了一段时间，突然发现我拿自带杯过去的时候，店员不接受了，说："很抱歉，现在我们不接受自带杯"，但是他也没说到底是什么理由。我当时感觉是不是跟疫情有一定的关系，可能是出于防疫的需要。但是那只是一个小小的变化，咖啡馆里的人流等各个方面和平时没有其他的区别。后来慢慢地感觉情况开始发生变化。咖啡馆不允许待在那里喝咖啡了，只能外带，直到最后彻底关闭。

一开始，我所在的耶鲁大学所有的教学和学术活动都是照常进行的，当时美国只有少量的确诊病例被报道出来，基本都在西海岸。突然有一天，大概 3 月十九日的那一天，我去办公室的时候遇到了一个同事，聊了几句。我说，你最近在忙什么？他说在开会，然后协调下一周如何进行网上授课的问题。当时我一听，就感觉美国的疫情可能趋向严重了。那个时候，我还没有特别地关注美国的病例数字，只是偶尔看一下。学校一旦开始作出反应，那么可能就预示着情况相对来说比较严重了。从那开始，我就每天关注美国的病例增长。很快，耶鲁大学就出了一个官方指导，从 3 月 16 日起，所有耶鲁大学的员工开始在家工作。

后续又有报道出来，那段时间耶鲁社区出现了确诊病例，所有的员工被要求必须在家办公。刚才程老师说现在还能去办公室办公，我觉得还是很幸运的。我所在的办公楼底下有两层宿舍，还有学生。学生可以回家的都回家，有一些同学，因为特殊情况没办法回去，就留在那个宿舍。学校出台的政策就是，如果没有特别必要和紧急的事项，那就不要到办公室去。

基本上从 3 月 16 日开始，我就进入了居家隔离的状态。但是，学校的邮政服务还是开放的。那个时候，我周围也没有人戴口罩。后来又出台了保持社交距离的政策，但是都没有要求戴口罩。那个时候，我出门购买生活必需品，戴上口罩就感觉自己很与众不同，街上确实没人戴口罩。当时我发现戴口罩的基本上都是华人。但是随着时间的推移，特别是进入 4 月份，尤其是 4 月中旬左右，街上戴口罩的人数开始增多。

我所在的美国小城，在康涅狄格州，叫纽黑文，本来人口也不多。因为居家令的实施，街上的人就更少了。有的时候我需要去购买生活必需品，发现戴口罩的人明显增多。从我的观察来看，我遇到的人大概 80% 会佩戴口罩或者是围巾、面巾来捂住口鼻。从发展过程来看，先是华人戴得比较多，然后就是少数族裔，白人戴口罩的比例在上升，但我所见到的不戴口罩的，可能大部分是白人。我不确定为什么会出现这种现象。之前我看美国的报道，在新冠肺炎疫情上，少数族裔的病死率要远远高于白人。或许是因为对于少数族裔来说，他们的救助系统可能不像白人这么充分。这只是我的个人猜测，也许并不正确。但现在整体来看，民众配戴口罩的比例是比较大的。

疫情发展到现在，康涅狄格州的确诊病例在美国 50 个州当中，排在第 11 位。很多时候我会选择网上购物，尽可能减少外出的频率。我特别能感受到刚才程老师所说的，美国是一个资本主义国家，它的东西都是市场化的，能明显地感觉到有一些物资的价格在逐步地上涨。有些东西也许价格变化没那么快，没那么明显，但是买不到，比如口罩。我不知道现在口罩的具体情况，因为我目前所储备的口罩都是国内的朋友们支援的。但来美国差不多不到一个月的时候，我就开始在亚马逊上订购口罩，最后不了了之了，因为压根就没发货。

虽然各州都有自己的居家令，或者是其他的行政命令，但是从执行的角度来看，更多的还是依靠大家自觉。比如说出入公寓没有像国内一样需要出入证；如果要购买生活必需品，上街也没有任何问题；如果天气好的话，出去遛弯也没人管，所以更多的还是靠个人的自觉。从街上刚开始有很多人，到现在在街道上能看到的人比较稀少，这种情况全靠个人的自觉。

整体上我感觉美国人的反应是比较缓慢的。我们国内很快认识到疫情的严重性，采取了非常严厉的措施去控制疫情。但是在美国，你会看到很多措施是非常缓慢的，而且很大程度上可能还是依赖于自觉。刚才程老师说，美国人普遍不信任政府，我个人感觉也分情况吧。因为人本能是不愿意受到束缚的，我发现在把新冠肺炎视为"大号"流感的问题上，很多美国人挺相信政府的。一开始，你看不到他们对问题有多么的重视，后期特别是确诊病例增长到非常可怕的地步时，很多美国人可能才意识到问题的严重性，出门的人，开始佩戴口罩。早期的阶段，根本看不到有人戴口罩。就目前的情况来看，我个人判断美国的疫情可能已经到了顶点。但是如果说回落，或者是控制到像国内那种情况，我估计还需要一个比较长的时间。从我个人角度来讲，我本来在美国是短期访学，一下子延长这么久，我个人是比较焦急的。但从整个美国疫情防控的特点来看，着急也没用，短时间之内不会有特别大的改观，只能等。我就简单地说说自己的感受，还是把更多的时间留给大家向两位老师提出问题，谢谢大家。

**李松锋（主持人）：**

谢谢李强老师。李强老师结合他的生活体验和观察，给我们分享了很具体的内容。他最后提到，他认为美国疫情现在应该是到了最高峰，不可能更糟糕了。这一点我觉得还是蛮受安慰的，希望确实如此，疫情能迅速被控制下来。接下来我们就按照演讲的顺序来回答各位提出的问题，先请程老师。

**程迈（主讲人）：**

谢谢李松锋老师，谢谢袁钢老师和李强老师。主持人给我分配了四个问题，我挨个回答。第一个问题：是否有入境管制？外国人能否得到国民救助？入境管制的话，我刚才又查了一下，美国疾控中心规定，你只要从国外回来，就自己待在家里隔离14天，主要还是依靠自觉。刚才李强老师、袁钢老师都提到了，你自愿参与，就要对自己的行为负责。早期好像是从武汉回来的两架飞机被放到了空军基地强制隔离。但是现在基本上都是自愿在家里隔离14天，每天量体温，如果有情况再进行上报。外国人能否得到国民救助，据我所知，我们访问学者得不到，有一些人虽然不是美国人，但是拿了绿卡，他们可以获得一个月1200美元的国民救助。

第二个问题：美国人对高死亡率怎么看？我觉得他们不是很在乎。我有一个同事，他是当地的一个美国人。他是研究政治哲学的，平时我们聊得比较多，后来应该算是比较好的朋友了，我也跟他聊过死亡率的问题。我问他这么高的死亡率他有什么感受，他表示一番同情之后，也没说太多的问题。他还说他更多地考虑的是接下来的经济问题，他说接下来很多人会失业，但是他又不需要担心这个问题，因为他是大学教师。他很担心城里的那些失业黑人，亚特兰大的黑人比较多，那些人如果失业的话，会不会引起犯罪率的上升？他是个很好的人，因为聊得比较多，有时候说话比较坦诚。你可以看到他们考虑的真的不是生命的价值，也可能是我接触的人比较少。这跟我们对生命价值的判断不大一样，死亡率这么高，很快可能就要超过6万了，但是对整个美国社会没有产生我们原来预想的冲击。

第三个问题涉及民粹情绪。怎么说呢，如果大家看一些右翼的媒体，尤其是 FOX，比较极端的社会人士可能会说些煽动性的话。但是就我个人的感受来说，我没有感觉到民粹主义的情绪，尤其是针对亚裔的民粹主义的情绪，我也不觉得美国政府，哪怕是特朗普，敢利用这种情绪。但是大家要知道美国还是一个比较多元的社会，在 FOX 之外，还有 CNN、NBC、CBS 这些媒体，这些媒体到今天都还没有出现对中国的埋怨，批评、指责基本上没有。有可能我没看见，但其主要的矛头还是针对特朗普。美国的社会文化中，除了民粹主义之外，也有人权文化、民权文化。尤其是一个多月以来我碰到的美国人，不论是认识的还是不认识的，你冲他笑，他还是会冲你笑，也有可能是形式上的做作而已。说实话，我个人没有感受到民粹主义的情绪，而至于民粹主义情绪被利用，我觉得更不大可能了，这是政治正确的问题，你可以说它虚伪，但是它不敢拿到明面上来做。

第四个问题：民主党控制的州比共和党控制的州对疫情应对得更好吗？怎么说呢，民主党所在的州基本上都在东西海岸，人口密度特别大，受疫情的影响就特别大。共和党控制的州都是中部的农业州，相对来说地广人稀，疫情就不那么严重。严格来说，民主党人更卖力地在应对疫情，只要不解决疫情，就不打开经济，因为他更考虑中下层利益，不像共和党更考虑大企业经济的发展。共和党人所在的州，疫情相对来说不严重，共和党又更考虑经济问题。纽约州是民主党人控制的，相对来说疫情也很严重。不好说谁处理得好，谁处理得不好，但只能说在态度上民主党会更积极一点。

下面是一个很专业的问题，民主党和欧洲社会民主党的社会政策有何区别？我对这个问题没有深入地研究过，但从目前我个人的感受上说，他们往同一个方向靠。当年奥巴马作为民主党总统，对美国的医疗系统进行了大范围的改革。政府介入美国的医疗系统，减少穷人没有办法获得医疗救助的情况，有点像社会民主党的政策，但还是有一定的差别，美国社会没有很强的社会主义的传统，或者说其至有反社会主义的传统。这次总统竞选初期有个人叫桑德斯，不知道大家关注没有，他是最激进的一个，他甚至都不称自己是民主党人，他称自己为独立候选人，他是最左倾、最激进的，但是他在初期的表现很好。结果民主党内部的各种建制派或者说主流力量全部团结起来了，哈佛大学教授沃伦、市长皮特等最后全部纷纷退选，团结在拜登周围去对付左倾最严重的桑德斯。美国的民主党离左倾的政策会远一点。在美国的政治语境下，政府对公民生活的大范围介入，哪怕是提供免费医疗、提供免费教育，大部分美国人还是没有办法接受，相应地就影响到了政党政治反映出来的纲领。民主党的主流观点也是不能够接受欧洲大陆的全民免费医疗、全民免费教育。以上是我比较肤浅的认识，谢谢主持人。

### 李松锋（主持人）：

谢谢程老师非常精彩的回答。因为时间关系，如果后续还有针对程老师的问题，只能留到私下去讨论了。接下来有请袁老师。

### 袁钢（评议人）：

谢谢李老师，我想做一个非常简短的、汇总式的回答。我想还是要做好我自己的近距离的观察者的角色。的的确确美国在对疫情的应对当中有非常多的问题，但我们也要去观察当中哪些东西是可以去学习的。我用 5 个关键词简单做一个回答。

第一个关键词就是治理。刚才有人问高层治理和基层治理之间的张力问题。打一个比方，我觉得美国的体制就像我们经常用的计算机程序一样，有些计算机程序当中如果出现一个 Bug 就崩溃了，但是美国的体制是容错率或者容错机制相对比较健全的体制或者机制，如果出现了一些 Bug，或者这些 Bug 累积的不是特别严重的时候，只有量变，而没有达到质变的时候，计算机程序还是可以容错、可以运作的，不会引起整个程序的崩溃。机制或者体制是由多重因素造成的，精神、文化、价值、经济、法治等各种因素交错成了一个机制。如果我们真的去观察美国的体制和机制，还不能简简单单地从某一个侧面去观察，可能需要做综合性的研究。

第二个关键词就是诉讼。这个问题可能真的不太好在我们现有的平台来做分析，因为这是一项非常严肃的问题。简单一句话，我们不能把这件事情看得过于小了，这就是第二个关键词。

第三个关键词就是司法。补充一点信息，可能大家没有关注到。这是当时我们最担心的一件事情，疫情开始以后，很多州包括我所在的新泽西州，做了一件非常重要的事情：很多州政府的监狱开始释放非暴力性的或者刑期比较短的一些罪犯，包括老年人罪犯。当时我们听了这些新闻都觉得"炸"了，难以想象这样一些罪犯放出来会怎么样。后来发现没有太多的影响。

第四个关键词就是经济。前两天我们还在探讨一件事情，美国领取失业救济金的人数达到了2200万的新高。今天我看到那个数字是2600万，数量急剧升高。现在联邦政府的压力可能非常大，这是我们可以看到在经济方面的问题。

最后一个关键词就是文化。从文化角度上来说，美国人可能过于自信，过于坦诚或者说坦然，为什么？就像程老师刚刚提到的问题，其实CDC也算小的失误，但是这个失误恰恰是他的自信所造成的。为什么会出现一个月没有合格的检测试剂？很简单的一个原因，可以在市场买到的所有检测试剂都是两件套的，大家都用两件套的形式，可是CDC非说不行，得去研发自己的三件套的形式，除了新冠肺炎，其他肺炎也可以检测，结果就是在生产过程当中增加的这一件套出现了污染。如果CDC不过于自信，采用其他的一些试剂就没有问题。此外，美国人对死亡的坦然态度可能真的不是我们所能理解的。他们在生活当中是"今朝有酒今朝醉"，今天拿到了10美元，就把这10美元全花完，今天挣了20美元或者100美元，也都花掉。这可能是我们的文化很难接受的。简单来说，我们需要站在美国的现实社会当中去理解正在发生什么。我就说这么多，谢谢各位。

**李松锋（主持人）：**

谢谢袁老师，接下来由李老师来答问。

**李强（评议人）：**

谢谢松锋。首先，我接着刚才程迈老师、袁钢老师谈的美国社会，对于就业和经济谈一点自己的感受。我觉得刚才程迈老师举的例子其实非常的贴切，对于大学里教书的老师和学者而言，短时间内看不到或者感受不到就业带来的影响，但是对很多群体而言，就业的影响会比较大，可能会带来比较严重的社会问题。这可能是为什么美国政府比较关注重启经济，重启就业。

在来之前我就看过相应的报道，我所在的纽黑文是全美十大最危险城市之一。疫情相对平和的时候，你就能从报道中看到这里发生各种暴力案件。至少有两回，我在晚上听到了枪声。如果因为疫情导致失业率上升，可能有一些人就会铤而走险。暴力带来的社会影响和疫情的影响都会很大。暴力方面的影响可能也是需要考虑的、需要关注的，这是我的一点体会和感受。

有关诉讼的问题，我跟袁钢老师的态度是一致的，因为我现在手头掌握的信息有限，没有充足的信息就去预测所谓的结果或者可能的走向是不负责任的。我大概就说这么多，谢谢松锋。

**李松锋（主持人）：**

谢谢三位老师！因为时间关系，针对今天的话题，我们不能再继续讨论了。但不管怎么说，希望三位老师多多保重，照顾好自己。根据刚才大家的提问，很多人都比较关心在美国法院起诉中国的问题。我在这里也做一个预告，我们正在组织，如果顺利的话，五一假期之后，会有一次专场探讨在美国法院状告中国的法律问题，希望大家继续关注。同时，我们在 5 月 5 日，也就是下周二的晚上，有关于日本防疫措施的讲座，希望大家继续参加。我看到今天有位于不同国家的听众。此时此刻，为了这个讲座，有人在熬夜，有人起了个大早，希望大家不管在什么地方都能够注意安全，照顾好自己。今天的讲座就到这里，谢谢各位，再见。

# 日本新冠疫情防控的模式与考验

**主讲人** ·····················································

    **文姚丽**   西北政法大学副教授
               （时为东京大学访问学者）

    **叶晶珠**   法政大学、日本医科大学兼任讲师
               一桥大学法学博士

**评议人** ·····················································

    **张连凯**   中国政法大学法学院讲师
               一桥大学法学博士

**主持人** ·····················································

    **李松锋**   中国政法大学法学院副教授

**李松锋（主持人）：**

    各位老师，各位同学，大家晚上好。我是中国政法大学法学院的李松锋，欢迎参加本期域外公法论坛，这是疫情时期特别策划的第 3 讲。终于可以对主讲人和听众同时说"晚上好"了，只不过主讲人那边比我们还要晚一个小时。

    开场前我放了两首歌曲，都是日本音乐人参与创作的。一首是洋次郎的

《Light the Light》，另一首是 May J 的《爱不多言》。这些都是疫情还没有传播到日本的时候，他们专门为支持中国抗疫创作的。日本经常在中国有难的时候表达并力行和我们患难与共。大家应该都还记得这次疫情中的一个插曲，日本寄来的救援物资上写着"山川异域，风月同天""岂日无衣，与子同裳"，还有"青山一道同云雨，明月何曾是两乡"等优美的诗词。一方面体现了中文之美，另一方面，让我们感慨这个民族竟能如此细心，在救援物资上还能想到用受众的语言写一些安慰的话，确实让我们很感动。

现在疫情蔓延至日本，大家也都很关心。今天晚上就聚焦于日本新冠疫情防控的模式与考验，来了解这个办事如此细心的国家，在面对疫情的时候是怎么做的。我们非常荣幸地邀请到在日本的两位老师来做主讲人，第一位是文姚丽老师，中国人民大学的管理学博士，现在是西北政法大学的老师，目前正在东京大学做访问学者。另一位主讲人是叶晶珠老师，日本一桥大学的法学博士，现在在日本法政大学和医科大学兼任老师。同时，我们也特别荣幸地邀请到中国政法大学法学院的张连凯老师。张老师是日本一桥大学的法学博士，现在在北京。今天的两位主讲人都是女性，也为观察疫情治理提供女性视角。接下来先请文姚丽老师。

**文姚丽（主讲人）：**

尊敬的各位老师、各位同学，大家晚上好。中国政法大学法学院举办的这次域外公法论坛，策划得特别好，让我们从不同的视角来探讨各国的疫情防控，这对于我们国家的防疫也提供了很多可借鉴的地方。上一期，我全程听了美国的这一场，三位老师讲得非常好。今天，我和叶老师主要和大家分享日本的疫情防控模式。我的学科背景是公共管理，专业是社会保障，所以我主要从自身的专业背景和经历来给大家分享一下日本疫情防控的政策演变与模式。

大家都知道日本是一个多灾多难的国家，昨天晚上我在做 PPT 的时候，突然收到手机报警：东京发生 3 级地震。因此，日本的减灾防灾可以说在全世界是做得比较好的，还有具体细节的应对措施也是非常好的，这也体现了日本的治理能力和治理水平。这次的新冠病毒疫情防控，日本第一时间启动了应急预案，而且很具有可操作性，它建立了比较健全的传染病预防体制和机制。早在 1897 年的明治时期，日本就制定了《传染病预防法》，1998 年，日本在《传染病预防法》的基础上制定了《感染症法》，废止了《传染病预防法》，同时也细化了很多的具体措施。所以，在这次的疫情防控中，日本的疫情防控警报很早就拉响了。

我看到最早的资料是 1 月 6 日，国内高校可能还正处于期末考试的阶段，这时候国内可能对新冠肺炎病毒没有多少了解，还没有引起足够的注意，但这时候日本厚生劳动省第 1 次在官网上公告了湖北武汉的不明肺炎。在还不明确病原体是新冠病毒的时候，日本就采取了初步的应对措施，主要是提醒日本出国人员注意，并且加强入境管理，第一时间提醒国民注意安全。

紧接着第 2 天，1 月 7 日，日本厚生劳动省第 2 次在官网上公布了湖北武汉的不明肺炎。在入境方面的措施比 1 月 6 日的对策增加了"机场入境的显著位置呼吁从武汉市回国及入境人员主动申请"这一规定。仅仅隔了 1 天时间，入境管理措施就增加了这一条的规定，将入境管理的重点放在了从武汉回国及入境的群体上。

到 1 月 10 日，隔了 3 天，厚生劳动省第 3 次公布了不明肺炎。这次公布锁定了不明肺炎。在第 4 次预警中，日本厚生劳动省报告了其他国家的感染情况，不仅有中国的新冠病毒感染情况，还有其他国家的最新情况，比如说泰国的感染情况。这时候日本采取了两项重要的应对措施：第一，公布了基于中国公开的病毒基因序列，准备了检查方法和测试方法。第二，国立感染症研究所和国立国际医疗中心提供了应对医疗机关和院内感染的对策信息，这项措施实际上对日本医疗卫生体制尤其是医院如何应对感染者做了明确的规定。通过这两项措施，日本对新冠病毒感染做了充分的准备。

　　无巧不成书，刚好在 1 月 14 日日本做好了应对措施之后，神奈川县在当天报告了第 1 例新冠病毒感染者。1 月 16 日，日本厚生劳动省详细公布了首例感染者的情况，同时也开始进行流行病学调查，时间真的是很巧合。就在 1 月 16 日，我还去参观了新宿御园和东京火车站，当时还坐地铁、坐电车。

　　1 月 20 日，日本厚生劳动省第 5 次公告了新冠病毒感染的情况，并且加大了应对措施。入境管理升级到"请求航空公司在机场广播，协助呼吁从武汉市回国者或入境者主动申报"。日本政府这时候和航空公司加强了联系，提醒广大入境者进行申报。同时将疑似病例的适用范围扩大到去过武汉，并经过影像诊断为肺炎的患者。同时制定了入院治疗和出院观察措施，因为已经有第 1 例病例了，他必然面临着入院和出院的问题。最后，进行流行病学调查，加强了预防措施。这是第 5 次预警。

　　第 6 次预警在 1 月 22 日。隔了两天之后，日本厚生劳动省进一步完善了新冠肺炎患者的出院及出院后的观察方案和流行病学的实施纲领，它是在第 5 次预警的基础上进一步完善的。截止到 1 月 22 日，日本做好了新冠肺炎患者从就医到出院的所有准备工作。从 1 月 22 日之后，日本厚生劳动省每天在网站上更新各个都道府县的新增感染人数以及各个国家的感染人数，并且及时召开记者发布会。

　　1 月 22 日，我们公寓楼下的门上也提醒入住者注意新冠病毒感染，同时也通过邮件通知了我们。我们的门口都放置了消毒液，在电梯间和大厅都有详细的公告，提醒我们注意。1 月 30 日，宿舍管理科再次发邮件让我们申报有没有武汉旅居史。也就是在这个时候，我开始注意到新冠病毒感染的情况。想着自己还没有口罩，然后赶紧去买。2 月初东京还能买到口罩，但后来一直处于缺货状态。

　　从 1 月 6 日到 1 月 30 日这一段时间，大概半个月吧，日本拉响了疫情防控的警报，做到了早预警、早预防、早发现。从这半个月时间来看，日本的疫情防控具有较强的风险预警能力。从公共危机、卫生管理来看，它具有较强的公共卫生危机管理能力。1月24日，是我们中国的传统节日，大年除夕。这时候我们看到涩谷周边特别有名的购物商厦依旧灯火通明，当然商厦也采取了措施。我在商厦吃了年夜饭，当时没什么感觉。1月25日晚上我买了一张国立剧场的票，是日本的人文舞剧，我观看了舞剧。这时候东京的一切生活正常，但民众已经开始警觉。

接下来，我要跟大家分享日本疫情防控的初期应对。1月28日，日本厚生劳动省设立了电话咨询窗口，它也被公布在网站上，因为这时候已经开始出现第2例、第3例患者了。28日内阁会议将新冠肺炎列为指定感染症。在日本的法律中被列为指定感染症和检疫感染症，政府就具有法律依据，可以强制患者住院。日本是法治社会，必须依法来执行。这一政令从2月7日开始执行，这也是继中东呼吸综合征之后，日本列为传染最高防控级别的感染症。

1月30日，日本政府在首次对策本部会议上提出，有必要加强口岸防控，并且针对曾在武汉逗留的全部入境者排查其是否有症状，明确其在日本国内的联系方式，并且建立了定期了解健康状况的预防感染扩大的机制。从这一点上来看，日本的社会治理非常细化。就在当天，京都确认了一位20岁留学生为新冠病毒感染者。京都政府成立了紧急对策本部，将新冠肺炎疫情防控列为最高级别的疫情防控。

1月31日，世界卫生组织宣布新冠肺炎构成了国际关注的突发卫生事件。这时候，日本政府将2月7日执行的指定感染症防控措施提前到2月1日执行，同时也加强入境管理，患有新冠肺炎者拒绝入境，入境管理进一步严格。

疫情防控初期，从1月6日开始到1月30日，因为感染的人数特别少，呈现个位数，所以主要是加强入境管理。随着感染人数的不断增长，日本开始延缓感染人数的增长，降低医疗体系崩溃的可能。这是日本疫情防控的整体思路，在国民经济发展以及社会稳定中寻求最大的平衡，是一种动态的调整思路。

在国内，大家对日本疫情防控的关注可能是钻石公主号游轮的感染。在这期间，日本召开了十多次对策本部会议，但是从钻石公主号的感染人数来看，其应对是不成功的。国际邮轮之所以发生这么大规模的感染，主要原因可能在于没有注意到交叉性感染和游轮是密闭空间这一情况。在游轮上存在交叉性感染，这是这次游轮应对很不成功的地方。总共有 706 人感染，7 名乘客死亡，我们可以看到数据后面是在直线上升。日本因为钻石公主号游轮的疫情应对不力，付出了很大的代价。日本的专家，包括日本学术界，在总结的时候谈到，面对未知的感染病要预想到最糟糕的情况。可能是当时他们没有做到在注重平衡的同时制定对策，要结合时刻变化的情况给予最新的见解，采取综合性的对策，这是铁的法则。

在这期间，日本完善了各种社会保障政策，提高了防控期间的各种津贴，比如说向医院和厚生劳动省的检疫所的工作人员发放津贴，通常是每天 290 日元。在这一时期，2 月 5 日我还参观了宪政纪念馆，馆内采取了人员分流的应对措施。这一时期，日本基本的社会公共正常生活还没有受到影响。

在此期间，日本 5 次派包机撤侨，最大限度地保证国民的生命安全，总共撤侨 828 人。第 1 次是 1 月 29 日，第 2 次 1 月 30 日，接下来是 1 月 31 日、2 月 7 日、2 月 17 日，从开始到结束共计二十多天。撤侨和钻石公主号的感染，几乎是同一时间。撤侨人员的隔离基本上占据了大部分东京湾公共感染病隔离场所，短时间内政府也很难租用公共的酒店用于隔离，因此，游轮上的乘客因为没有那么多的设施再让他们下来进行隔离，所以只能决定在游轮上隔离。

刚才李老师也提到了，这次我们对日本也是有很好的印象，"山川异域，风月同天"，这些诗句充满了人文主义关怀。而且每一次撤侨的包机都是载满了各种各样的防疫物资。日本政府也捐赠了各种医疗物资，如自民党所属的国会议员从 3 月的经费中统一扣除 5000 日元，作为对中国的捐赠，这是日本官方的捐赠。日本地方政府，以东京都为例，2 月 4 日捐出 10 万套防护服，这 10 万套防护服是日本用于奥运会储备的紧急医疗物资。2 月 18 日捐赠防护服 2 万件，小池百合子又捐赠了 10 万套的防护服。国内武汉 1 月 22 日宣布封城，在疫情最为紧急的时候，日本的援助给了很多的支持，其企业和民间捐赠也在开展。比如说 Micara 公司，这是一家大型的医疗企业，也向湖北省捐赠各类防疫物资。2 月 12 日，岛津制作所捐赠 100 万人民币。海外华侨留学生也进行了各种各样的捐赠。全日本中国人博士协会发起捐赠倡议，我个人也向咸阳市红十字会进行了捐赠。日本一方面进行医疗物资捐赠，另一方面也充分表达了对中国的人文关怀。我们看，这些诗句充满人文主义关怀，如"岂曰无衣，与子同裳"等。东京的灯塔也点亮了红色和蓝色，为武汉抗击疫情加油。

2 月 26 日，东京大学组织高考，这是一件非常重要的事情，因而没办法取消，只能正常进行。2 月 29 日，天气特别好，网球场和图书馆门口人还是很多。我当时还去图书馆借书，但是当时已经不敢在图书馆工作了，主要是把书借出来查阅文献。以上内容是日本疫情初期的应对，主要是钻石公主号游轮感染的处理、撤侨与国际援助同步，这是两个标志性的事件，还有一些特殊的社会保障津贴的发放。

下面讲日本疫情应对的第二阶段的内容。日本疫情应对的转折点是北海道发布紧急事态宣言。大家熟悉的铃木知事，在没有法律的前提条件下宣布了日本北海道进入紧急事态，尽到了守土有责的知事责任，这是比较大胆且有魄力的行为，以民众的生命安全为首要出发点。这一时期感染的数据明显地在增加。但是，其增加保持在两位数，一般是二三十个，最高是达到 30 个。我当时还是没什么感觉，生活一切正常。日本政府给予北海道疫情防控很多指导意见和要求的事项，因为时间的关系我就不具体讲了，主要是因为其要求的事项非常细化。

我真正感觉到紧张是 2 月底 3 月初这段时间，日本民众抢购卫生消毒用品。2 月 1 日我买了 14 个口罩，即两包口罩，这之后再也没有买到过口罩。3

月2日，消毒水、湿纸巾、卫生纸等这些日常消毒用品货架基本是空空如也。在3月16日，半个月的时间，日本北海道的疫情基本上得到了控制。中小学也开始分校，一半学生上课，一半在家，第2天另外一半学生上课。我们看，日本的这种疫情防控模式是动态化、常态化的，在我看来没有浪费时间和物资。

日本整个疫情防控的第二阶段，主要是在医疗方面，确保5000张以上的病床。这时候感染人数是每天三十多左右，但已经在做5000张以上病床的准备了，并且充分利用2700亿元的年度预算，以4月10日为期限，制定第二阶段的紧急对策。3月9日，日本新型冠状病毒感染症对策专家会议发表了相关基本方针，在总的方针背景的框架下，确定了第二阶段的基本方针。它指出要将疫情对社会和经济功能的影响降至最低，并且最大限度地减少疫情扩散。基本战略分为三个方面：第一个是加强聚集性疫情的早期发现与早期应对，完善对患者的早期诊断和重症患者的集中治疗；第二个是确保医疗提供体系完备；第三个是重视市民的行为矫正。一方面是政府，一方面是公民，双方团结协作。这三项战略也与世卫组织发布的对策保持了一致。

日本和美国的防控措施有很大的不同。日本紧密跟踪关注国外疫情发展情况，并且与世卫组织的步调保持一致，其整个应对过程还是让国民比较放心的。而美国到处抨击、指责，国内感染人数暴发式增长，死亡人数也超乎了大家的预期。这两个国家都是西方的发达国家，而且都是民主政治体制，但防疫采取的措施和效果完全不一样，其本质核心在于是否有一个负责任的政府。

3月10日，第二次对策本部会议召开。这时候，主要是提供资金用于防止感染扩大和医疗体制运行，总共486亿日元，而且也有很大一部分资金预算用以应对中小企业的经营风险。3月9日，我住所附近的公园里，大家还都带着孩子正常地散步，当时樱花还没有开。3月5日到3月15日，新冠肺炎病例新增最多时，达到50人以上。3月11日，为了应对新冠疫情感染的进一步扩大，日本修改了紧急状态宣言法案。但是，首相宣布紧急事态宣言，必须满足两个条件：①有可能对国民生命和健康造成显著且重大的损害；②由于在全国范围内迅速蔓延，有可能对国民生活和经济造成巨大影响。这时候日本已经为后面宣布紧急事态宣言做好了充足的准备，因为政府要依法来实施防疫措施，这时候通过紧急状态宣言的法案为进一步进行防控打下了基础。

在这一阶段，群体性感染不断扩大。3 月 15 日，10 个都道府县共有 15 处 5 人以上的群体性感染，具体分布在神奈川、新宿、大阪等，这几个县都在东京都圈。东京和大阪是经济比较繁华、人流量多的大城市。为了防止群体性感染事件，感染症学会提出了应对举措，即建立信息共享系统。在信息共享方面，日本可能没有咱们国内做得好，因为它牵扯到人权和隐私等各种因素，没有做到准确及时定位，比如说通过手机、信用卡消费，还有 GPS 定位到人，及时跟踪。这是造成日本疫情不断扩大的、不可忽视的原因。所以，日本感染症学会建议建立这种信息共享系统，感染症学会向医师学会 1 万多名医生提出了要求，及时分享新冠病毒感染者的信息。

在这里有个题外话，日本是特别相信专家、专业化非常强的社会。新冠病毒感染对策专家委员会集中了各种科研人员，还有各个方面各个领域的专家和成员，其讨论的结果肯定也是集合了日本国内最新的研究成果和对策建议。

我因为经常待在房间也比较闷，所以一周基本上出去一次。3 月 12 日的代代木公园樱花还没有开，虽然日本的学生都放假了，但大家都聚集在公园晒太阳，感觉生活还是一片和谐。从代代木公园回来路过涩谷街道，人流量还是非常大。我路过的时候也感觉特别吃惊，因为自己已经宅家快一个月了。2 月份之后就开始宅家了，结果 3 月份人流量还这么大，我觉得自己也挺浪费时间的，浪费了一个月很好的出去散心的时间，尤其是在春暖花开的时候。这时候我就比较大胆了，3 月 17 日我又走到日本桥附近，因为不敢坐电车，我步行大概一个多小时，在日本桥附近人流量仍然很大，3 月 19 日，我去东邦大学附属医院，当时医院各个科室都正常给患者就诊，其医疗体系也是非常好。

以上是日本第二阶段的疫情防控。在第二阶段疫情防控中的重要事件是应对奥运延期。我们看在整个新冠病毒的防控中，日本同时也在准备奥运会。奥运也是日本这一阶段疫情应对的一个轴心，随着全球疫情大暴发，日本决定延期举办，但没有取消，对于这个结果，我觉得各方还是比较满意的。日本也是在4月二十几日宣布承担奥运延期的费用，其费用也是比较高的。第二阶段的社会保障主要是向育儿家庭发放现金。日本的社会保障政策趋向于社会脆弱群体，建立家庭支援和企业支援，国家层面和企业层面都要向育儿家庭提供各种各样的支援。

文部省开设了门户网站，介绍在家自学的教材和动画等。学校和教育委员会要求采取一些弹性措施，尤其是针对孩子要升级升学的，以免影响初三、高三和小学六年级孩子的升学。特别需要说明的是，这一时期托儿所、幼儿园照常开园，因为大家都知道托儿所、幼儿园的孩子是最难照顾的，一旦这些孩子放假，家长就没办法再工作了。日本政府也是把难题留给了自己。幼儿园和托儿所一直是正常开园，除非工作人员或者是幼儿、儿童发生感染才要求闭园。4月7日，文部省公布了复课指南要求，列了详细的检查清单，各个学校都要对照实施检查。其检查清单非常详细，比如说是否有感冒的症状，是否进行洗手和咳嗽礼仪的指导，等等，都具有很强的可操作性。

3月24日，目黑河的樱花也开了，非常漂亮，人流量还是比较多的。3月25日我步行一小时去了庆应义塾参观。东京塔离得比较近，它还对外开放，我也是斗胆上去看了一下。因为坐电梯都是密闭空间，而且人挨人，当时还是有点担心。

3月26日，在目黑河，樱花已经基本上开了。今年的樱花可能和往年不同，可以步行赏樱。但是，宴会是禁止的，不能在樱花下举办各种宴会，所以还是采取了一些防止聚集性的措施。3月29日，东京宣布了"自肃"。周末，也刚好下了一场大雪，这也为自肃创造了良好的天气条件。这时候樱花已经开得非常饱满、特别漂亮。我住的校区两个设有电子门禁卡的校门已经全部关闭了，只留下了个主校门。3月30日，自肃完之后两个校区的门又开了，可以通过电子凭证进入。

4月1日，感染人数已经上百，呈现三位数了，而且累计感染人数已经达到3000人。在4月1日，安倍首相认为这是日本从二战以来从未经历过的国难。这次的新冠病毒也是全球性的，是自二战以来全球最大的公共卫生事件。

4月7日日本宣布进入紧急事态，居民的生活有没有受到影响？现在日本也是呼吁市民不要外出，卡拉OK、电影院这些娱乐场所，培训班，展示厅都关闭了。超市正常营业，便利店还是24小时营业。日常出行人流量大幅度减少。地铁还在正常运营，基本上现在上去可以找到座位。在紧急事态中，最担心的是医疗资源的挤兑和崩溃。可能大家也看到一些新闻，比如说大阪市已经呼吁市民捐出一次性的雨衣给医生作为防护。平时的医疗卫生防疫物资，如口罩等70%来源于中国，而且其原材料大部分也是来源于中国。这时候，日本也是想尽了各种办法鼓励生产衣服的企业来生产口罩。国家也给每个家庭发放两个布口罩，是重复利用的。很多网站教大家如何制作家庭用的口罩，超市里也可以买到这种做口罩的材料。

进入紧急事态后，日本也是非常注重治疗药物和疫苗的研发。日本在这方面的科研能力还是处于国际领先水平的。目前，它已向20个国家提供了法匹拉韦，而且免费提供，但条件是必须反馈数据，这是为了进一步提高法匹拉韦的治疗效果。中国在对武汉患者的治疗过程中证明法匹拉韦应对新冠肺炎是有效的。

4月10日，这时候早樱已经凋谢了，第二波樱花非常漂亮，校园里空空荡荡的，校门到现在也一直是锁的。东京大学给出了最高级别的红色预警响应。11日我去了驹场公园，人流量也是非常少，但是也有家庭带孩子出来散步。我住的校区出入通过主校门，其他的校门全部关闭，主校门也必须凭证件进出。我要去银行交 4 月份的公寓管理费，看路上的行人也是非常少了。平时这条街道也是非常繁华的步行街。

5 月 6 日，日本将 4 月 16 日的紧急事态扩展到全国。因为人流量一直没有降下来，而根据日本专家的建议，要人流量减少到 70%~80%，预防才能起到很好的效果。我们看这时的感染数据已经快逼近 1 万了，到 4 月 25 日已经超过 1 万，而且死亡人数也达到 300 多，死亡人数也是比较高的。我记得特别清楚，有新闻报道一位日本国民在工作中直接倒下，到医院检查后才知道感染了新冠病毒。我觉得日本人的这种敬业精神是非常可贵的，这时候还在工作。

宣布紧急事态宣言之后，日本的制造业企业还都在运转，除非是企业发现感染者。经过一系列的隔离和消杀措施之后，在没有问题的情况下可以继续工作。虽然进入紧急事态，但是日本的核心制造业生产是没有停止的。4 月 19 日，进入紧急事态两周之后，我步行到中央新宿公园附近，在天桥下看到等红绿灯的车明显减少。正常通行的时候车辆非常拥堵。日本国民的配合程度还是很好的，没有强制性的执行。

4 月 22 日在我公寓楼下，一些用来摆放公共物品的柜子上面也贴了注意事项，让大家要注意消毒。公寓管理科也采取这种非接触式的管理，大家都通过邮件、电话联系。公寓门基本上是关的，要求自行登记。邮政系统往常直接送货上门，比如说我在 5 楼住就直接送到 5 楼，但是现在直接在楼下电话通知自己下去拿，采用了一种和邮递员、公寓管理科非接触式的管理形式。这是日常的管理，生活基本没有改变，正常进行。

5 月 4 日宣布紧急事态延长到 5 月 31 日，还是维持在 13 个市区。基本上疫情已经得到了控制，感染人数减少到最高值的 1/3。从最近几天的数据来看基本上最高在 300 人左右。这一阶段，紧急事态期间的社会保障政策是向每位国民发放 10 万日元，这就需要 12 万亿日元的财政资金，对日本国民来说是最大的福利。我觉得社会福利这一块日本做得比较好。5 月 3 日我去附近的超市，门口有专门的人帮大家消毒，而且限制人流量，达到了最高人流量之后就要求大家在外面排队。

5月4日，学校几乎没有人，但是还有老师来工作。以前是自动门，现在取消了自动门，要进去必须打电话，必须预约，还是采取了更进一步的防控措施。我可能讲得比较快，主要是跟各位老师还有同学分享一下日本防控的政策演变和模式。前面也讲了，主要是在动态中调整，及时调整疫情防控措施。从钻石公主号游轮应对之后，日本政府也是加大了调整的力度，随时根据掌握的最新信息作进一步调整，这是日本疫情防控和中国不同的地方。当然各国有各国的国情，我们的模式也是凸显了我们的制度优势，我们两个月迅速解决战斗，然后复工复产。日本应对战线拉得比较长，在动态中防控，各有优势和利弊，也不存在谁抄谁的作业，各国政府都是在本国已有的公共治理和公共卫生管理的基础上，制定各国的应对措施。我就跟大家分享到这里，谢谢各位。

**李松锋（主持人）：**

谢谢文老师！文老师讲得特别详细，她做了近百张 PPT，非常认真，让我们跟着她的经历，了解了日本的疫情发展和整个防控工作，同时还透过屏幕欣赏了日本的樱花。接下来有请叶老师。在叶老师开讲之前，提醒各位，如果有什么问题可以在聊天区提出来，讲完之后各位老师会有时间和各位交流。有请叶老师。

**叶晶珠（主讲人）：**

大家晚上好！谢谢主持人。很高兴有这样一个机会，通过我们域外公法论坛的平台与大家学习交流。也非常感谢同在东京地区的文老师，刚才就日本疫情为我们带来了公共危机管理以及社会保障角度的非常全面的分享。对我个人而言，受益匪浅。因为自己长期工作、生活在东京，所谓不识庐山真面目。文老师是熟悉中日两国情况的管理学专家，她讲的很多问题从不同的角度给我带来了很大启发。

自从国内疫情发生以来，我一直密切关注着武汉和全国的情况。后来国内形势逐步得到控制，开始复工复学的时候，正好是日本这边疫情开始恶化的阶段。看到全国集中力量支援武汉抗疫的时候，我就在心里想这样一个问题，如果这样大面积的感染突然发生在东京，那么日本政府是无法做到这种迅速而又有力度的防疫的。当然这是由它的国家体制还有社会基础等各方面决定的。接下来，我想就三个方面跟大家做一些分享。首先，就日本疫情发展做一个简单梳理。然后，从法律角度和大家谈谈日本现阶段实施的紧急事态宣言以及它背后的一些问题。最后，就大家比较关心的疫情现状，分享一些最新信息。

首先来看日本疫情发展大致的时间轴，刚才文老师已经为我们做了非常详尽的介绍，这里我就比较简单地说一下。日本确诊第一例新冠患者是1月12日公布的常住神奈川县的中国籍男性。他于日本新年长假期间回武汉探亲，返回日本之前父亲已经在武汉确诊。紧接着，1月23日武汉封城。因为地缘关系，加上当时正值国内春节出游的高峰，每年这个时候会有很多游客来日本各地旅游。因此，武汉封城的消息在日本反响还是比较大的。记得我们学校还是期末，没放假，封城当天有学生和同事向我了解武汉的情况。1月23日是一个比较重要的时间点。

紧接着1月27日，厚生劳动省将新冠肺炎指定为指定感染症。刚才文老师也有提及，日本有一个感染症法，按照这个法律的规定，感染症分为5个类别，新冠肺炎是新出现的疫情，被划分到指定感染症这一类别中，属于与SARS和MERS同级别的2类，准用2类感染症的防疫措施。另外，根据感染症法的规定，指定感染症所有的治疗费用由国家负担，包括在日本确诊的外国人。

进入2月以后，有一个重大事件，2月3日钻石公主号在神奈川县的横滨港靠岸，游轮上发生了集体感染。当时在日本它成为全国上下关注的焦点。媒体每天以滚动报道的方式更新最新感染人数。可以说，大多数日本民众是从这个时间点才开始对新冠肺炎有真正的危机意识，"集体感染"一词也是因为这个事件第一次进入公众视野。大家可以看到岸上围满了各国媒体，24小时驻守对游轮跟踪报道。当时自民党前干事长细田博之在媒体面前，用"白船"一词来形容钻石公主号。熟悉日本近代史的同学可能知道，1853年幕府末期，美国海军将领佩里率领4艘黑船驶入神奈川县的横须贺港，迫使日本打开国门，也客观上加速了日本跟世界联通的步伐。作为日本近代史上的一个标志性事件，黑船来航在日本人的历史记忆中有很重的分量。大家可以想象，当时媒体连日滚动报道白色大游轮的画面，对于日本民众而言，是相当有震撼力的。巧合的是，这艘大白船靠岸之后，日本因为防疫需要开始了另一种意义上的"闭关锁国"。

10天之后，随着海外输入病例增多，2月13日，政府开始限制持湖北、浙江两地护照的人入境，之后慢慢将范围扩大至其他国家和地区。26日的时候，安倍首相开始向全国呼吁，民间大型活动自肃。中国与日本同为汉字文化圈，但"自肃"一词还是比较有日本特色的。大家可以理解成一种自我约束，自发自觉，没有强制性，也不带任何法律约束力。后来28日北海道进入紧急事态，3月2日安倍首相呼吁要求全国公立中小学停课，这同样不具有法律约束力。日本公立中小学的决策权在各个自治体，例如京都府下面的京都市，当时就没有理会首相的要求，宣布照常上课。

与此同时，我们看看国际局势，进入3月，意大利等欧美地区已经开始暴发大面积感染，3月11日世卫组织宣布新冠肺炎"全球大流行"。此时大量从欧美旅游、工作回国的日本人，带来大量感染输入。由此，日本进入所谓第2波疫情的漩涡。与第1波相比，第2波的来势更凶猛，日本全国各地发生了好几起规模较大的集体感染。民众和媒体的关注焦点也纷纷转向安倍首相，大家都在猜测他什么时候会发布全国性的紧急事态宣言。

之后奥运延期，也是比较重要的转折点。就在发布奥运延期决定的第 2 天，全国疫情最严重的东京都召开记者会，知事小池百合子宣布东京疫情十分严重，要求都民减少外出。两周后，4 月 7 日，政府终于发布紧急事态宣言，这是日本现有法律体制下可实施的最强防疫措施。当时日本有媒体形容，安倍首相拿出了终极法宝。

接下来，我想从法律角度和大家分享一下紧急事态宣言的一些内容和特征。首先，紧急事态宣言的法律依据是一部叫《新型流感等对策特别措施法》（以下简称《新流措施法》）的法律，名字有一点长。这部法律之前为应对流感疫情而制定，于 2012 年开始实施。这部法律规定的适用对象是新型流感等感染症以及新型感染症两个部类。被政府认定为 2 类指定感染症的新冠肺炎，并非它的直接适用对象。所以 3 月的时候国会启动修改法案程序，将新冠肺炎临时加入了新型流感等感染症的定义中，规定最长有效期为 2 年。修改法案于 3 月 13 日在国会通过，次日便正式实施。这为后来宣布紧急事态宣言做了一个法律上的准备。

这部法律大致由三部分内容组成，这也是紧急事态宣言发布前经过的三个阶段。

第 1 个阶段，疫情未发生时。这个时期要求政府和地方自治体，各自制定自己的行动计划。由于修改法案 3 月才通过，当时疫情已经发生，目前大多数自治体都是准用之前为新型流感病毒制定的行动计划。

第 2 个阶段，疫情在国内已经发生，并且有扩散的风险。这个时候，依法成立政府和各个自治体的对策本部，具体的防控措施包括要求公私团体组织和个人对政府防疫工作进行协助，是一种协助式的要请；还有特定疫苗的接种和防止境外输入的海关防疫；以及要求医疗人员对患者进行医疗救助等。

第 3 个阶段是最重要的组成部分，即当疫情进一步扩散，可能会造成医疗挤兑，并给国民的生活经济带来重大影响时，实施紧急事态宣言。法律规定紧急事态宣言要具备两个要件，一是有可能严重危害到国民的生命健康安全，二是疫情在全国迅速蔓延，有可能对国民生活和经济造成重大影响。这时要征询专家意见，由内阁总理大臣宣布紧急事态宣言的具体实施时间、区域及措施内容，并报告给国会进行公示。

从当时紧急事态宣言的一个回顾来看，可以说，随着疫情的升级，日本政府基本是按照法定程序逐步为紧急事态宣言在做准备。1月27日列为2类指定感染症，3月13日通过修改法案，3月26日正式成立政府对策本部，这还属于第2阶段。4月7日，本部长即内阁总理大臣安倍宣布紧急事态宣言，指定实施区域为包括东京都在内的七都道府县，时间到5月6日。后来出现从指定区域向其他地区输入病例的危险信号，5月16日将紧急事态宣言的范围扩大至全国。而就在昨天晚上，安倍首相又宣布将紧急事态宣言延长至5月31日。

这里要说明一点，法律规定紧急事态宣言必须由内阁总理宣布，但具体措施的实施主体则是各个自治体的知事。紧急宣言的一个重要意义便在于赋予地方知事以法律权限，使其更有效地开展防控工作。

其实在这之前，北海道于2月下旬就自主发布了紧急事态宣言。大家知道北海道是著名的旅游观光地区，春节期间举行了一个国际冰雪节，发生了集体感染，感染扩散到全国。可以看到，2月下旬有一个小高峰，之前基本是个位数，27日当天新确诊15人，比当时东京都还要严重。知事铃木直道自主宣了紧急事态。从危机应对的角度看，他的行动是迅速且有效的。数据显示，发布紧急宣言两周之后，一直到欧美输入疫情，政府4月7日发布紧急事态之前，北海道新增确诊人数明显下降。它采取的一系列措施，包括呼吁道民减少外出，中小学停校停课等，得到大多数民众的肯定。

从法律角度看，这个宣言缺乏法律依据。首先日本现有法律体系中，面对新冠疫情，只能依据3月通过的修改法案才可以实施紧急事态宣言，当时2月下旬法案还在国会审议，这是第1点。第2点，即使当时法案已经通过，也不符合法定程序。法案规定内阁总理大臣才有权限宣布紧急事态，这也成为后来反对者指责他防疫措施过度的一个理由。同样也有人认为，如果不提前采取一系列的紧急事态措施，北海道的疫情可能会进一步恶化甚至到失控的局面。

这里就凸显了一个问题，政府基于全国的疫情做一个整体判断，决定何时实施，对哪些区域实施，但由于各个自治体疫情发展的速度和阶段不同，比如说北海道这种情况，就有可能错过最佳防疫时期。当时疫情比较严重的东京地区，也面临同样的问题。

奥运会宣布延期的第2天，东京都知事小池百合子在3月25日召开的发布会上，用了"感染暴发"一词，对日本民众而言，这是非常严重的措辞。小池还提到，如果东京不采取任何措施，就可能出现武汉和意大利那样的封城。这在当时是个重磅信息。请大家注意，东京都每日新增确诊人数，以4月24日为分界点，之前基本是个位数，24日那天突然增至17人，紧接着25日飙升到47人。大家知道日本核酸检测条件相当严格，民众普遍认为，实际感染人数应该大于政府公布的数字。情急之下小池多次公开向安倍首相提出要求，希望尽快发布紧急事态宣言，可当时整个政府还处在一种观望阶段，东京都只能通过电视和网络呼吁都民减少不必要的外出，避免密集场所聚集。有人指出紧急事态宣言相关法律中的知事权限、企业停业补偿金、何时解除紧急宣言以及解除标准等问题没有涉及，各地知事都纷纷要求扩大自己的裁量权。这就涉及紧急事态宣言下，中央政府跟地方知事的权限界定问题。

紧急事态期间的主要措施内容比较多，第45条是对民众工作、生活影响最大的一条。它主要分两方面，第1项要求减少外出，第2项是出于防疫需要的停学停业要求。请大家注意"要请"这个词，这是日语原文，紧急事态宣言的措施大部分以要请形式发出。什么叫要请？翻译成中文，它有一种要求其至请求的意思在里面，诉诸一种道德约束，没有强制性，也没有处罚规定。特别措施法中仅有的两条处罚规定，第76和77条，都是保障物资需求的相关规定。除此之外，像出行和营业限制等措施都没有处罚规定，这是这部法律的重要特征。

当然，这里存在一个疑虑，这种要请式措施有没有作用？它实际上是有约束力的。首先，对于出行，日本民众的整体危机感比较强，个人行动都比较克制。部分没有危机感的日本民众会出于日本社会的同调压力，即使内心不愿意，也会响应政府的要求。其次，营业设施停业比较麻烦，因为特别措施法里没有停业补偿的相关规定，而按照日本劳动法，要向员工支付停业补贴金。即便在这种双重经济压力之下，政府的停业要请还是发挥了很大的效力。这里举一个例子，日本全国有很多大大小小的弹珠游戏中心，他们叫Pachinko，是典型的密闭聚集场所。全东京777家游戏中心在小池知事发出停业要请之后，有753家陆续停业。对于不响应政府要求的那部分企业，政府会通过公布名单、指示等行政手段来干预，最后这些企业基本都会停业。公布和指示都依照行政法的相关程序进行，其中指示属于不利益处分的一种，产生法定义务。但第45条并没有相关的处罚规定。

此外，紧急事态几个字很容易让人联想到封城或戒严令。事实上，日本现有法律体制是无法实现像意大利、法国那种封城模式的。首先，特别措施法没有封城的相关规定。因防疫需要可以减少铁道运输的运行车次，但无法完全停运公共交通，也没法封锁城市间道路。同样，日本也没法像法国那样限制出行，只能发出要请。

综上所述，作为现阶段最强的防疫手段，紧急事态虽被民众寄予厚望，却只有紧急事态之名，并无强制性。它的根本出发点还是出于对民众的一种善意期待，希望大家采取合理行动，以达到防止疫情扩散的目的。当然，这背后还有日本法律对于宪法中基本人权的尊重，因为外出自由和营业自由等都是宪法所保障的基本人权。对于紧急事态宣言，有人质疑：既然是紧急事态，就意味着国民的生命健康受到极大威胁，这时候就必须有更强制性的配套措施。目前，全日本知事会向政府提议，要求启动修改法案程序增设处罚规定。

　　到这里大家可能会有疑问，既然是为紧急事态准备的法律，为何没有强制处罚规定？这里涉及日本法律体系的一个历史背景，因为时间有限，今天没办法详细展开。众所周知，日本现行宪法是战败后在美国的占领下制定的一部和平宪法。它是反战的，而战争又被视为紧急事态的典型情况，因而日本宪法在制定阶段就放弃了紧急事态条款，这便是后来紧急事态相关法律的一个软肋。目前，日本国内主要有两种思路：一种是修宪，增设紧急事态条款。这部分观点认为紧急事态条款的缺失是宪法的重大失误。另一个思路就是在既有的和平宪法体系下，进行紧急事态立法。日本宪法学的主流观点认为，可以依照宪法的基本精神在限定情况下制定紧急事态相关法律，宪法没有紧急事态条款，在理论上也是可行的。例如，这次的新冠肺炎是极度危害国民健康、生命安全的危机，相对于移动、经济和隐私等其他人权而言，健康权、生命权是被优先保护的法益。

　　自新冠疫情以来，日本社会一直有一些担心的声音：修宪派会不会利用这次疫情，把问题焦点推向宪法。安倍首相宣布紧急事态宣言后，许多人到首相官邸前抗议。前不久，东京大学宪法学教授石川建治先生公开表示，这次政府应对新冠不力，有人会把原因归结到宪法紧急条款缺失上。但事实上，通过完善法律应对紧急事态和修宪增设紧急事态条款是两个问题。后者会为内阁提供直接越过议会随意行使权力的机会，是非常危险的做法。

　　抛开修宪问题，紧急事态立法在现实社会中也存在阻力。首先，战争时期紧急事态法践踏人权的历史给日本民众留下了心理创伤。对民众而言，紧急事态本身就是个敏感词汇。其次，日本民众担心政府利用新冠疫情制定紧急事态法之后，该法会像战争时期那样被恶性运用。历史上的大日本帝国宪法中的紧急事态法制定权，还有戒严令等，最终演变成踩躏人权的工具。出于对历史的反思，部分民众对紧急事态法的制定持谨慎态度。最后是我的个人感受，日本战后除了频发的自然灾害，社会相对稳定，国际环境总体也比较友好，很多民众没有足够的危机意识，认为紧急事态离现实比较远。

以上是我对紧急事态宣言制度的分享，最后讲一下现阶段日本抗疫措施的效果。2020 年 4 月 7 日安倍首相宣布紧急事态宣言到明天正好一个月，这期间总体而言疫情逐渐好转。这里和大家分享几个数据，主要来源于政府专家组的最新报告。首先，民众行为和生活模式的变化，第一个是人流变化。从一些主要车站可以看到平日里熙熙攘攘的人群，发布紧急事态宣言后，人流明显减少。另一个是接触频率变化，它是日本专家组比较强调的一个指标。根据北海道大学西浦教授的模型演算，日本想要在一个月之内迅速控制住疫情，接触频率必须减少 80%。日本政府给出的目标相对保守，即至少减少 70%，争取 80%。涩谷地区 2020 年 4 月 24 日和 2020 年 1 月份的比较数据显示，接触频率下降 62%。然而地域间，比如东京与周边县的接触频率，只减少 30%～50%，其主要原因是上下班人群流动。总体接触频率有减少，但远未达到政府设定的目标。

再看一下感染状况。紧急宣言发布之后，每日新增确诊人数都在下降。最后的基本再生指数也是专家组比较重视的指标，用来衡量一个确诊患者传染几个人。2020 年 3 月 25 日和 2020 年 4 月 10 日，全国的基本再生指数分别是 2.0 和 0.7，东京则从 2.6 降到了 0.5。最新公布的数值都小于 1，说明感染并没有继续扩大。

总体而言，日本整体疫情开始出现好转，但形势仍然严峻，不容松懈。首先是医疗战线，2020 年 4 月以后各地很多养老院和医院发生集体感染，这造成重症患者和高龄患者的增加。一线目前还在满荷运转，形势严峻。另外是我个人从疫情初期就比较关心和担心的问题——核酸检测，对比其他国家，日本累计检测人数少，现在平均每天大概 8000 人～9000 人，但政府目标是一天 2 万人次，所以现在还没到一半。专家组昨天首次公开承认检测能力不足。其原因有很多，牵涉组织结构、人员还有物资方面的问题。大家都知道，核酸检测是关系到疫情是否会进一步扩大，甚至何时解除紧急状态的一个重要环节。对此，日本政府最近出台了一系列解决方案及设定了目标，希望接下来会有所改善。

疫情还在继续，紧急事态宣言发布了一个月，日本社会进入一个自肃疲劳，但又不敢松懈的关键时期。昨晚安倍首相正式宣布延长紧急事态至2020年5月31日。按现在这个趋势，如果新增确诊数量继续递减，预计到2020年6月，日本会逐步解除各种限制，慢慢转入生活防疫模式。当然，这只是我个人的一个判断和期待。希望这一天早日到来。我的分享就到这里，谢谢大家，也谢谢主持人。


**李松锋（主持人）：**

谢谢叶老师给我们做了非常全面的分享，希望这个疫情能早点过去。在聊天区，有两个问题是提给两位老师的，等张老师评议完之后，统一再来回答。

我个人也有两个问题，分别提给两位老师。叶老师刚才讲紧急事态宣言的宪法依据时，提到人权问题，比如说活动自由、追求幸福的权利。但我们通常认为，生命权是最重要的，在生命受到威胁的状态下，追求幸福和自由相对来说应该放在次一级的位置。请问在日本，讨论人权问题时，特别是在这种紧急事态下，有没有把生命权考虑进来，并把它放在最优先的位置？这是我的问题。

针对文老师的讲述，我也有一个问题想请教文老师。我从刚才的报告中看到日本为新冠肺炎的患者提供公费治疗，其中提到外国游客也可以享受公费治疗，请问这在日本没有争议吗？我们国内对新冠肺炎患者也提供公费治疗。但是外国人毕竟不是纳税人，如果在这方面享受公民待遇，那就意味着是由纳税人来承担他们的费用，因此有一些异议。请教文老师日本的情况是怎么样的？

接下来还是先请张连凯老师评议。

**张连凯（评议人）：**

感谢各位老师，非常高兴有这样的机会和大家一起来探讨关于日本新型冠状病毒防控的一些法律问题。听了两位老师的讲解可以说收益还是非常多的。作为评议人，对于下面几个问题，简单地说一下自己学习的心得体会。

第一，叶老师的发言可以说是非常的精准。现在日本的危机对应体制主要是围绕着灾害的问题以及战争的问题，以宪法为顶点，然后以一般法律的形式对日本的危机进行管理和对应。我们在这里一定要说的、非常重要的问题，就是刚才叶老师一直提到的紧急事态的问题。其实从法律的层面来讲，除了《新流措施法》，在日本所有的法律里面都没有关于紧急事态宣言的规定。

《新流措施法》是在 2012 年提出来的，在《新流措施法》的第 32 条里第一次提到紧急事态宣言的问题。如果不通过新的立法或者对《新流措施法》进行修改的话，日本行政机关无法实施紧急事态宣言。其主要原因除了其他法律没有规定之外，也在于《新流措施法》第 32 条是有一定前提的，就是之前有老师提到的关于它构成要件修改的问题。为什么要修改构成要件？因为日本现行《新流措施法》适用的前提条件是情况非常严重。用我们的白话来讲，相当相当严峻的问题，只有问题达到了相当严重的程度之上，才能适用第 32 条，然后通过紧急事态宣言对国民的权利进行制约，并以此达到对应的效果。这样的话，如果不修正《新流措施法》第 32 条，日本政府是没有法律依据通过紧急事态宣言来应对新冠疫情的。通过修改《新流措施法》将新冠肺炎等事态纳入，日本的首相才能发布紧急事态宣言。否则，这样做法律基础是很欠缺的。

如果不对《新流措施法》的第 32 条进行修改，而是由行政机关通过行政法规进行补正，能否达到有效应对疫情的效果呢？实际上，以这样的方式修正法律、发布紧急事态宣言是有可能违宪的。其实即便是修正之后，现在法律也可能在一定的情况下因为运用的问题出现违宪状态。

那么我们换个角度来看，日本政府如何看待因为运用不当而可能违宪的问题呢？这是个非常有意思的问题，因为如果说紧急事态成立的话，那可能会形成刚才叶老师所讲的——行政可以越过国会，甚至越过宪法而不受任何制约。

宪法理论中的紧急事态，一般来说是三种：宪法层面上的，宪法本身的，还有一种是超越宪法的。超越宪法的一般都是政治问题。这时候我们会看到，如果在宪法的层面上对紧急事态进行实定化的话，那么对于行政来讲这是一把尚方宝剑。通过这把尚方宝剑，行政可以超越国会甚至越过宪法而不受任何制约。当然这里要说明一下的是也有一部分学者想通过宪法解释来实现日本宪法层面上的紧急事态，这实际上是非常难的。从现实来讲，以现有的法律规范为前提，这把尚方宝剑对于行政来讲，可以说看起来近在咫尺，但是用起来却远在天涯。现在的紧急事态宣言在法律上的明文规定，只有《新流措施法》的第32条。

这样看来，对政府来讲本次应该是千载难逢的时机，即借助修宪的东风，来实现紧急事态的宪法层面的实定化，至少可以实现法律层面的实定化。那么就我个人的了解和我个人的看法来说，刚才叶老师也提到了东京大学石川老师的担忧，我觉得宪法层面的实定化是非常难的，让人担忧的是在实践中，政府通过瞒天过海的形式，比如以人格权修正的形式隐藏着上面的动机，从而达到欺骗国民的目的。然而，法律层面的实定化，整体来说已经只是时间的问题了。而且完全可以通过对《日本宪法》第13条个人的尊重与公共的福祉、《日本宪法》第25条社会的生存权等宪法条文进行综合性的解释，并以此为原理依据，在立法层面上进行实定化。以上是针对叶老师的发言，我的一些心得和体会。

第二，文老师发言是关于应对新冠的社会政策问题，可以说其说明得非常详细，也非常全面。关于福祉等的政策性问题是我比较关心的，所以今天作为"山外之人"来探讨一些"山内之事"。我的出发点是作为一个接受者来讲如何去看待他者的先进文化和制度，我们的关心点应该"站位"到哪里，进而做一定的"取向"。我曾经有一次和日本的一位学者进行过一次交流。当时，我问过这样一个问题：如果日本出现了洪水、地震等自热灾害，如何通过法律和政策去应对一些类似于发国难财的问题呢？日本学者的回答很有意思，他说："我们没有想过这个问题，因为在日本不会发生这样的事情。"所以在学习他国的文化与制度时，我们应该在看到海平面上的冰山的同时，去探究和应对海面以下我们看不到的东西。这样，在与我们自己形成对比进而进行政策应对时，我们还有很多议论和深究的空间。就像文老师说过的各有所长。这一点，我站在和文老师不太一样的地方看待。这是对文老师发言的一点感受。

第三，前面我们对法律、政策进行了考察。接下来，我们把问题进行拔高和抽象化，把问题设定在法治国家来看待日本的应对措施。这里也要简单地说明一下，我这里所讲到的法治，不是宪法理论上的法治，而是超越宪法理论之上的。这里有一个非常重要的问题，刚才叶老师也提到了，日本为什么不像我们一样采取措施把疫情问题迅速解决掉。日本所担忧的是什么问题？其实，我们把这个问题进行抽象化理解，就是民主与个人或者民主主义与个人权利的问题。

之前松锋老师也提到生命权更重要。依我个人的观点，即便在生命的面前，其他的比如言论权、移动权、幸福追求权不那么重要，但是更重要的问题是，现实是否已经达到了生命权与其他权利相对抗与抉择的程度。这个问题如果不说清楚，那么政府可能会常常以这样的现实存在的抽象的命题来对待国民。这也就是我们经常听到的，连命都没了还要什么言论自由。事实是否真的是这样，我们每一个人都必须要重新冷静地思考一下。当然，这是我的个人观点，也有学者认为人的权利本身是无法比拟的。但是，至少在新冠的问题方面，到底是不是生命权与其他权利的对立问题，这一点值得大家思考，非常重要。

顺着松锋老师的问题，我继续来说关于法治或者国家与法治的关系，即国家应有姿态的问题。首先要说一个前提，不管我们站在什么角度，即便站在以国家主义为前提的视角来看，法治是国家强大的必然之路。在我看来，衡量国家是否强大，已经不再是，至少不再是单纯地看一个国家的综合实力，即"国力"，而是要看构成这个国家的个体的综合实力，即"个力"。个人强大将左右这个国家是否强大。而个体如何强大？对个体的强大而言，人格非常重要。特别是在市场经济下，人只有自我（人格）的实现，才能把自己的能力发挥至极，才能变得强大。我们很多人都是埋没了自己的个性而趋炎其所在的团体，这样看起来很强，但在我看来，一个没有自我的人是不可能强大的。那又如何保证每个人都能够实现自我呢？其实宪法和法律上的权利保障就是实现每个人自我的重要一环，其实这也是我们每个人的自我统治的重要一环。比如说每个人为了自我的实现都有控制自己信息的权利。每个人为了自我实现都有掌控自己隐私的权利等。我的信息由我自己支配，这是形成自我的一个重要因素。只有形成自我才能形成强大的个体，最终才会形成强大的国家。通过这一次疫情我们看得出来，日本在这点上还是有些深思熟虑的。

以上的几个方面是我的一些心得体会。谢谢各位。

**李松锋（主持人）：**

谢谢张老师，非常全面、非常专业和极具针对性的评论，同时还分享了他个人对新冠肺炎以及整个法治建设问题的思考。针对聊天区的几个问题，先请文老师来作回应。

**文姚丽（主讲人）：**

首先是刚才李老师提到的日本针对外国游客实行了公费医疗。根据日本的传染病法，新冠病毒被列入最高级别的传染病范围，依据法律规定，在日本感染新冠病毒的患者实行免费医疗。在日本的医疗体系中，免费医疗不仅仅适用于日本国民，外国人只要是在日本本土感染了新冠病毒，也享受同样的政策。这个可能跟咱们国家的整个公共医疗卫生体制和医疗保险体制不一样。我们国家在计划经济时期，主要是借鉴苏联的模式，形成的是一个低水平的、全民覆盖的公费医疗体制，农村实行的是农村合作医疗制度。改革开放之后，我们的整个医疗体制改革实行的是以社会保险为主的医疗保障体系，包括我们现在的城镇职工、城镇居民医疗保险，还有现在的新农合制度，这样的一个医疗保险体制是以缴费为原则的。所以，在咱们国家，刚才李老师提到了，外国居民或者外国游客在中国感染了新冠病毒，因为没有缴纳医疗保险，所以就不能享受相应的医疗保障制度。其实对于这个问题，我个人的看法是，这取决于外国公民有没有在中国工作，有没有缴纳医疗保险。如果缴纳了医疗保险，那么他如果在这次疫情中感染了，就可以享受免费医疗。不能一概而论，要分成几个层次来区别对待，我觉得这样更人性化，也可以兼顾各方利益。需要注意的是，日本已经是比较成熟、稳定的福利国家了，国民的社会保障体系和福利水平远远要高于我们国家，我们还有一定的差距。从以上讲的日本应对这次疫情的社会保障措施可以明显感觉到，各国的情况不同，所以我们最后要采取一个什么样的政策，我觉得可能还是要借鉴国际上的，比如说德国还有其他国家的一些经验。除此之外，建立在大数据的分析基础上，还要考虑医疗费用的分摊机制，要采取一个综合的评判标准。

还有第二个问题，日本的各类社会团体、宗教组织发挥了多大的作用，这个问题我关注得比较少。关于社会团体，其实我知道的是，东大研究社会政策方面的教授，在这次新冠疫情中参与了各种各样的自治团体。疫情严重之后，尤其是中小学生停课之后，很多孩子需要网上上课，但贫困家庭的孩子没有网络或者是没有计算机，日本也有大量的贫困人口，当然他们的贫困跟咱们的贫困可能标准不一样。这些贫困家庭的孩子没办法网上上课，对此，他们也是在积极协商以求解决问题，参与各种社会团体。在日本的地震或者是海啸灾害中，各种社会团体起了非常重要的作用，而且在政府不能及时有效地迅速救援的情况下，日本的民间社会团体也发挥了重要的作用。世界宣评会在各个国家都有分支机构，包括在咱们陕西洋县积极从事灾害救助的分支机构，它在日本也有，都会起到很重要的作用。然而这次，我总体上感觉，但没有专门研究，整个社会团体没有像往常一样在日本的其他的自然灾害中发挥特别显著的或者大的作用，可能是由于公共卫生和疫情防控的特殊性吧。当然这是我基于专业的一个大致的看法，也不一定对。宗教组织这一块我没有太关注。

还有一个问题，对北海道知事在没有法律依据的情况下宣布紧急事态宣言，是否应该持包容态度，事后如何追责？对此，不能单从法律条文来看法律，比如说日本的紧急事态宣言，刚才叶老师、张老师也都谈到了。我觉得首先要有一个立法的理念的角度，跳出法律看法律，还要考虑立法的社会环境。我觉得他们总体上追求的是人的生命安全，比如撤侨，日本在武汉疫情最严重的时候，想的是保护国民的生命安全。当然他宣布紧急事态宣言的时候，也明确表明了这是没有法律依据的，只是出于保护国民的生命安全。我们可以想一下，假如铃木知事不发表紧急事态宣言，日本北海道的防控会是什么样的？感染人数会不会进一步增加？交叉感染会不会变得越来越严重？医疗体系会不会崩溃？我想按照日本这样的一个社会管理水平都是可以测算出来的。所以，我觉得应该是持包容态度的。因为发布紧急事态宣言，是向大家说清楚了，确实也起到了很好的疫情防控作用。当时北海道医院的医疗资源已经非常紧张，而且当时北海道的气候恶劣，在那种寒冷的密闭空间，刚举办完冰雪节，感染人数在 2020 年 2 月底 3 月初居于全国首位。在这样的情况下，我觉得他还是比较有作为的一个地方知事，所以应该持包容态度。至于事后追责，我觉得谈不上。当然这不是从法学的思路来看，在北海道疫情得到控制后也及时解除了紧急事态宣言，民众也恢复了正常的生活。因此，总体上我还是持肯定态度。还有一个问题是日本的黑帮有没有发挥作用。因为我在日本的时间比较短，还没有接触过日本的黑帮，没有接触过这类的事件，所以这个问题不好回答。谢谢各位。

**李松锋（主持人）：**

谢谢文老师！有请叶老师作回应。

**叶晶珠（主讲人）：**

谢谢各位老师，也谢谢各位同学的提问和反馈。

首先回答李老师提出的问题。从人权保障角度来看，各个权利之间有优先次序。如果生命健康权在疫情下真正到了只有通过限制其他人权才能得以保障的情况下，它理应被优先保护。刚才我谈到日本紧急事态宣言的强制性问题时，提到法律对人权的尊重。后来张老师在点评中提出，这里有个判断的问题很重要，也是紧急事态立法不可回避的。具体什么程度，我们可以认为生命权与其他人权发生了对立，不同的人会得出不同的判断。就像日本，随着疫情升级发布了紧急事态宣言，但总体而言它比较没有强制力，它的基调是对宪法人权的尊重。另一方面在法律制定阶段，对于疫情危机，可能也没预想到这么严重的情况。但即便现有不足，从实际抗疫情况来看，效果还是不错的。当然，在今后的紧急事态立法过程中，如何对紧急事态进行严格定义，如何在优先保障生命权的同时，把对其他人权的伤害限定在必要的最小限度内，这都是需要思考和解决的问题。以上是对李老师的问题的回答。

聊天区还有很多其他问题。关于社会团体，刚才文老师已经做了比较详尽的回答。日本黑帮是否参加抗疫？抱歉，这个问题之前没太关注，也没有太多了解。我想起一则新闻，之前日本政府宣布每人发放 10 万日元救济金的消息一出来，媒体报道日本某黑帮组织的干部公开表示，不会去领这 10 万日元，因为他觉得自己不是最困难的群体，而且平时也给社会和政府添了不少麻烦。虽然无法直接回答这位同学的提问，但从这则新闻至少可以看出，整个抗疫过程中它的作用还是比较积极和正面的。

另外，关于北海道自主宣布紧急事态宣言的提问。据我观察，当时北海道知事，虽然在没有法律依据的情况下发布了紧急宣言，但整个日本社会和民众对他的行动和措施多持肯定态度，政府也是积极支持的。当时其他地区疫情还不是很紧急，北海道提前进入抗疫模式，向政府寻求援助，政府优先把口罩等物资给了北海道，并派政府专家组去协助。由此可见，社会整体持包容与肯定的态度，政府也在积极回应和协助。以上是我对这位同学的回答。谢谢，也谢谢主持人。

**李松锋（主持人）：**

谢谢叶老师！聊天区还有一个问题：日本政府和民众有没有因为这次新冠疫情对中国人产生歧视，有没有改变对中国人的看法？

**叶晶珠（主讲人）：**

这位同学提到美国追责中国，日本会不会加入的问题。据我观察，日本政府在这件事上，态度还是比较谨慎和中立的。记得 3 月份官方长官菅义伟在新闻发布会上回答记者提问时表示，"中美之间的争论，我们不做评论"，迄今为止，官方一直使用新型冠状病毒感染症这一名称，也没听说追责方面的消息，可见政府层面的态度是相对中立的。

社会和民众方面，就我个人感受来讲，并没有太多对中国的责怪。当然有时候大家会看到网络上的一些言论，我觉得这只是现实生活中某些点的过度放大。大部分我所接触到的日本民众，包括高校老师和同学，身边普通的日本朋友、邻居，都没人过多留意这个问题，大家更关注的是疫情对自己生活和未来的影响。至于歧视中国人的声音，我也没听到。反而在中国疫情最严重的时候，很多日本民间团体、友好城市和个人，通过各种渠道为我们筹措物资，这些发自内心的关心和鼓励更让我印象深刻。以上是我自己的一点观察和体会。谢谢大家，谢谢主持人。

### 李松锋（主持人）：

　　谢谢叶老师非常全面的回答！刚才叶老师说的一句话，对我蛮有触动。她说网络上的舆论和社会真实的舆论之间是有差距的，我完全赞同。目前我们的网络上可能也会有一些对日本不太友好的说法，但我想那也不代表中国社会真实的民意。至少我身边几乎所有的人，包括我的朋友圈，基本上都对日本民众的援助表示感激，对日本疫情非常关心，希望疫情能够早一点过去。

　　总而言之，非常感谢今天三位老师的精彩演讲，他们帮助我们较为全面地了解了日本在这次疫情防控中所采取的措施，以及相关的法律问题。感谢参加这次讲座的老师和同学。今天是假期最后一天，大家还坚持这么晚来听这场讲座，非常感谢。

　　最后，打个广告，下周二同一时间本系列讲座将聚焦法国，欢迎大家继续参加。同时，由于大家都对美国向中国追责这个问题非常关心，我们也策划了一个专题，专门讨论这个问题。不出意外的话，也会在下周和大家见面，希望大家继续关注。

　　谢谢各位老师和同学，希望大家不管在什么地方都能保重。今天就到这里，再见。

# 法国抗疫中的国家政策与法治

**主讲人** ··········································································

张　伦　法国塞尔奇–巴黎大学教授
　　　　法国"人文社会科学之家"全球研究院教授
　　　　(时为哈佛大学访问学者)

吴良健　法国巴黎政治大学法学院公法学博士

肖　彤　法国巴黎第二大学公法学博士

**主持人** ··········································································

李松锋　中国政法大学法学院副教授

**李松锋（主持人）：**

大家好，我是中国政法大学法学院的李松锋，欢迎参加域外公法论坛，这是疫情时期特别策划的第 4 讲。今天晚上的嘉宾之一张伦老师，前段时间在接受采访的时候，有一个说法，他说因为新冠肺炎在全球的流行，对世界政治、经济、文化等带来的一系列影响，世界历史可能要划分为 2020 年前和 2020 年后两个纪元。我们非常不幸地处在历史纪元当中，正在见证历史，但这未必能让我们更清楚地认识历史。往往身在其中的人，未必能看得很清楚。不过，这给了我们一个使命，至少我们应当记录这段历史。正是基于这样的考虑，我们策划了这个系列讲座，关注不同国家为抗击新冠肺炎所采取的政策以及对法治带来的挑战。

今天晚上，我们聚焦于法国。开场前我放了两首歌曲，第一首是在2020年2月份，40位法国艺人为中国武汉抗疫创作的音乐《*Together*》。第二首是厦门外国语学校为他们在法国的姐妹学校制作的一个祝福短片，和他们共同抗击疫情，表达相互守望的心情。

其实，今天有一个特别好的消息，早上我在张伦老师的朋友圈里看到：法国在经过55天的禁足之后，今天解禁了。这对于曾经被关在家中两个多月的我们来说，都能体会到此时此刻法国人的心情，解禁确实是这个悲情岁月里比较好的一个消息了。

今晚非常荣幸邀请到了三位嘉宾，这三位嘉宾正居住在世界的三个地方，三个时区。张伦老师，他现在在美国哈佛大学做访问学者。张老师是法国塞尔奇-巴黎大学的教授，法国"人文社会科学之家"全球研究院教授，有很多头衔，我在这里就不详细读了。有兴趣的话，大家可以从网上了解。张老师前段时间做客共识国际论坛，并接受《南方周末》的专访，谈论了疫情对世界局势的影响。他的讲座和访谈澄清了很多国内流行的信息，对我来说是特别有帮助的。今晚很高兴他能来参加这个讲座。另外两位嘉宾是法学上的新锐，都特别年轻，即将博士毕业，学成归来。一位是巴黎政治大学的吴良健博士，另一位是巴黎二大的肖彤博士。特别荣幸邀请到他们三位。

吴良健博士刚从法国回来，现在在浙江。肖彤博士还在法国巴黎，张老师在波士顿，我在北京。此时此刻，北京时间是晚上8点，巴黎是下午2点，波士顿应该是早上8点。我们处在同一时间，但又在不同的时间。现代科技为我们提供了这种跨时区交流的机会。按照计划，先由肖彤博士来分享她的观点。

**肖彤（主讲人）：**

各位老师、同学们晚上好。虽然我这儿是下午，但大多数人在国内，所以我还是说各位晚上好。非常荣幸参加这样一个活动，我其实是还没有毕业的博士生，所以非常感谢李老师的信任，让我参加这个讲座。然后也请老师们、同学们多多批评。我和吴良健师兄，之前是做了分工的。师兄会更加侧重政策层面，尤其是社会经济层面的具体措施，而我会更加侧重法治层面的措施，尤其是法国政府所采取的紧急措施的法律依据。

我们都知道，紧急状态对法律的挑战在于它的不可预测性，它的应对需要强大而灵活的权力，这与法治所要求的稳定性和可预测性是很难协调的。但是，就法国而言，法治发展到今天，紧急状态也并不是法外之地。反而，可以说正是这种极端情况才反映了他们的法治体系运作当中所必要的弹性。所以，围绕我的主题，我将法国的疫情治理大致分为两个阶段，在第一个阶段主要是行政权在采取紧急措施，而这些措施可以说是处于合法性的边缘。但是，行政法官基本都对其认可了，而行政法官所调动的主要资源就是例外状态理论，但是这个理论并没有立法依据，而是行政法官自己通过裁判所建立起来的。第二个阶段，大致开始于2020年3月中旬之后，议会立法程序启动，首先就是追认了这些合法性存疑的紧急措施。由此，疫情的治理开始被纳入法治化和规范化的轨道。但是这一阶段提出的新问题，就是在传染病大流行的特殊状态下议会立法不得不采取特别的组织方式，由此，又产生了立法行为合宪性的问题。我们简单总结一下，这同样可以归于法治原则之下，这两个阶段涉及的问题，分别是行政行为的合法性问题和立法行为的合宪性问题，刚好也符合法治原则从法律统治到宪法统治的历史发展的过程。

其实，直到2020年3月初的时候，法国政府还一直用所谓软法的方式来控制疫情，也就是说鼓励，政府寄希望于人们自己来采取保护措施。比如，我们当时到处都能看到的张贴画，它提醒人们勤洗手，使用一次性纸巾等，但政府并没有采取什么强制措施。事态开始严重的标志是2020年3月12日法国总统马克龙在第 1 次电视演说中，认为新冠疫情是法国一个世纪以来遭受的最严重的健康危机。他当时宣布的主要措施，包括全法国的学校下周一开始停课，要求公司允许员工远程工作等。事态迅速急转直下，只隔了一天的 3 月 14 日，法国总理菲利普在当日晚间的记者会上就宣布当日午夜起，关闭所有的非生活必需场所。在法国，总统在政治生活当中占主导地位，所以，措施的宣布和与民众的沟通都是由总统来主导的，主要就是以电视讲话这种公共传播的方式。但是从法律上来说，他采取的行政紧急措施的主要法律载体是政府的规章，包括总理签署的政令或者部长签署的法令。

在 3 月上旬的时候，紧急措施主要的法律载体是卫生部长的法令。行政权没有启动任何紧急状态，而是将它的紧急措施建立在既有法律制度的基础上，但它所援引的主要法律就是《公共卫生法典》的第 L3131-1 条。它的内容就是，在严重健康威胁要求采取紧急措施的情况下，尤其是在流行病威胁的情况下，卫生部长可以出于公共卫生的利益，采取一些紧急措施。我们可以看出这是一般性的条款，它的授权是非常广泛的。我们来看 3 月 14 日卫生部长的法令的法律依据部分。从 3 月 14 日开始，这部法令要求关闭所有的非生活必要的公共场所，关闭所有的学校，也限制公共集会，而它的法律依据，就是我们刚刚说的《公共卫生法典》第 L3131-1 条卫生部长的紧急权力。

随着疫情的进一步发展，到了 3 月 16 日，马克龙发表了第 2 次电视演说。他宣布的主要措施：一是市政选举的第 2 轮投票推迟进行，二是全民禁足令。而他宣布的其他措施还包括关闭边界等。随着疫情的加重，总理逐渐代替卫生部长走上前台，成为主要的角色。所以这时候政府紧急措施的法律载体就是由总理签署的政府政令，而不再是卫生部长的法令。

我们主要来看一下 3 月 16 日马克龙宣布的这两项主要措施。禁足令在新冠疫情期间是很多国家都实行的措施，但法国遇上了比较特殊的问题，因为 2020 年 3 月是 6 年一次的市政选举的时间。而正如最高行政法院所说，推迟一项政治投票的第 2 轮在法国当代政治历史上是前所未有的，这是非常大的事情。当时的情况是，第 1 轮选举已经于 3 月 15 日举行了。选举法规定第 2 轮投票必须在第 1 轮选举之后的一周举行，没有例外条款。而这一条其实遵循了法国宪法第 34 条的法律保留原则，所以说，如果要修改这一条，原则上必须是同等位阶的规范来做，也就是法律。但是一周之内走完整个立法程序其实是非常困难的，所以当时采取了技术性的措施，3 月 17 日由政府颁布法令推迟了选举。从法律上来看这并非完全站不住脚，因为在法国，正常选举之前确定投票日期、召集选民这一步，虽然说其依据是法律，但是采取的法律载体都是政令。3 月 17 日政令直接修改了之前召集选民的政令，在形式上可以说是合法的。但是，尽管说在形式上它确实只是修改了同等位阶的规范，但在具体内容上，它的合法性仍然是有争议的。选举法典已经固定了第 2 轮投票的时间，即必须在 3 月份，必须提前 3 个月确定，然后必须在第 1 轮投票后一周举行。所以，这个政府政令的合法性是存疑的，但是当时很幸运的就是，它并没有被提请由行政法官审查。

3 月 16 日马克龙宣布的第 2 项措施就是全民禁足令。从 3 月 17 日中午开始，只在 5 种情况下允许出行，并且出行必须携带证明。当时列出的例外情况有 5 个：上班或者购买生活必需品，出于医疗的需要或者照顾家庭成员，此外，还可以允许个人的体育锻炼。由此可以看出隔离措施相对来说是比较宽松的。3 月 16 日之后，禁足令又经过了多次的修改，我这里也没有列出具体内容，因为我们比较关注它的法律依据问题。

回到法律问题上来，3 月 16 日宣布的全民禁足令的法律载体也是政府政令。它的法律依据何在？从文本上来看，3 月 16 日它引用的法律依据和我们刚刚所看到的卫生部长的法令其实是一样的，也就是《公共卫生法典》的第 L3131-1 条。但是我们刚刚也看到了，这一条只授权了卫生部长采取紧急措施，但是政令是总理签署的，所以这一条法律依据其实根本就不能合法地证成政令，但也不能因此说政令就是违法的。我们刚刚说道，3 月 16 日的政府政令允许个人体育锻炼，当时这引起了很大的争议。医护团体认为政府规定的禁足令实在是太不够严格、不够严肃了，完全的禁足才能保护生命，也能保护医护人员的利益。所以 3 月 16 日的政令，于 3 月 19 日就被提交给最高行政法院审查了，理由就是规定的禁足令不够严格。而最高行政法院在 3 月 22 日就做出了紧急处分，它没有支持诉求，但是要求政府进一步明确，特别是重新考虑禁足令上的个人体育锻炼条款。在本案之后，政府确实是进一步地收缩了禁足令。

我们回到合法性问题上来。最高行政法院并没有认为政令越权无效，而是结合了两个论据来证成它的合法性。对于总理的权力依据，最高行政法院根本就没有提到刚刚我们说的《公共卫生法典》的条款，而是提到了《宪法》第 21 条授予总理的一般意义上的规章制定权。但是问题就在于，这里的一般意义上的规章制定权，是平时状态下的规章制定权，因此不能免除总理政令的合法性要求。而应对疫情的禁足令，它对公民自由侵犯的程度，如果是在平时状态下，是很难被视为合法的。所以，政令的合法性还需要别的依据，也就是行政法官的例外状态理论。

最高行政法官的例外状态理论并没有文本依据，而完全是最高行政法院自己的司法建构，就像其他的司法建构一样，它也不是一蹴而就的。它诞生的标志是第一次世界大战期间，即在 100 年以前，1918 年一个非常著名的裁判。在该案当中，引起争议的也是一项政令，而这项政令的内容是暂停一项法律在战争期间的适用。这一条法律的内容其实也就是公务员惩戒的正当处分原则。用政令来暂停法律的实施，这是非常显而易见的违法行为。但是行政法官裁判："由于当时公权力行使的事实情况"，认定政令合法。这也就是我们说的例外状态理论的基本内容，也就是说例外状态可以让行政机关豁免于不遵守关于权限、形式，甚至实质内容的法律规则。

如果说例外状态理论确实是授予了行政权广大的行为空间的话，它也并不是无原则地维护行政机关。作为豁免合法性要求的补偿，最高行政法院就建立起了例外状态下对行政行为的司法控制，这主要体现在 1919 年的这个裁判当中。虽然裁判作出在 1919 年，但是作为本案争议对象的行政行为的作出是在一战期间的 1916 年，其内容是针对从事风俗业的女性采取的警察行政措施，主要就是禁止她们光顾酒馆，禁止揽客。所以有两位女士向最高行政法院提起了越权之诉，认为该项措施侵犯了她们的人身自由和营业自由。在该案裁判当中，最高行政法院明确说明，法官对例外状态下行政权采取的措施行使司法控制权，并且列举了法官审查所应当考虑的具体的因素。法官认为，该案的争议对象是合法的，因为它对于在战争期间维护公共秩序、保障国防机密不被泄露是有必要的。

在此之后，随着裁判的逐渐积累，法国最高行政法院也更加完善了例外状态理论，建立起了对行政行为非常深入的司法控制。根据例外状态理论，行政法官对行政行为的审查主要有四项：首先，需要审查状态是否具有例外的性质；其次，还要审查例外状态和违法行为之间是否存在联系；再次，还要审查行政行为是否不可能按照合法的方式来行事；最后，还需要审查违法行为对于特殊状态的应对是否必要并且成比例。当然这里存在的疑问就是行政法官自我扩权的问题，但至少我们可以说，在例外状态理论下，行政权过分滥用的可能性还是受到控制的。

到此为止，我认为可以总结为法国新冠疫情治理的第一阶段。在这一时期，主要是行政权在采取紧急措施，而这些紧急措施，可以说是处于合法性的边缘。卫生部长的紧急权力是很有限的，因为他只能在卫生部长的事权范围内进行，而不能处理例如选举这样的问题。最高行政法院的例外状态理论，虽然历史悠久也很精细，但毕竟只是司法建构，没有文本依据，所以法律基础的薄弱就凸显了紧急权力法治化的必要性。

但紧急权力法治化的模式并不只有一种。其实在 2 月底至 3 月中旬，在讨论市政选举能不能被推迟的时候，就有观点指出，应启动《法国宪法》第 16 条规定的紧急状态。该条第 1 款规定，当共和制度、国家独立、领土完整或国际条约义务的履行遭受严重而即刻的威胁，致使宪法所规定的公权力正常运作受到阻碍的时候，总统经过一定的程序可以采取紧急措施。在这种紧急状态启动的情况下，总统就可以获得最大的权力，可以为应对疫情的紧急措施提供法律依据。但是，法国这次并没有启动宪法紧急状态，事实上《法国宪法》第16条的上一次启动已经是在20世纪60年代了，是为了应对阿尔及利亚独立的问题。宪法紧急条款在实践中较少启动，其实也不是专属于法国的现象，在很多国家都是这样的。这是为什么？首先，可以从严格的法律层面上来看，宪法对于紧急状态的启动，规定的条件是非常严格的，比如说这次在法国，疫情是不是真的引起了宪法所规定的公权力正常运作受到阻碍，这并非没有疑问的。其次，或许更重要的就是要考虑启动宪法紧急条款存在的现实的政治风险。第16条授予了总统非常大的权力，而历史上这种权力受到滥用的实例也屡见不鲜。在启动宪法紧急状态条款的时候，总统就必须承担现实的风险，比如说他一定会遭到反对派的批评和质疑，同时还可能引起社会的恐慌情绪，所以他就必须得非常谨慎。

正是由于宪法紧急状态条款存在的这些缺陷，近50年来，在发达民主国家就发展出来一种崭新的紧急权力的立法模式，就是通过在普通法律当中规定紧急状态法制，授予行政权紧急权力。这种模式的好处就在于，它遵循了普通立法程序，保留了议会的介入和对行政权的控制，同时也维持了日常状态下对立法的控制机构，比如说法律的合宪性审查。但它的挑战就在于，议会的特征导致它其实并不适合采取紧急措施，更不要说在传染病流行的这种状态下立法。所以就需要对议会的组织进行非常大的调整。

就法国来说，这次其实可以不进行特别立法，因为法国本来就有一部1955年关于紧急状态的法律，这部法律是为了应对阿尔及利亚战争建立的。自从1955年以来，它一共启动了5次，最近一次还是在2015年，所以可见该法律被用得还是比较频繁的。但是，法国政府没有启动这个紧急状态，而是选择通过专门立法创造新的紧急状态。我们很难认为这次专门立法的选择是出于法律，因为1955年法律所规定的紧急状态的启动条件，包括公共灾难或者是公共秩序破坏两种情况，而卫生灾害也属于公共灾难，所以，要启动1955 年法律的紧急状态，其实在法律上是没有任何障碍的。这次专门建立崭新的紧急状态的模式选择，更多是策略的原因。我们刚刚说到紧急状态最近一次启动是在 2015 年巴黎恐袭之后，这一次的紧急状态，其实一直持续到了2017 年 11 月，持续了两年多时间。在这期间，有很多权力滥用的现象被曝光，所以大家就猜测，可能法国政府这次是想与这种不良的回忆划清界限。尽管从政治宣传的角度上来看，这种策略上的考虑是可以理解的，但从法律的层面上也可以批评这个专门立法的选择。因为现在的情况是，每经历一次危机都要立一部新法，建立新的紧急状态制度，这肯定会造成法治内部的冗杂甚至不协调。

无论如何，政府紧急措施的法治化，最后就体现在了 3 月 23 日发布的应对新冠疫情的紧急法律上。从立法目的上说，它将三个月以来的危机治理的经验纳入法律，也就是为政府已经采取的这些紧急措施建立法律依据。因为该部法律很长，所以我们只关心之前提到的两个具体的措施。法律的第一章建立了卫生紧急状态，它的启动条件就是因其本质与严重性而危及民众健康的卫生灾害。正是在卫生紧急状态的框架下，法律授予了政府很大的权力，尤其是赋予了总理非常大的警察行政权。它总共有 10 条，我这里只是列了 6条，包括限制和禁止人员和车辆的流动，禁止人们走出家门，采取检疫隔离措施，采取隔离措施和禁止开放公共场所和禁止集会。大家能看出来，这项警察行政权其实非常广泛，这也就为总理之前采取的禁足令提供了法律基础。而法律的第二章涉及我们刚刚说到的选举问题，它规定原定于 3 月 22 日举行的第 2 轮投票推迟进行。

但是，如果说到此为止，我们可以说由于立法追认的存在，行政紧急措施的合法性争议已经基本得到解决的话，法律本身又提出了新的问题，就是合宪性问题。

这里主要存在的是立法程序的合宪性问题。当时法国的议会两院本身就已经受到了新冠疫情的影响，尤其是国民议会。自从 2020 年 3 月 5 日国民议会出现第一例感染之后，到了 3 月 16 日已经出现了 26 例感染，其中有 18 名国民议员。国民议会已经成了法国的感染中心之一。国民议会目前一共有 577 名议员。当时媒体评论：国民议会受新冠疫情的影响，客观上来说并不是让人非常惊讶的事情。波旁宫就像城中之城，其中共有 4000 个人处在封闭状态下，一旦有人感染，就很难查出感染源，也很难抑制内部的传播。面对这种情况，议会就很矛盾，因为必须要开会，又要防止加重感染，就不得不调整它的组织。它的组织调整，从形式上来看，是非常实用的，它主要是通过政治共识的方式来调整，而不是通过修正形式规则的方式来调整。也就是说，这些措施调整，并没有规范文本作为依据，而只是议会内部机构自己决定的。这种调整所坚持的两项原则就是，一是采取必要的卫生措施防止感染，二是政治多元原则，保障所有党团的不同政治倾向可以同等地表达。

我们刚看到，相对来说国民议会受疫情的影响更为严重，所以我们主要就以国民议会为例来看议会组织的调整。就立法工作来说，国民议会的调整，大概可以分为三个方面：议程、组织和宪法审查。首先是议程，最直接的就是将议事日程减少到最少，唯一保留的就是应对疫情所必不可少的法律，也就是面对新冠疫情的紧急法律、面对新冠疫情的紧急组织法以及修正预算草案。组织法是法国宪法上非常特别的一类法律，内容大概是关于国家机构的运作，其立法程序相对于一般的法律是有一些特别之处的，我们后面会提到一些。修正预算法，其实也就是出于政府的紧急拨款的需要。在此之外，议会的日程安排也非常紧凑，立法程序的效率也非常高。我们看到，应对疫情的紧急法律和组织法是在 5 天之内投票通过的。而且，参议院一读通过法案是在 3 月 20 日的凌晨 4 点多，而国民议会一读通过是在 3 月 21 日的凌晨 3 点多。我们可以说，议员们也是做出了牺牲的。

其次就是议会的组织问题，有一些措施其实是非常简单的，比如说定时给麦克风消毒之类的。对于全体会议审议，也有一些对议员的自由度有损害的措施。他们当时想出来的办法就是限制议员的出席，这在法国历史上也是绝无仅有的，通过议会党团之间的共识，将出席全体会议的议员人数减少到最少。并且在全体会议时重新调整议员的座位，保持一米的社交距离。3月17日，那个时候措施还是非常严格的，每个党团最多只有3个代表能够出席。到了4月21日，稍微宽松了一些，允许75名议员出席。很重要的还有如何组织投票的问题。国民议会采取的主要措施，就是扩大委托投票的范围。原则上议会议事规程规定了一名议员只能接受一个投票委托，但是这次就例外地允许一名议员可接受委托为党团全部的其他成员投票。从这两个措施我们也可以看出，党团在议会生活中占据了非常重要的地位。

议会内部通过共识达成的第3个调整就是合宪性审查问题。这部应对疫情的紧急法律，其实之前就存在很多的合宪性争议，比如说推迟市政选举这样的措施，在宪法层面上能不能站得住脚。但是，最终这部法律并没有被提交给宪法委员会审查。在法律层面上，这当然是宪法所提供的可能性，因为依据《宪法》的第61条第2款，不同于组织法，对于这种普通法律，宪法上只是规定可以提交审查。绝大多数情况下，其实都是政治上的反对派会提交宪法审查。但是，在3月份这种紧急状态下，反对派议员如果将法律提交审查，造成紧急措施推迟实施的话，他们就会面临很大的政治风险，可能造成民众的不满。所以结果就是议会内部达成共识，回避宪法审查。但是，这种政治上的调整仍然有它的宪法界限，《宪法》第61条第1款规定，组织法必须接受宪法审查，所以，应对疫情的这部紧急组织法还是进入了宪法审查程序。

而这个关于组织法的宪法委员会决定被广泛地批评。这部组织法的特殊之处，首先是在于它的实体方面，它的主要内容是暂停了合宪性先决问题审查的法定期限。合宪性先决问题，就是法国2008年修宪以后建立起来的事后宪法审查机制。组织法考虑到疫情造成的影响，如司法机关没有办法正常运作，所以它就决定暂停两个审查期限：最高法院和最高行政法院审查的3个月期限和宪法委员会自己审查的 3 个月期限。因此，对于这部法律，宪法委员会处于非常微妙的位置上，它本身是合宪性审查的机关，同时也是这部法律主要的受益者。事实上议员们在议会讨论中指出，这部法律正是在宪法委员会的要求下制定的。

而这部组织法所存在的最大违宪疑虑，就是在紧急状态下的立法程序，但不是我们刚刚所提到的那些，而是立法程序当中的期限问题。《宪法》第 46 条对于组织法的议会审议规定了期限条款，为了保证审议非常慎重，它规定从法律草案提交议院到开始审议，必须间隔 15 天。这次在紧急状态下，参议院就没有遵守这一条，这其实是非常明确的违宪行为，因为条文本身是非常清楚的程序性条款。但是宪法委员会认为，"考虑到本案的特殊情形"，无法认定组织法的立法程序违反《宪法》第 46 条。该决定是 3 月 26 日作出来的，就目前来看几乎是清一色的批评意见。对此大概我们可以分为两种，有的批评针对决定本身，认为应当裁判违宪。在该案当中立法者并不是不可能以合法的方式来立法，只需要按照宪法的要求等待 15 天就可以了。甚至说，合宪性先决问题的审查期限超过了的话，其实并没有什么严重的后果。所以这部组织法本身存在的必要性就很有疑问，更何况以一种违宪的方式来立法。而有的评论就是针对决定的论证，虽然说的是考虑到本案的特殊情形，但其实它并没有审查具体的情形，只是一般性地提到了新冠疫情，论证非常简单。所以特别是相对于最高行政法院对行政行为的严格审查，宪法委员似乎认为新冠疫情可以证成所有的违法。正是因此，学理上对该决定做出了非常多的批评，甚至有人说这是 1958 年以来宪法委员会所做的最坏的决定。

最后说一下最新进展吧。刚刚我们说到，应对新冠疫情的紧急法律于 2020 年 3 月 24 日生效，从生效那天起，卫生紧急状态启动，有效期为 2 个月，应当是到 5 月 24 日截止。卫生紧急状态的延期，必须要法律授权，所以政府在 5 月 2 日向议会提交延长卫生紧急状态的草案。原本草案规定的期限是延长到 7 月 24 日，但是后来经过两院的审议达成一致，将卫生紧急状态的延期定在 7 月 10 日。这部延长卫生紧急状态及完善其制度的法律，在 5 月 9 日由两院投票通过，被提交了宪法审查，宪法委员会是在法国时间昨天晚上作出的决定。我目前还没有仔细去看，只是大概看了一眼，宪法委员会对之前那部被回避审查的 3 月 23 日的法律当中的很多问题作出判断，比如我们刚刚说到的国民议会组织调整之后，对议员出席的限制，对此宪法委员会认为是不违宪的。比较重要的还有审查了卫生紧急状态制度，特别是对总理的警察行政权做出了一些限制。不过毕竟是昨天晚上刚出来的决定，我到目前为止也没有特别多的想法，没有办法说得更多。

最后做个简单的小结吧。首先必须承认新冠疫情这样的公共卫生紧急状态对法治造成了挑战，生存逻辑和合法性逻辑之间必须达成一致。但在另一方面，我个人还是认为法治原则有必要保持一定的弹性，不是说消灭一切有越权嫌疑的行为，因为危机本身不可能被消灭，也很难被事前所明确固定下来的规则所涵盖。更何况，对抗疫情、保护生命，本来也是出于保护重大的公共利益。所以我认为，法治体系还是需要保持一定的弹性，赋予公权力一定的空间来应对危机。无论是行政权、行政法官或者是议会、宪法委员会，其实都是在自己力所能及的范围内，为应对疫情的必要措施创造空间。比如说卫生部长的紧急权力，最高行政法官的例外状态理论，或者是议会调整自己的立法组织之类的。但重要的还是要保证，所有这些法治的弹性不会就此演变为权力的滥用，而在此司法就是最后一道防线。就此，我们也可以对最高行政法官的论证和宪法委员会的论证作对比，无论是从审查的严格程度，还是从裁判建构的精细度或者是论证的充分性来看，最高行政法院的裁判和理论建构都远远比宪法委员会要严格得多，也更加有说服力。

以上就是我的报告，关于法国新冠疫情应对所提出的一些公法学问题。谢谢各位，欢迎大家提问。

**李松锋（主持人）：**

谢谢肖彤博士！在这么短的时间内，非常精炼但也不失详细地介绍了法国因为紧急状态所引发的宪法和法律问题，让我们看到例外状态对一个国家宪政秩序带来的挑战。大家如果有什么问题，可以在聊天区提出来，主讲结束后，会有交流的时间，主讲人会针对大家的问题进行回答。接下来有请吴良健博士。

**吴良健（主讲人）：**

谢谢李老师。亲爱的各位老师和同学，大家晚上好。感谢李老师热情邀请和辛苦组织这场讲座，也感谢张老师和肖博士应邀一起来参加讲座。在巴黎的时候，我们就经常互相讨论，受益很多。很荣幸今天也能够继续跟二位一起隔空聊聊法国，同时也希望二位在海外都多多保重。刚才一开始的时候出了一点小的状况，我和张老师在调试腾讯会议，所以发言顺序上临时作了一些改变。

一、问题主线

我的题目是《法国抗疫中的国家功能与政策争议》。我不打算面面俱到地讲，而是从法国疫情当中的国家与社会关系角度进行考察，核心问题是，法国这个社会福利国和法治国怎么通过公法来介入社会，介入的深度和广度如何？有句老话叫"观水有术，必观其澜"。疫情当然是不幸的事件，但是为我们观察国家的功能创造了特殊的条件。在平时，一些公共问题既可能被国家解决，也可能被民间组织自行消化，因为欧美国家有很深的公民社会自治的传统，而现在因为禁足政策，几乎只有国家能够行动，民间社会的自我救助、自我治理的行动空间已经很小了。所以，所谓"潮退之后谁在裸泳"，在这个关键点上，政府的大小和根本性质，它对人民福祉是负责还是放任，就可以看得比较清楚。待会儿我也会以偏小政府的美国为参照系来考察法国，以显示其区别所在。

当然，需要说明的是，法国抗疫的具体政策很多，每次马克龙和总理、部长在电视上都要介绍一两个钟头，大部分都是实用性的信息，对国内听众来说，面面俱到的介绍既无可能也没必要。所以我会从国家对社会的经济赈济措施、对个人信息监视的限度等具体政策切入，让大家对法国的社会国和法治国的特征，以及它背后的政治和公法发展脉络有个初步了解，也就达到我的发言目的了。

| 欧　洲 | 22609 新增确诊* | 增长率 | 1383536 累计确诊 | 584797 治愈 | 治愈率 | 150858 死亡 | 死亡率 |
|---|---|---|---|---|---|---|---|
| 西班牙 | 1880 | 0.72% | 264663 | 136166 | 51.45% | 26621 | 10.06% |
| 英国 | 7819 | 3.70% | 219183 | 344 | 0.16% | 31855 | 14.53% |
| 意大利 | 1885 | 0.87% | 219070 | 105186 | 48.01% | 30560 | 13.95% |
| 德国 | 1223 | 0.71% | 172518 | 145600 | 84.40% | 7569 | 4.39% |
| 法国 | 642 | 0.46% | 139063 | 56217 | 40.43% | 26380 | 18.97% |
| 比利时 | 853 | 1.62% | 53449 | 13697 | 25.63% | 8707 | 16.29% |
| 荷兰 | 534 | 1.27% | 42627 | 250 | 0.59% | 5440 | 12.76% |
| 瑞士 | 54 | 0.18% | 30305 | 26600 | 87.77% | 1833 | 6.05% |
| 葡萄牙 | 313 | 1.15% | 27581 | 2549 | 9.24% | 1135 | 4.12% |
| 瑞典 | 1057 | 4.18% | 26322 | 4971 | 18.89% | 3225 | 12.25% |

**图 1　欧洲部分国家新冠肺炎患者确诊情况**

法国目前的疫情概况整体只能用差强人意来形容。虽然累计确诊人数在几个欧洲大国里面是较少的，但是也有很多人现在在家没有得到检测。治愈率和死亡率比起德国，还是非常令人担忧的。我们可以看到它的治愈率不到德国一半，死亡率几乎是德国的四五倍了。在每百万人的确诊数上面，法国倒是和德国相似，就在 2000 人左右，这点上还是远远低于美国、意大利和英国的。法国、德国和意大利，都有增长率放缓的趋势，可以看到比较严格的措施还是起到了一定的作用。英美似乎还在急剧上涨中。

二、法国初期防疫失策

那么我想先谈一谈法国初期防疫政策的一些疏漏。2020 年 1 月 20 日，当时的法国卫生部长比赞表示，法国境内发生相关疫情的可能性几乎为零，并且强调健康人没有必要戴口罩，我们有几千万只口罩储备，随时可以发放给有需要的人（后来调查证实因前几年公共卫生预算削减，口罩储备量严重不足）。2月17日，她临时卸任部长，去参加巴黎市长的选举了。由此可见在疫情初期，高层对于新冠的危害的确是疏忽了。2月24日病例一度归零，大家还没来得及稍松口气，后几天新增病例就猛增，新卫生部长韦朗于2月29日宣布法国进入疫情第二阶段，当时法国规定所有人买口罩必须要有医生处方，并坚持说没有生病的人戴口罩是完全没有用的。我当时还去药店看了一下，然后药店跟我说，口罩已经全部被国家征用了，优先供医院使用，我当时只能买到一些薄如蝉翼的纸质的口罩。2月底正是法国春假期间，我记得当时许多意大利的同学纷纷从意大利度假后返回法国，可能正是这个阶段埋下祸根。一开始政府要求疫区回来的同学自我隔离，但之后政府又调整政策，提出因为新冠病毒已在法国境内传播开来，所以没必要再要求隔离，可以继续上课。这个逻辑我至今仍然难以理解。3月6日晚上，马克龙总统特地偕夫人去观看话剧，并且表示在遵守卫生规定的条件下，非风险人群没有必要改变生活习惯，该出去玩还是要去的。所以当时的一些大型集会，比如说反退休改革足球赛都正常进行，上课也照常。我记得当时许多巴黎政治大学的硕士同学还要上课，但是他们已经看到中国疫情产生的严重后果，所以很多同学联名上书老师或者学校，要求停课或者至少不强制点到。最后，由于疫情的进一步加深，3月12日，马克龙总统发表电视讲话宣布实行紧急状态措施，之后的禁足政策刚才肖博士也已提及了。

那么从这个过程来看，我觉得它可能凸显出一个民主国家决定紧急状态时的两难困境：一方面它需要有明显的例证显示，或者是事态已经紧急到一定程度、有比较多的病例才能够进入紧急状态，才有足够的民主正当性去按下这个暂停键；但是另外一方面，往往各方达成政治共识的时候，就已经比较晚了，疫情已经开始大幅度传播，所以这就是民主国家的两难。

近来法国有对当局初期的疏忽行为追究责任的呼声。最有代表性的是医护人员团体 C19（即 COVID-19 简称）的 600 多名同行，3 月 19 日向共和国法院（la Cour de Justice de la République）起诉，要求追究总理菲利普和前卫生部长比赞防控疫情不力的责任。根据《法国刑法》第 223-7 条的规定，故意不作为导致对他人安全造成危险的，可处 2 年监禁和 3 万欧元罚金。原告认为，总理和前卫生部长对疫情的危害性有所预见，也拥有行动手段，却无所作为，对公共安全造成重大危害后果。《宪法》第十章规定，政府成员在执行公务的过程当中，如果行为构成轻罪或者重罪，就应该承担刑事责任，由共和国法院进行审判。目前来讲该案没有新的进展，可能是因为要证明政府的"故意不作为"，举证上还是有一些困难，我们也可以继续关注。借此顺便推荐一些比较靠谱的法国法政方面的公众号，比如说毕业于巴黎二大的宪法学博士龚克的公众号"塞纳风云录"，还有一些留欧博士主持的"欧罗万象"，大家如果对欧陆时政感兴趣就可以关注。

总之，法国初期的防疫政策还是有比较重大的疏忽和滞后的，值得以后在防疫制度设计上吸取教训。但话说回来，政府对病毒危险性的认识也是逐步加深的，而且要遵循比例原则，所以我们或许也不能苛求法国政府一开始就去按下暂停键。

三、社会国：赈济社会的国家任务

法国是社会福利国，承担着赈济社会的国家任务，有很多具体的赈济政治社会经济的措施。其主要体现就是 3 月 23 日《为应对新冠疫情的紧急法律》里面的第 11 条规定，政府被议会授权颁布如下法令（Ordonnance）：为了应对新冠肺炎疫情传播对经济、金融和社会的影响，特别是为了阻止和限制自然人、法人经济行为的停止及其对就业产生的影响，采取经济援助措施。其中包括：对生存艰难的法人、自然人给予直接或间接的援助，支持其资金流；采取措施应对卫生危机对商业和农业的影响；允许职业性或商业性的租金、水费、电费、燃气费的推迟支付；在为限制新冠肺炎疫情扩散而关闭儿童看护机构的情况下，为保证在父母仍在工作时，儿童得到足够的照顾，例外和暂时地增加了保育员；为了支持和保护在家中、社区或社区医疗机构的残疾人、老年人，保护弱势群体和生活在贫困状态下的人员，修改《社会行为和家庭法》《社会保障法》的相关条文，允许社区或社区医疗服务机构为上述群体提供超出原权限范围的福利和照料；为残疾人、生活在贫穷状态者、领取社会救济金和低保者、老年人开放、扩展权利。整体来说，救助力度比较大，覆盖面也比较广，尤其注重保护弱势群体。

法国比较有特色的是"部分失业"制度。根据这一制度，企业的经营活动如果因疫情停摆且无力支付薪酬，经申报后，政府将支付正常情况下员工缴纳社保前毛收入的70%，或者净收入的84%，如果是最低工资标准则全额支付。到5月份的时候，失业情况已经很严重了。到5月初，法国已经有1170万雇员处于"部分失业"状态，涉及私营部门半数以上员工，涉及的企业数达到约90万家，相当于近七成企业都已经告急。其中餐饮酒店行业和建筑工程行业几乎"全军覆没"，九成以上企业申请"部分失业"。法国政府的救助条件是企业承诺不裁员，避免造成大范围的社会动荡。政府赈灾的代价也是巨大的，法国向遭遇困境的32.2万家企业提供超过500亿欧元的国家担保贷款；为"部分失业"制度承担的总成本约为250亿欧元，相当于以每天1.3亿欧元（约合10亿人民币）的速度"烧钱"。4月法国财政赤字可能将占到GDP的9%左右，公共债务占比则达到115%。而5月初，法国的社保赤字达到史无前例的500亿欧元。更具体的情况可以去读龚克博士的"疫情冲击下的法国'部分失业'机制：'保护人国家'的回归？"一文。

我们可以跟有小政府传统的美国赈济措施来作简单的比较。美国不像法国那么强调工作岗位的稳定性，所以现在导致企业裁员短期内呈爆炸性地增长。美国自动数据处理公司6日公布的数据显示，由于新冠疫情冲击美国经济和企业，4月份美国私营部门大幅削减约2023.6万个就业岗位；"爱彼迎"（Airbnb）宣布全球裁员1/4；自3月中旬以来，美国申请失业救济金的人数超过2600万。

美国的救济方式有这几种：一是直接现金支付，符合收入标准的成年人可以得到 1200 美元的经济刺激支票，分期发放；二是完全失业，完全失业的可以领取失业救济金和每周 600 美元额外补助；三是部分失业（Short-time working），针对小企业发放公私合营的 PPP 贷款，通过贷款指定流向（如发放工资）的优惠措施来引导企业保留工作岗位。根据德国公共政策学者 Anke Hassel 的研究，在美国救济措施的执行中，救济金没能理想地到达最需要的人手中。虽然目标在于救助中小企业，但往往是大公司得到这些贷款，贫富差距仍明显，无法缓解失业率激增的问题；很多美国人宁可完全失业，因为完全失业收入比部分失业高。德国救济政策的持续性比美国长，法国的可持续性尚不确定。我们可以比较美、法、德三个国家部分失业政策，德国的救济政策的持续性比美国更长。德国的部分失业的工资能支付到 60%～87%，但是，它可以持续 12 个月，并且可以延长到 24 个月。美国是采用政府和社会资本合作的 PPP 方式，首期只有 2 个月。法国可以支付 84% 的税后工资（或最低工资），可持续性尚不稳定，目前是持续到 6 月 30 日。之后是不是持续，要看财政情况。

这里就要谈到法、德的社会福利国家传统。法国的宪法把它作为一种国体规定下来。法国第四和第五共和国《宪法》第 1 条规定，法兰西是一个不可分割、世俗、民主、社会的共和国。德国也把社会国作为它的国体之一，比如德国《基本法》第 20 条规定："德意志联邦共和国乃是一个民主、社会的联邦国。"第 28 条规定："各邦之宪法秩序应符合联邦、民主、社会、法治国之基本原则。"那么，"社会国"的宪法意涵是什么？根据德国宪法学者黑塞的评论，社会国意味着国家介入社会更深，国家进入了此前属于私人自治的领域中。相应地，各种不同的社会预期（尤其是社会保障的预期）都指向了国家。社会国家的特征"表现在国家预算上，因为今日国家在经济与社会领域中多种多样与数量庞大的活动，都在预算中被清晰反映出来了。在联邦预算中所列出的绝大部分支出，都是为了完成社会平衡、社会安全、促进经济和生存保障的任务"。社会国主要通过设置社会保障制度来实施。此外，黑塞基于德国经验认为，社会基本权不能作为一种直接的、能获得司法保障的公民请求权。当然对此还是有一些新的制度实践和学术争议的，有些国家的法院为社会权提供了或强或弱的司法救济。

那么我们也可以看到，"社会国"是近代宪法与现代宪法的重要区别之一。林来梵老师认为，两者的重要分水岭就是 1918 年《苏俄宪法》和 1919年的《魏玛宪法》。虽然前者是社会主义类型宪法，后者是资本主义类型宪法，但都体现出现代宪法的共同特征：更重视平等、社会权利的保障，出台大量社会政策、福利政策。那么这两部宪法之后的欧洲福利国或者社会国，也吸收了社会主义的政策，但是没有像我们国家的宪法一样把社会主义制度作为国家的根本制度。国家任务转到社会国家那一刻起，国家的任务就从治安国家转到了给付行政。共和国不仅有不侵犯公民古典自由权的消极义务，它还承载着主动地设立相应的社会保障机构、采取措施，去积极履行保护公民尽量免受不幸灾害的使命。

说到法国社会国的历史根源，早在法国《宪法》上就规定了社会国，这其实是法国第三共和国的左翼发展的历史遗产。它有其政治传统和学术传统。在政治传统上可以参考法国社会党的发展历史，说来话长，它是逐步通过议会在立法上确立工会权、带薪假、集体协商等。有兴趣的同学，也可以去看宋迈克的"当我说我是法国左派时，我在说什么？——法国左翼的历史渊源及价值内核"，它是个很好的导论。

在学术传统方面，它主要是来自法国学者涂尔干与狄骥的社会互助（连带）论。比如说涂尔干与 19 世纪的法国社会主义有相当密切的联系。他认为，职业团体正在取代个人与家庭，成为现代社会最基本的经济和政治单位；通过这一社会中间体，填平了个人与国家之间正在不断加深的裂缝，从而更好地保护个体。狄骥认为，政府不再是一种发号施令的权威，而是一种有组织、有监督的公共服务的合作形式。国家是社会互助的一种实现方式，在公共服务中找到了其合法性的基础。

我们可以看到欧美福利国家，在采取的方式上面有大分流，这方面比较权威的著作是丹麦学者艾斯平-安德森的《福利资本主义的三个世界》。他把福利作为权利（而非市场交易品）、增进社会平等的程度作为一种标准，据此分出三类社会福利国家：一类是自由主义福利国，比如说美英加澳，他们是把福利限制在比较边缘的地位，避免人们用福利替代工作，并且给付主要针对低收入群体。国家要么消极地只保证最低水准，要么积极地补贴私人福利方案，鼓励市场机制、差别待遇。第二种是有社团主义或者共产主义传统的福利国家，主要是一些欧陆国家，比如说法德意奥等。他们有社团主义（或工团主义、统合主义，corporatism）历史遗产，国家曾控制几乎所有社团成员的经济、社会活动（薪资和社会福利）；国家取代市场成为主要的福利供应者；无意改变家庭和阶级结构，对传统家庭结构只起辅助功能，保留劳工和中产阶级的区分。第三种是社会福利民主国，以北欧的国家为主。他们是追求最大程度平等的福利国家，保证劳工也能享受到中产阶级所享有的权利品质，所有社会阶层被纳入一个普遍的保险体系之中；国家直接提供福利，排除市场机制。如果同学们有一天去欧洲留学，如果你的北欧同学告诉你他们国家不仅公立学校免费，而且国家直接给他们发生活费，你也不要太过惊讶，因为彼此国情不同，他们的制度设计就是如此。

在各国社会支出占 GDP 比例的层面上，我们可以看到美国也是在平均水平之下，当然也有人说他们是一种隐形的福利制度，因为他们很多的福利措施其实体现在税收优惠政策当中，而不是直接体现在社会支出当中。目前看来近年来法国的社会支出占比已经在主要的 OECD 国家里面排名最高。法式福利国采取的是一种社会凯恩斯主义政策，主要通过扩大政府财政在社会福利和社会发展领域的直接支出，尤其注重教育、医疗卫生、社会保障、社会服务的发展，来确保国民经济的总需求保持稳定，失业率不会特别高。就我个人的经验来看，即使你是外国留学生，也可以享有房补、食补、医补和学费减免，生活整体的压力不算特别大，当然各位如果有兴趣也可以关注一下法国留学。

美式福利国家建设一直磕磕绊绊，我们知道美国两党在福利国家上有不同意见。民主党致力于增加福利、促进社会平等，建设福利国家的尝试开始得挺早，罗斯福新政时就有"社会保障法"了，感兴趣的同学可以去看著名公法学者桑斯坦的《罗斯福宪法》。共和党偏保守和自由放任。但即便是民主党，它所倡导的也比欧陆式的福利国规模要小。之前民主党候选人桑德斯提倡公费医疗、教育，但他始终是边缘人物。这种起源上的小政府传统带有路径依赖，又加上里根后的新自由主义认为福利国家是"通往奴役之路"，倡导减税收、去规制。奥巴马医改尝试全民医保的政治遗产又被特朗普破坏。近期解释欧美福利国家不同成因的一位重要作者是普拉萨德，她是一位财政社会学的学者，她的一本代表作叫《过剩之地》，她主要的观点是税制和金融安排导致了美欧福利建设的分流。美国主要通过税收减免鼓励私企为员工提供福利，同时以低门槛的住房信贷支持制度来替代公共住宅建设体系，她称之为"按揭凯恩斯主义"。但是，自19世纪70年代兴起的减税和去金融管制最终造成2008年金融危机：前者令企业为员工提供附加福利的动力大减，从而恶化了私人福利制度；后者对福利缺乏型社会永不餍足的信贷需求起到了火上浇油的作用，许多信用能力不足的人到期无法偿还贷款，呆账、坏账很多，最后导致金融海啸。

整体而言，美国更多地把福利体系放在私人和市场领域，相比欧洲模式缺少普惠性和公平性，穷人收益的比重较低。在紧急状态中，国家的赈济作用就相对较小。

最后说说新冠疫情之下结构性的社会不平等。虽然大家都宅在家里，但是也存在很多社会不平等的现象。由于疫情在法国的暴发和蔓延，法国文学最高奖龚古尔奖得主蕾拉·斯利马尼逃离巴黎，在乡间隐居。法国全境禁足之后，她开始为法国《世界报》撰写封城日记专栏。她在幽美舒适的乡居生活中撰写疫情封锁下的思考，引发了法国社会大众对作家特权、精英主义的嘲讽，尤其是那些没有第二居所可供逃离的巴黎人。他们就有些讽刺的话："最起码，我们的经历完全不同。如果对蕾拉·斯利马尼来说，囚禁就像一个童话故事；那么对我来说，它更像是一部流浪汉小说。""我们的知识精英有时太不接地气了，仿佛法国大革命并没有深入所有领域，只有特定的社会阶层才有特权表达时间的味道。""建议所有贫困家庭都去阅读她在《世界报》撰写的'丛林禁闭日记'，这样就可以缓解 15 平方米的紧张生活。"我们知道，巴黎公寓的面积绝大部分都非常小，有近 1/4 的人住在 30 平方米以下的房子里，封城之后，很多人一家几口都只能挤在狭小的公寓内进行居家隔离。斯利马尼也挺委屈的，她的社会地位并不来自世袭特权而是靠自身才华，而且其实她的作品是关注底层小人物的，比如得奖的《温柔之歌》写的就是一位家庭保姆的生活，像当年福楼拜冷静剖析包法利夫人的内心世界一样。它也被改编成了电影，电影强化了其中的悬疑色彩，感兴趣的不妨一看。总之，这些批评未必公正，但是说明了法国人对于社会平等的高度敏感性。

一些社会科学的学者对于这种评价与结构性的不平等做了一些分析。法国的社会学家 Anne Lambert 指出，新冠病毒及其带来的禁足措施，恰恰使社会不平等被加剧并放大，这体现在不同人所住的居所、对疾病暴露的风险、禁足期间对孩子的教育等方面。她强调应该关注那些必须留下的公共服务人员的生活，增强对医院、学校和大学的投资，这些才是我们这个社会的基石。另外一位德国的公共政策学者 Anke Hassel 认为，劳动力市场上最容易因疫情被解雇的群体，是年轻人、妇女和低收入与低技能者。生活上最易受不利影响的群体是儿童和妇女。现在疫情中流行的远程化、电子化的教育方式，使得很多贫困家庭的孩子们没有条件去上这种远程网课。在长期禁足的情况下，妇女也很容易遭受家庭暴力。

对社会国家这一部分做个小结：就民生赈济而言，社会国比小政府的英美国家、左派政党比右派政党更为重视，投入政治的力度也更大。从我们刚才所讲的来看，社会国传统规定于宪法国体条款，并已融入法律制度、得到具体保障；其次，它也内化成了一种对社会不公有敏锐察觉、保持清醒的国民性意识，对现有制度保持批判态度，更多地为底层发声，这在对斯利马尼日记的讨论中也可看出来。

四、法治国：个人权利与疫情防控的平衡

在法治国层面上，最重要的是个人权利与疫情防控的平衡。我想主要讲一个有代表性的政策争议，就是手机应用 StopCovid 的争议，它是关于信息追踪与隐私权之间权衡的问题。

我们都知道东亚抗疫模式中比较有效的经验是大量的检测，加上对疑似患者定点的追踪。其实欧盟也在进行这种追踪的尝试，并且希望用统一的形式来进行协调，他们主推的就是这种 StopCovid 手机应用。但是，这在各个国家都遇冷了。这种手机应用的运作机制是，如果某人检测结果呈阳性，他接触过的人在 APP 上就会自动出现红色警告，告知他们有已经被感染的风险、应当被隔离。但 APP 不会泄露传染过程的时间和地点，并且 GPS 和 Wifi 定位系统被该 APP 禁用，所以也不会泄露感染者的行踪。但是即使已经考虑到保护个人隐私的措施，它也在各国遇冷了。比如说瑞士、西班牙和德国退出了与之相关的框架协定"泛欧隐私保护接触追踪（PEPP-PT）"项目；比利时又回到了以往的人工追踪方式；在奥地利，也只有 3% 的人自愿使用。

在法国，把关这个手机应用合法性的独立规制机关是国家信息和自由委员会（CNIL）。他们的报告认为政府的这个技术选择是符合欧盟《通用数据保护条例》（GDPR）的，因为它基于自愿，而且不依靠定位系统，已经使得个人身份识别的风险最小化。当然，他们的报告也提醒，这个应用应当只是临时性的，而且只有在其防疫用途被充分证明、被纳入全球卫生战略时才能被使用，且其功效需定期得到核查。

然而，这个应用还是引起了各方面的质疑。比如说，科学研究者或者专家的一些意见，特别有代表性的就是 471 位法国密码和信息安全学者的联名信，反对 APP 背后含有政府支持的信息框架协定 ROBERT。他们认为，就保护隐私和个人权利而言，这些应用软件引入了很大风险。这一大规模监控可能是通过收集个人间互动的社交图表数据来实现的，不仅手机操作系统的设计者可以改造这个社交图表，而且国家也可以或难或易地通过某些渠道这么做。这些学者还做了个专门的网站，把手机应用所含有的这种风险都清晰地列出来让大家知道。另外，手机 APP 还存在个人踪迹暴露、确诊患者隐私披露后在就业市场上可能受到歧视等问题。企业在招聘的时候，让你留下联系方式，但是在 14 天之后到正常签约的时候，他通过手机 APP 看到你是确诊患者或者有相关病史的话，他就偷偷把你从已经录用的名单上删掉了。法国国民议会的共和党议员 Philippe Gosselin 说："我们应当审慎对待。有法律上的先例表明，我们安装了这样的设备框架之后，它在日后也会被扩展用于其他的领域。"学者当中比较有代表性的是一位鲁昂大学的宪法学教授 Jean-Philippe Derosier，他认为必须要有一部专门的法律规范此类应用的运行，明确应用的目的、对用户匿名化、明确知情同意的保障措施、接触者收到警告后的后果（仅仅是收到信息，还是有义务被隔离 14 天？）。

在西方，长久以来已经形成了一种对黑色乌托邦的警惕传统。比如福柯，他本身就是法国的社会学家，他从边沁延伸出来的全景敞视监狱理论，是现代社会权力关系的隐喻。还有大卫·莱昂的"监视社会"理论，提醒我们警惕为安全、健康和生活便利而用大数据形成的一种监视文化。一些此类题材的文学作品、影视作品深入人心，也使得他们不管是对于政府还是商业公司滥用个人隐私总是保持高度的警惕感。比如说《一九八四》中最后主人公发现每个房间里的电视机其实都是"老大哥"的监视器；《黑镜》里的第三季第一集也在说，每个人都被一种社交软件打分，导致最后主人公面临人际关系破裂的危机。所以在大众文化心态上，对于这种科技发展被集中化权力所利用、个人自由受到的控制和奴役，就非常警惕。

最后官方的回应是推迟议会讨论和投票。菲利普总理的意见是关于公民权和个人自由的问题，确实应当慎重地辩论，目前手机应用还有很多不确定的地方，设计者会进一步细化措施，所以在这种情况下，提交议会审议讨论的条件就不太成熟。此问题的最新动态是政府定于 5 月 25 日那周在议会辩论并投票。这一事件有可能最终会引发一场合宪性或合法性审查。

五、结语

最后我做一个简单的总结。从以上两个方面我们也可以看出，在疫情当中，法国体现出来的社会国家和法治国家的特征。此外，近年来我国也在一直强调国家治理能力要现代化，一些政治社会学学者，比如说福山、迈克尔·曼，讨论过国家能力的两面，就是深度要深，但是广度要有限。一方面通过高效的行政官僚机构去完成社会福利和救济功能，同时也用民主问责和法治避免国家介入社会的范围过于宽广。许多人看到海外疫情严重经常会不禁想问："有标准答案为什么不抄？"当然，其中有领导者和民众疏忽大意的因素，比如早期的法国，但更重要的原因是，表面上都是防疫，其实用的是不同的工具箱。从法国的经验可以看出，它需要在各种价值之间、在有效抗疫和保障基本权利之间艰难平衡，遵循比例原则，避免使用一些过度侵犯公民权的方式，并且要经过民主和宪法程序的层层审查和审议。所以，不是它不知道抄作业（其实欧洲中世纪治理黑死病以来各种经验和手段也都非常丰富，比如福柯就写过欧洲曾经如何粗暴对待麻风病人、愚人船之类），而是现代宪政和法治国提出了更多法治、人权保障的要求，也就是说作业要求更高，所以各种决策在作出之前就要更谨慎。

那我就先讲到这里，欢迎大家的批评、指正。

**李松锋（主持人）：**

谢谢良健博士从社会国的角度帮我们分享了现代国家面对疫情存在的一些挑战，还有在抗疫中如何平衡公民个人权利的问题。

接下来，有请张伦老师。张老师是资深的社会学家，主要研究现代性、社会变迁。我开场的时候提到过他在"共识国际论坛"以及《南方周末》的专访，给我的感觉就是张老师的视野非常开阔，特别是在谈到疫情的时候，以一种世界眼光来看问题。张老师在波士顿，一大早就来参加我们的讲座，很辛苦。有请张老师。

**张伦（主讲人）：**

先要跟大家抱歉一下。我本来对现在的这种信息科技，不敢说文盲，但是也差不太多，许多情况下是请别人帮忙。今天又是上腾讯会议，最近上了一下 Zoom，我这有点先入为主，以为跟 Zoom 差不多，所以上来之后，手忙脚乱花了有一段时间。因为要用国内电话注册，所以后来请良健博士帮忙，反正终于上来了。实在是不好意思，所以从科技世界上现在也看出来，老师与学生的关系在发生重大的变化，这都是今后教育方面的挑战。刚才李老师也提到，前一段有些媒体就疫情问题采访我，曾问到疫情后将来的教育，比如说这种远程教育，我认为这肯定会是一个发展的趋势，会比较深刻地影响到今后教育的发展。这种技术的应用从某种意义上讲也会改变、颠覆师生关系，刚才就是一个比较明显的例证。感谢良健博士，是他当了我的老师，帮我最后登录腾讯会议。我还是紧张了一下，怕登不上来。今天要特别谢谢李老师的邀请，也谢谢良健和肖彤，两位都是真正的青年才俊，学养很好，也非常认真勤奋。在巴黎，我们也有过一些来往，他们都是非常出色的年轻学者，前途无量。刚才通过他们的介绍，相信大家也能有同感。

因为我现在在波士顿哈佛大学做访问学者，在 3 月中旬停课之后，许多朋友关心我，问我在做什么。我说我原来是 Visiting Scholar，现在就成为 Staying Home Scholar。我说这是 Universal 的头衔，全世界许多国家的学者都一样，大家都处在一种类似的状况当中。今天讲法国，我完全没有两位朋友那样有资格，就法国的一般整体情况来说，或许我还可以讨论一些问题，但因我人在美国，对法国也是一些间接的关注，更多的是关注到美国，加之今天学法律的朋友比较多，而从法律角度讲我实在是门外汉，贡献不了什么意见，我只能跟大家随便聊一聊，给两位的讲座做一下点评、补充。从两位非常出色的演讲中我也学到了不少东西，包括一些我并不清楚的法律上的法国最近抗疫的情况。实在惭愧，我就做一点泛泛之谈好了。

我觉得此次疫情是一个非常深刻的巨大的历史事件，会对世界影响深远。大概在 3 月中旬，我基本就形成了这样一个看法。《财经》的马国川先生给我做的采访当中，我提及：我们今天经历的是一场类似于第三次世界大战的历史事件，当然这跟传统的人与人之间格斗的战争形式是不一样的，但是，从动员机制、引发的社会后果、造成的重大损失、政治的反应模式等方面，事实上确可称为一种"战争"。许多国家的领导人像马克龙、特朗普、安倍晋三等后来都不断地用"战争"来称呼现在的抗疫。它对当下人们的生活、社会心理、经济生产、教育等各方面带来重大影响，引发了一系列后果，形塑未来的世界。

我这里愿意跟大家分享一下我多次提及的对疫情的一个分析视角。今天可能是从法律的角度介入得比较多。但如果我们放开，涉及如何评价疫情的防疫等这些问题，我从两个月前就不断地跟朋友讲，恐怕不宜于用一种单一的政治的视角，包括其中的法律视角来看所有问题。为了对事情有比较恰当的评估，我想最重要的是要纳入多重因素，采取多视角。

刚才良健博士展示了现在各国的疫情状况，这里面一定是有很多受制度、政策影响带来的种种问题。但是另一方面，也有很多其他因素，如人口、文化、生活方式、社会结构等。大家都知道德国抗疫做得相对比较好，算抗疫当中的模范生。除了大规模的检测，预防的措施做得比较好，医疗资源也比较丰沛之外，这其实也是跟德国的联邦制度、社会结构、生活方式等都有关系。比如说许多德国的老人是不跟孩子住一起的，但意大利 20%~30% 的人都是跟老人住在一起的。我们都知道意大利的拉丁民族行贴面礼，仅这一点估计在前期人们还没有注意到疫情的时候，就肯定加速了疫情的扩散。再比如说，我们现在不断对疫情有一些新的认识，发现肥胖可能也是造成死亡率高的非常重要的因素。美国死亡率相对比较高，我就想到是不是跟这些因素也有关系。对这些问题做最终且全面的分析，恐怕还要等到将来信息、研究有更充分、丰富的结果时才能做出。

此外，还有一个评价标准的问题。今天两个朋友提到的诸多问题，牵涉国家权力、个体自由和法律秩序架构等，这背后当然是有一些深层的制度价值问题，就是你用什么方式来做评估，制度设计背后的哲学是什么。我们都知道，"不自由毋宁死"是美国人立国的哲学，当年独立战争就是这样打起来的。但反过来说，命都没了，要自由有什么用？也可能有人会说，我没有自由，要命干什么？这是不同的价值选择。

我想，我们可能要拉开一点历史的视角去看这些问题，一方面在疫情当中，当然要讨论疫情，但另外一方面要跳开来看一看，疫情毕竟是一种特殊状态，肯定是要用一种特殊的方式来处理，同时这些特殊的处理方式不能造成将来制度上的一些破坏。刚才良健博士也谈到，对病人进行手机定位跟踪的问题，大概是从韩国开始的，韩国也是个民主国家，韩国的民众也接受了，该措施也起到了效果。但是在另外一些国家，它就不一定被人们接受，这里边的问题，就牵扯到整个的政治文化历史。

从人类进步的角度讲，其实过去历史上死几万人甚至十几万人，在许多情况下并不会被视为一个极其严重的事情。今天之所以成为最重要的问题，就是人类的文明走到今天，对生命的价值有更高的重视，任何国家也不能见死不救，不管是老人还是孩童，每个人的生命是平等的。我觉得从这点讲，人类文明走到今天还是有非常值得称道的进步。此次病毒传染是非常激猛的，在有效的药物和疫苗出现之前，大概唯一有效的方式就是隔离。这就牵扯出如何平衡自由与生命的价值、权力对权利限制的边界、如何在保护生命与维系自由之间找到平衡这些最核心的问题。如果没有很好的疫苗和药物，如果要我把话说极端的话，我觉得其实最有效的社会隔离方式可能就是监狱。如果整个社会都是监狱，不许探监，看守监狱的人也都能保持健康的话，这种方式肯定是最有效的。所有人都隔离，大家度过这一段时间就可以了，但事实上，我们能轻易接受吗？隔离的强迫与自愿这个问题，是个非常深刻的哲学问题。其实不仅仅是此次控制疫情，9·11之后美国因反恐对信息的控制和监听也面临本质上同样的问题。国家权力和个人自由的边界问题过去就存在，只是这次疫情来得激猛，范围之广，把这个问题又凸显出来了。

我在过去一些采访中曾提及，刚才良健也讲到，民主制度这次面临疫情时的悖论，其很大一个麻烦就是，疫情在不到相对严重的程度时，采取任何比较严厉的措施大概都不会赢得反对党和社会的认可。比如，到3月5日的时候，现在知道可能之前还有一些其他的案例，美国当时的统计还大概只有11个新冠死亡病例。但一两周之后，全国许多州就禁足了。民众能接受这些措施，最重要的因素就是疫情的急剧发展。可疫情一蔓延，在这样高度自由流动、都市为主的社会，以这个病毒传染的特点来看，从某种意义上说这些措施又有些晚了。

不过需要说明的是，体制一旦变化，正如刚才两位朋友提到的法律的、政治的运作转轨之后，从整体来讲，它的效率其实并不能说太差。需要指出的是，到现在为止，世界各国在新冠问题上对感染率、死亡率的统计一直存在问题。我在3月下旬的时候，就在其他的讲座和采访里面提到这个问题，到现在为止我觉得依然是我们在判断观察其他国家的疫情时所需要注意的，什么是属于感染的，什么是发病的，什么是因新冠死亡的，这些问题的统计口径还是有一些差别。国外有些国家，包括美国，只要感染病毒，不管是因为什么死的，可能有些其他的并发症，就都算作病毒引起的死亡。如果做整体比较分析，将来可能要对这些标准重新进行设定，尽管可能并不容易。另外，也要看国家基数，美国现在尽管死亡人数整体很高，但如果算3亿3千万人口的基数，它跟欧洲一些国家死亡率的差别并不大。顺便说一句，从死亡人口的结构来看，除老年人居多外，黑人、拉丁裔从人口比例上来讲也过高，这也显示出疫情所暴露出的美国的社会不平等问题。

采取何种政策应对疫情，对自由进行怎样的限制，不同的国家会有不同的选择，但整体上有一个共同的问题，就是采取的政策选择的认识依据。首先人们对病毒缺乏了解，因而采取的一些政策存在问题，如口罩。我到哈佛之后，2 月 28 日参加了一个大型的与新冠相关的学术会议。会议的文档也被整理出来了，中文网络上就有。参会的都是美国一流的专家，有的人还担任过之前的总统的顾问。当时有人就要不要戴口罩的问题进行提问。出席的专家认为口罩的功能有限，而且不是一个国家的专家，许多加拿大和欧洲的专家当时都这样说。我到现在也不清楚他们当时不主张普遍性地戴口罩是出于策略的考量（各国包括美国当时的口罩储备都不足，我们知道大部分口罩都在中国生产，且中国也大量需要，很多华人包括各国政府都给中国支援了许多医疗物资包括口罩），还是确确实实就是一个认知问题。某种意义上讲，根据以前的医学经验来看，这些人认为不必戴口罩也是有其道理的。过去是在发病之后，病人戴上口罩，可以防止病毒传播。但麻烦的是，这次的疫情比较特殊，没有发病时病毒就开始传播，因此戴口罩绝对是必要的。最近几天，世界各个国家都主张戴口罩了。而且从文化传统来看，西方人也没有戴口罩的习惯。西方医学界在这方面的认知是有缺陷的。这都是造成疫情传播的原因。我想，西方的医学界需要在这方面进行检讨，吸取教训。

另外一个问题是除体制本身的影响、决策的认知不足外，领导人如何决策也是很关键的。美国此次抗疫最大的麻烦就是有特朗普这样一位总统。特朗普的处置不当是造成美国今天这种状况的重大因素。即便处在相同类型的制度之下，因为领导人不同，不同国家的抗疫效果也是不一样的。更谨慎的、更愿意听从专家意见的领导人，能够更加有效地应对疫情。最近看到有文章分析说，由女性领导人领导的国家如德国、新西兰等在抗疫方面做得都比较出色。2008 年金融危机后，有研究指出，领导人、董事会董事中女性比例较高的公司，遭受的损失都相对较小。今天如果有女性听众在听讲座的话，我想对她们说，要多努力，希望女性能够更多地占据社会、政治、文化的主流地位，这将会对社会管理的改善、协调发展有极大的帮助。

有些问题，如果你不曾亲历或者阅读的范畴不够宽，得出的结论就容易很偏狭。30年前，我本来有可能来哈佛读书的，但是为了观察东欧和西欧的剧变，就放弃了来美国的机会。虽然在那之后也多次来过美国，但都是行色匆匆，没有花上较长的时间近距离地观察美国。这次来美国，在这样一个特殊的时刻，让我对美国的文化、社会、体制运作等有了更深的体验。在抗疫的过程中，前期美国的联邦制度在资源分配、统一协调方面存在一些问题。但是另一方面，这一制度也呈现出其优势。比如特朗普最近一直在督促各个州赶紧复工，但是各州的州长，尤其是民主党的州长，就可以依据宪法规定的权力，基于各州的情况，不服从特朗普的要求。这就可以防止特朗普"乱拍脑袋"决策、全国"一刀切"而引发全国性的问题。今天早上我看到有社会调查显示，44%的人认为政府做得还不错，当然该比例显然不高。但因为这段经历，我忽然意识到这样一个问题：这里谈及的对政府抗疫的满意度具体指的是州政府还是联邦政府？美国的很多事情都是州政府在做，或许这是一个对联邦政府和州政府混杂在一起的模糊的总体印象。如果我没有到美国进行亲身观察，我对美国这个方面的认知可能会简单化。

说这些是想回归到我开始谈及这个问题的主张：要从一种多角度、多因素的视角去看待此次法国、美国等各国的抗疫。尽可能扩大作判断所需要的各种信息来源，也需要多读一些历史和哲学方面的书，这样会增加看问题的历史纵深，而不拘泥于当下。

我就先讲到这里，我就是给大家贡献了一个我自己看这个问题的视角，以供大家参考。结束之前，我还想就刚才两位朋友谈到的法国的问题，做一点补充。良健博士讲到法国由于其政治和学术传统的影响，比较关注社会连带、社会平等。其实这些现象的背后，有一些更深层次的东西比如说法国天主教传统的影响，宗教本身就有社会连带的意思。德国虽然属于新教传统，但德国有很强的社群传统，这在抗疫过程中也都有表现。

另外，刚才也谈到，疫情也显示了其他方面的一些问题。良健引用了相关的数据，法国的公共开支与其他国家比，高居榜首。法国的左翼和右翼不断博弈，社会政策也不断发生变化。但法国对于社会平等这一点的关注与其他国家比起来，还是要强很多。根据我之前看到的一些研究，全球化加剧了各国的不平等趋势，但是就该研究展示的结果来看，在西方大国中，法国的不平等状况 25 年来变化较少，没有怎么恶化。当然，法国有些人可能主观感受上觉得不平等在加剧。

还有，关于刚才良健提到的公民社会问题。在美国，虽然政府很重要，但公民社会是非常发达的。我们看到，特朗普对世卫组织不满意，暂停向世卫组织提供资金支持。但比尔·盖茨等企业家和大公司紧急给世卫组织捐的钱是美国政府暂停支付的金额的好几倍，这就是美国的公民社会传统的一种表现。对于美国，或许我们不必太担心，虽然美国会付出一些代价，在抗疫的问题上，也确有自身的教训，但且不讲别的，公民社会的稳定与坚固是其最重要的优势之一。法国在这方面可能需要向美国学习，法国国家的分量还是太重，在这次抗疫中，公民社会的功能似乎发挥得不够。

此外，肖彤博士提到法国为什么没有宪法意义上的紧急措施。我想这和法国这几年的政治状况是有关系的。这些年来，法国存在大量的批评、反思第五共和国的总统制架构的声音。对总统权力过大一直有很强的批评。议会对总统权力的制约，在议会改为与总统相同的任期后也相对弱化。也有人对马克龙入主爱丽舍宫后前期的一些强势做法表示不满，在这样的情况下，如果采取强势的紧急措施，可能会引发更大的社会不满。这是我做的一个背景介绍。

好，李老师，我就暂时先讲到这里。

**李松锋（主持人）：**

好，谢谢张老师！谢谢张老师从全球视野来谈抗疫，确实很有启发性。我们这个系列讲座的出发点，也是希望能提供不同视角，免受单一信息渠道的影响。我们对国外信息的获取非常有限，整个讲座就是希望达到张老师所提出的多元视角。

现在聊天区有几个问题提给三位老师。我也有两个问题想请教三位。第一个问题，民主法治社会为何没能有效应对疫情的挑战。这次我们对民主法治社会应对疫情确实有点失望。刚才张老师谈到，良健博士也提到，民主社会的一些局限性。但是，我们通常认为，一个负责任的政府，一个信息自由的社会，应该能够及时对这些例外情况作出反应。当然，及时的反应不一定非得是全民禁足这种颇受争议的方式，这在民主社会是很难达成共识的，但至少能够把信息及时传递给社会。在 1 月 20 日之后，中国已经把事情完全曝光出来，这应该是全球都知道的信息了，为什么这些民主法治国家没有很好地回应呢？另外，接着刚才肖彤博士讲的，围绕紧急状态权力的违宪审查，最后肖彤博士提到法治应该是有弹性的。第二个问题就是法治的弹性能有多大？如何回应这些问题。聊天区还有一个提给张老师的问题：有学生刚才听到张老师说要有跨学科的视野和研究，他就想让张老师推荐几本比较好的社会学研究方法的书。那就先请张老师来回答。

**张伦（主讲人）：**

谢谢李老师，您的问题都是非常重要的问题。

西方国家一开始应对疫情不力，我觉得是由几个不同的因素造成的。首先，我要再次强调认识问题。前面提到口罩的问题可为一个例子，一开始也许因欧美各个国家的口罩储备确实不够，有策略地考虑，怕引起恐慌，我没有这方面的确切信息，只是个猜测。但同时，我认为认识上的缺失肯定是主要的因素。在意大利曾经有两个著名的专家就疫情进行过争论，其中一个专家就认为这是一个大型的流感。一开始，包括一些专家也都是这么认为的。他们对于武汉发生的状况可能是缺乏了解的。刚才良健讲到，法国有医生控告卫生部长，那个卫生部长本人是医生，她当时那样认为，很难说是在说谎。

还有，这个问题可能也牵扯到世卫组织。世卫组织前期在信息传达方面，是否存在表达不当的问题，以至于让西方国家有所忽略，这些都是需要进一步讨论的。

以我在西方生活30年的经历来看，就法国来讲，我觉得马克龙、法国政府不可能隐瞒疫情的严峻性，因为这在法国是有前车之鉴的。20世纪80年代法国有些人因输血患上艾滋病，90年代的时候就曾组织过专门法庭对当时的总理就此事进行司法审判。当时媒体有许多跟踪报道。这是一个很大的案子，审查他当时是否知道艾滋病通过输血可以传染。因此，现在假如说有人报告法国某地有什么艾滋病的病源，那就是掘地三尺也要找出来，否则没法向社会交待。如果在新冠疫情问题上进行隐瞒，马克龙是要面临垮台、被送上法庭的危险的。

据我了解，疫情刚开始的时候，法国是有过很严密的准备措施的，各个地区除民选的首长外，各省的国家代表、警察总督等都在时刻待命。但为什么后来处理得并不理想，除了病毒本身的凶猛，还有其他结构上、具体情境的原因，现在不得而知，不过将来都会有很多检讨的，事实上现在这种检讨已经开始了。法国的批评没断，美国也如此，《华盛顿邮报》《纽约时报》等最近都有一些披露，检讨、批评特朗普政府在抗疫上的失误。

第二个问题是提给肖博士的。过一会儿，请她来回答。这里我就只说一点：人类的技术从来都是一把双刃剑。亚里士多德的时代就探讨过统治技术的问题。技术给我们的生活带来了巨大的便利，我们很难设想没有技术的生活。比如说，没有网络，我们该怎样在这次疫情中生活和工作呢？不过技术毕竟由人掌握，技术可以给大众提供福祉，也能变成少数人控制、剥削他人的手段。这恐怕是一个非常重要的时代课题。

关于推荐书目的问题，由于我不知道国内翻译了哪些著作，所以不好推荐。作为初学的学生，最好不要泛泛而读，因为泛泛而读之后，你会不知道该怎么进行梳理，把握脉络。所以最好去读一本名家的翻译版的哲学史或者某社会科学学科的历史，帮助自己理清思路。在思路清晰、对问题意识有把握的前提下，再去扩展关于某一家的学说更细致深化的理解。我觉得这是一种比较好的方式。

**李松锋（主持人）：**

谢谢张老师。肖彤博士先回应，接着良健博士再来回应。

**肖彤（主讲人）：**

谢谢您刚刚提的问题。如果我没有理解错的话，您的意思是紧急状态下政府权力扩张所引起的问题。我的基本观点大概是这样的，在紧急状态下一个国家的法治体系能不能运作良好，说到底，它只是一个表象或者说是一个表征，而根源在于国家的法治体系平时能不能运作得良好。如果平时就运作得不太好的话，那在紧急状态下这些控制机制被削弱了以后，肯定是会造成更加严重的后果。就政府权力的扩张问题来说，重点还是在法治体系当中有没有足够的控制机制。我们可以以新冠疫情的追踪软件为例来说明，类似软件在中法两国都存在。现在法国政府的预期是6月2日让软件上线，但是现在在社会上和议会中都引发了巨大的争议。因为软件会跟踪你的行踪，当你与确诊新冠的人有行踪重叠以后它就会提醒你，所以这对于个人信息来说是一个非常大的威胁。它存储了你的信息，以后你不知道它会被拿去做什么，所以在法国各个方面都引发了非常大的争议。现在大家说这样的一个软件不可能通过政府政令的方式来实施，而必须经过议会审议，必须通过法律才能实施。法国还有一个信息与自由国家委员会（CNIL），它会对个人信息保护方面政府的所有法案提出意见，然后看是不是对个人信息有过多的侵犯。舆论上对这个问题也有很多的评论意见。我觉得控制机制在紧急状态下，虽然会被削弱，但是就法国来说，仍然是在发挥作用的。我觉得，政府权力的扩张，在这样的环境下可能并不是一个问题，我不太会担心，这是我的一个基本的看法。

评论区我看到大概有三个问题。第一个问题，就是关于法国医保的问题。我之前看到一个新闻，政府发言人说，如果因为新冠病毒住院的话，确诊病人不会花一分钱。如果是你没有经过正式的诊断，自己去药店买药，买口罩什么的，那你花的钱就是正常走医保的程序。我来到法国，从第一个月就开始拿租房补贴，然后医疗保险是入学的时候就必须办的。我不是特别确定，但我的感觉是法国的社保体系当中似乎是没有对国民和非国民作区分。

**张伦（主讲人）：**

我插几句可以吗？关于这个问题我没有具体了解过，但是，根据以往的经验，即便是外国人，甚至是非法移民，出于人道的原则，在生病的时候法国也会提供免费治疗的。

**肖彤（主讲人）：**

对，在这个问题上我跟张老师的观点是一致的。

然后第二个问题，关于黄马甲。最早是从 2018 年 11 月开始每周六游行抗议，最后一次游行应该是 3 月 14 日。3 月 14 日其实疫情已经很严重了，游行引发了非常大的争议。但是，政府没有去禁止游行。3 月 16 日政府开始实行禁足令，所以在下一个周六即 3 月 21 日，黄马甲就已经没有办法上街游行了，他们自己说要遵守禁足令。但是这个抗议的小火花也没有那么容易就被熄灭，所以他们当时想了一些别的方法延续抗议：他们在社交网络上发布一些东西，比较有意思的就是在阳台上敲打自己的平底锅。总的来说其原则就是，在遵守禁足令的前提下维持他们的抗议。

第三个问题就是关于欧盟的问题。关于欧盟的问题，其实我之前没有很了解，所以我刚刚现学现卖去谷歌搜索了一下，然后我看到的大概有三个渊源。第一个渊源是欧盟委员会的官方网站，说欧盟是有共同应对新冠的措施的。其主要的内容，就是欧盟对外的共同的边境控制，然后还有经济重振计划等。第二个渊源是爱丽舍宫的网站，大家都知道，法国总统马克龙是亲欧派的代表，4月23日的时候，欧盟高峰会，也就是各个国家元首开的那个会，他们开了一个视频会议。马克龙在那个会议上就提出要有共同的欧盟内部的经济重振计划，甚至向受疫情影响特别重大的国家提供一些贷款之类的措施。因为是要实打实掏钱的最后这个问题就没有达成共识。我看到的第三个渊源就是民间媒体。民间媒体说得就非常的直白了，他们说新冠疫情暴露了欧盟的内部的体制性的问题，暴露了欧盟的无力。比方说意大利的疫情刚出现的时候，欧盟完全没有起到任何的作用；然后各国采取措施，欧盟也没有发挥任何协调的作用；各国政府还有抢口罩的事情，关于经济振兴的计划，欧盟其实也没有什么特别有力的措施。所以他们的观点就是欧盟的措施是非常无力的。但我觉得可能还是要从法律的角度来理解问题，因为《里斯本条约》在卫生问题上赋予欧盟的权力是非常薄弱的。我刚才特意去查了一下条文，欧盟在卫生议题上的作用只有两个：补充国家的政策，或者是鼓励国家间合作，基本上是没有什么强制力的。这就是我的回答，谢谢各位。


**张伦**（主讲人）：

我给肖彤做一点补充。刚才讲到欧盟的问题，这一方面是欧盟的一个弱项。如果欧盟想要进一步发展的话，我认为欧盟需要研究怎么在公共卫生问题上进行各个国家之间的协调，我希望欧盟会这么做。意大利最初疫情严峻的时候，欧盟各个国家没有能提供必要的援助，这也是能够理解的，因为疫情对它打个措手不及，泥菩萨过河自身难保，先考虑自己国家也正常。但后来稍稳定后，欧盟各国还是有些相互帮助的。美国各个州也存在到国外抢资源的情况。不过如果欧盟想要进一步发展的话，这些问题都需要认真面对。

肖彤刚才还提到黄马甲的问题，我想要说明一下的是，黄马甲运动去年5月后已经式微。后来大家看到街上又有很多人抗议是怎么回事呢？这是因为政府推出的退休制度改革，从去年12月份开始，陆续出现罢工。黄马甲中的某些人又因此重新借声势，推动抗议。大家不要以为黄马甲运动从去年年初开始一直延续到现在，实际上去年5月份欧洲议会选举，黄马甲内部难以协调，推出来的人得票非常少，且诉求分散、不明确。自此之后，黄马甲运动就式微了。

**李松锋（主持人）：**

谢谢张老师和肖彤博士！请良健博士来回应。

**吴良健（主讲人）：**

刚才两位老师都对各个问题有很好的回答，很多我想回答的方面也都已经被提及了，我就简单地补充几点吧。

一个是法国这样一个信息通畅的社会，为什么造成这样大的疫情，没有能够迅速对疫情作出反应。就我的观察来看，瞒报似乎是不太可能，因为我还清楚地记得，当时只有两个确诊患者的时候，其中有一个是中国老人病死在巴黎，当时法国最大的报纸《世界报》都已经在报道疫情的信息，舆论一直紧盯着疫情。我觉得可能主要的问题还是像刚才张老师说的，是一种过于自信的过失，而且也没有充分吸收来自亚洲方面的信息。我看到一个意大利的权威医生在疫情初期说出了一个刻板印象，她说这样的疫情可能只会发生在中国这样卫生系统不发达的国家。我觉得，可能当时前卫生部长布赞在谈她的一些比较大意的看法的时候，也可能是有这样的一个刻板印象存在，所以错过了黄金时间。法国疫情传播得比较快，尤其是跟德国相比，比较严重，那可能也是跟巴黎的居住环境有关。巴黎人口高密度地聚居，平均的居住面积只有二三十平方米，所以传播比较快。医院的储备也不太够，相比之下，德国的 ICU 或者是重症床位就比较充足，甚至我看到德国把一些床位让给了法德边境的一些法国人来使用。对于口罩的作用，前期有点认识上的不足，种种的因素导致这样一个结果。

我刚才看到两个问题，需补充一下的是法国对于非本国国民的医疗救治是免费还是自费的。刚才其实他们谈得非常好。当时法国大使馆给所有留学生都做过一个讲座，有一个在法国医院工作的医生强调了不管是本国人还是外国人，都可以购买医保，不限于本国的国民。当然基本险每个人都要强制购买，这个之前都已经买过了；补充险看个人，如果你买了补充险的话，你就有更多的报销额度。那么他们一个比较人道的措施是，即使你住院当天买医保，大部分费用也是可以报销的，至于能不能全报我不太清楚，这个制度的设计目的正是让每个人都能最大限度地得到价格低廉的救治。当然毋庸讳言，实践当中也存在一些问题：轻症者在家隔离，不能直接去医院，需要先拨打急救电话"15"，但有时一直都打不通，因为电话排队比较长，这样的问题也是存在的，这也是反映出他们的卫生资源比较紧缺的情况。

最后就是法国黄马甲抗议的人在游行，是不是这些游行加剧了疫情的发展，这个答案当然是肯定的。我觉得当时错过黄金时间，可能也有决策层还在艰难权衡的因素存在。他们要在自由价值和公共安全之间进行权衡。言论自由和集会自由在法国还是被视为比较基本的自由的，所以对它们的限制程度要和疫情的严重性成比例。如果我没记错的话，法国政府好像是逐步地收紧对于集会权的控制，一开始是禁止 5000 人以上集会，后来是 2000 人以上，到后来是完全的禁止。当时华人群体看到法国的黄马甲抗议者在大规模集会，普遍都有点担心。但是我们还是要对法国政府和民众的价值选择多一点理解，他们在价值排序时往往把自由排在比较高的程度，不到万不得已的时候，尽量少地去进行这方面的限制。韦伯曾提到过，人不仅仅只有工具理性的算计，也是追求价值理性的动物。所以，旁观者虽然未必一定要赞同法国人的价值排序，但是也不妨多一些对他们的理解。

**李松锋（主持人）：**

谢谢三位老师，给我们奉献了非常精彩的讲座，真的是受益匪浅。有人在聊天区问能不能分享PPT，我们有文字记录稿，经主讲人校订确认后会在"中国政法大学法学院"公众号上公布，文字稿更详细，可以关注。同时，打一个广告，本周五晚上会有一场讲座，关于美国因新冠肺炎在法院起诉中国赔偿的问题，欢迎对此感兴趣的老师和同学继续关注。

北京时间已将近晚上11点，感谢三位老师，感谢参与这场讲座的各位老师和同学。希望大家不管在哪里，特别是在海外的张老师和肖彤博士，都要多保重、多注意。国内的各位老师和朋友也是一样，疫情还没有过去，每个人都保重好自己。今天讲座就到这里，谢谢大家！

# 因新冠疫情起诉中国？
# 案件梳理与法理分析

**主讲人** ·······························································

　易　波　东南大学法学院副教授

　　　　　(时为加州大学洛杉矶分校法学院访问学者)

**评议人** ·······························································

　肖金泉　大成律师事务所高级合伙人

　　　　　中华全国律师协会经济专业委员会主任

　霍政欣　中国政法大学教授、博士生导师

　　　　　中国政法大学发展规划与学科建设处处长兼双一流建

　　　　　设办公室主任

　朱明哲　中国政法大学副教授

**主持人** ·······························································

　李松锋　中国政法大学法学院副教授

**李松锋（主持人）：**

大家好，我是中国政法大学的李松锋，欢迎参加域外公法论坛系列讲座。
我最近一个多月都在持续关注各个国家和地区的抗疫政策。这中间有一个插曲，一些国家因为新冠疫情针对中国提起诉讼，要求中国赔偿。对这个问题许多人都很关心，前几期讲座中不断有人提出相关问题。因为新冠疫情起诉中国，既有政治因素，也有经济因素，但这终究是一个法律问题。在美国，对中国的诉讼还涉及美国国内法律的修改。在美国的影响下，其他一些国家也纷纷效仿，针对中国提起了诉讼。正是在这样的背景下，我们策划组织了本期讲座。

今天非常荣幸邀请到了4位专攻这个方面的学者来给我们讲解这个问题。主讲人是易波老师，东南大学法学院副教授，现在在美国加州大学洛杉矶分校做访问学者。他那里现在是凌晨4点，已经准备好了来为我们做这场讲座，确实很辛苦，谢谢易老师！同时我们也非常荣幸邀请到了3位与谈嘉宾，一位是北京大成律师事务所高级合伙人肖金泉律师，还有我们学校的两位非常受学生欢迎的老师，霍政欣老师和朱明哲老师。朱明哲老师在美国哈佛大学，也是早上来参加这个讲座。现在把时间交给主讲人，有请易老师。

**易波（主讲人）：**

谢谢李老师的介绍。请李老师共享一下屏幕，我给大家放一下我用幕布做的一些笔记。我先跟大家介绍一下，我从2018年9月份到2019年10月份在加州大学洛杉矶分校法学院访学，访学结束以后我就回国了。我寒假去洛杉矶探亲，因为美国疫情的暴发，我购买的机票已经被取消了好几次，等中美航班恢复以后，我再购票回国。

正好在这段时间，因为新冠疫情的暴发，美国人会有各种各样的想法，他们表达自己诉求的一种方式就是到法院提起诉讼。在3月21日，首先是佛罗里达州的一家律师事务所找了几位原告向中国提起了诉讼。我一直研究这些案件，我用幕布对整个案件做了梳理，今天向大家做一些介绍。我看与谈人，包括像霍老师、肖老师、朱老师在这方面都很有研究，我主要是向大家把我现在检索到的所有因为新冠疫情起诉中国政府的案件，包括民间的和州政府的，做一些介绍。

我先和大家讲一下我使用的检索工具，第一个是 PACER 系统，就是 Public Access to Court Electronic Records。这个系统可以查看所有联邦法院的电子文件，是比较便捷的。当然，我的研究也只局限于联邦法院。但有些案件会涉及州法院，待会儿再跟大家解释为什么州法院会涉及起诉外国政府的案件。只要是在联邦法院起诉的案件，都会上传所有的法庭文件。除了 PACER 系统，我还使用了 Westlaw Edge，它有一个功能：Litigation Analytics，可以帮助分析每一个联邦法官的审判特点。待会儿我在案件梳理的时候再做介绍。还有第三个是 Justia 系统，它是免费的，可以检索相关案件，但是它不能访问PACER 系统，因为 PACER 系统是收费的，这是二者的区别。但是你可以通过 Justia 系统去看所有的案件的名称。

在 2020 年 3 月 21 日之前，中国有多少起在美国被诉的案件？我大概检索了一下，也就 25 起案件。那么第 1 起可能就是我们耳熟能详的杰克逊诉中华人民共和国案 Jackson v. People's Republic of China（596 F. Supp. 386, N. D. Ala. 1984）。1985 年有一位因空难死亡的乘客的家属诉中国民航总局案。到 1993 年就是比较著名的 Walters 夫妇诉中国案，Walters 购买了中国向美国出口的猎枪，某次打猎途中，猎枪走火造成他们孩子死亡。Walters 夫妇俩在密苏里州的联邦地区西区法院向中国提起了民事诉讼，那么该案件为什么特殊？因为这是唯一一个进入了执行阶段的案件，所以非常特殊。我先给大家把新冠疫情之前所发生的案件做一个简单的介绍。第 4 起、第 5 起都没有什么问题。然后第 6 起就到了 2001 年。之前基本上很少有美国人起诉中国政府的案件。2001 年 7 月，Walters 夫妇凭借此前在密苏里州联邦地区西区法院的缺席判决，要求中国政府赔偿 1000 万美元。原告向联邦哥伦比亚特区的联邦地区法院申请了强制执行，原告还向法院申请执行中国的国宝大熊猫。该案件的特殊之处就在于它进入了执行阶段。同时，该案件的特殊之处还在于当时的联邦法院治安法官给中国政府开了一个天价罚单。Walters 夫妇的代理律师非常聪明，他要求中国政府向哥伦比亚特区法院提交中国在美国的财产，但是按照中国政府传统应对类似案件的惯例，它是不会去应诉的，结果这位联邦地区法院的治安法官给中国政府开出天价罚单，每天罚款 245 000 美元。最后案件是通过债权让与的方式和解了。现在因为新冠疫情造成的美国民间的一些诉讼，他们是不是想通过缺席判决的方式使案件能够进入执行阶段，我们后面再分析。

在 2003 年 8 月 7 日，第一起中国地方政府被美国起诉的案件是 RONG et al 诉辽宁省人民政府案。2006 年中央电视台也被起诉。中央电视台属于国家的机构或者国家的工具，也享有主权豁免的地位。2006 年，四川省政府和成都市青羊区政府被加拿大的一家公司在犹他州的法院提起诉讼，案件原来是在犹他州的州法院审理，之后被告代理律师向犹他州联邦地区法院申请将案件移送到联邦法院审理，这也说明美国州法院也会受理诉外国政府的案件，但是被告经过申请可以将案件移送到联邦法院审理。第 12 起案件就是非常著名的 Morris 和 Bolanos Pons 诉中国案件，它是第 1 起 *Jackson* 案件的继续，也是原告要求中国偿付清政府时期发行的湖广铁路债券，*Morris* 案件与 *Bolanos Pons* 案是合并审理的。中国委托美国律师出庭应对，主张依据国家豁免原则，美国法院没有管辖权，美国法院驳回了原告的起诉。接下来的第 13 起、第 14 起和第 15 起案件，都是和个人原告有关的，这些案件因为没有律师的参与和代理，最后都是因为送达问题或者原告的滥诉问题被法院驳回。第 16 起案件是绿坝软件诉中国案，这也是一个比较重要的案件，这个案件最后也是和解结案的。但这起案件里面需要特别注意的是，当时的联邦法官认为案件属于"商业例外"的主权豁免管辖例外。审理案件的 Tucker 法官认为中国政府买断软件使用权是一种商业行为，因而存在商业例外，也就是说美国的《外国主权豁免法》中的"商业例外"是可以适用的，并且依据原告的申请，对中国政府下达了缺席判决书。但是因为案件也有私营企业参与，原告与其余被告和解，最后该案也是整体和解结案了，包括原告放弃对缺席判决的执行。

接下来三起案件都是个人起诉中国政府的案件，全都因为送达、救济请求不明确等问题被法院驳回。

2020年3月21日之前，总共也就有25起左右的案件。当然该数字可能不完全，因为比如说像四川省政府和青羊区政府为被告的案件，当时原告是在州法院被诉的，接到了来自美国的传票以后，我国地方政府委托美国律师申请将案件转移到联邦法院审理，最后本案因为我国地方政府享有主权豁免，法院驳回了原告的起诉。

接下来看一下美国民间因为新冠疫情起诉中国的案件。我进行了检索和梳理，现在一共有12起案件。第1起案件是佛罗里达的 ALTERS et al 诉中华人民共和国案，在美国联邦地区佛罗里达南区法院进行审理。立案时间是在3月12日，上诉法院是联邦第十一巡回上诉法院。承办该案件的法官是乌苏拉·曼库西·恩迦罗法官。我通过 Westlaw Edge 的 Litigation Analytics 检索发现，该法官是一位非常资深的法官，目前她一共办理了20起涉及外国主权豁免的案件。该案的首席原告就是 ALTERS，提起诉讼以后他就要求代理律师撤诉了，因为他是一名大学生，他表示他要专心学业。这起案件在密苏里州诉中国案以后，原告代理律师摩尔律师和文森特律师又把他们的诉状进行了再一次的完善和修订，增加了原告，同时也增加了被告。

摩尔律师曾经参与过石膏板集团诉讼案件。当时在卡特里亚飓风袭击佛罗里达以后，我们国家的一些建材公司向佛罗里达出口石膏板，产生了一些纠纷，最后是和解结案，但是赔偿金额也是天价数字。据其网站介绍，摩尔律师是这一起集团诉讼案件的首席律师。ALTERS et al 诉中华人民共和国案件的另一位律师是文森特律师。这两位律师都是加利福尼亚人，现在是在佛罗里达州执业。

我们看一下，一共列了6个被告。我发现美国律师其实也是喜欢"抄作业"的，在密苏里州起诉中国案件之前，大部分的案件都是后面的代理律师去"抄"前面案件的诉状，基本上参考了第1起诉讼案件中原告律师的诉状。

第 1 起案件的原告代理律师在诉状中列了 6 个被告，包括中华人民共和国、国家卫生健康委员会、中华人民共和国应急管理部、中华人民共和国民政部、湖北省人民政府和武汉市人民政府。需要注意的是，在 5 月 4 日的时候，第 1 起案件的原告代理律师又把执政党列为被告，明显是受到密苏里州诉中国案件的启发。5 月 4 日修订的诉状中显示了最新的原被告的信息，我们可以看到原告将两名被告移除了，分别是民政部和应急管理部。为什么原告要把这两名被告移除？原告代理律师提交给法庭的动议说，诉状里面所写的内容和这两名被告没有任何的关联性，所以原告申请法庭将该两名被告移除。为什么原告代理律师要把这两名被告移除？我想可能是他们害怕承担责任。如果把不承担责任的被告列在上面，最后法庭没有支持原告对该被告的诉请，按照美国传统，对于这种民事诉讼，原告会被要求承担被告的相关费用。但同时，受到密苏里州诉中国案的影响，原告又在新修订的诉状中将武汉病毒研究所和中国社科院列为被告，增加了两名被告。

为什么说第 1 起案件对后面案件的影响很大？我发现基本上后来起诉中国政府的案件，都是在"抄作业"。在被告方面，都是把民政部和应急管理部列为了被告，极少部分案件没有列。也就是说之后起诉中国政府的原告代理律师也没有经过更多的思考，看到伯曼律师事务所的摩尔律师和文森特律师的诉状以后就照葫芦画瓢写诉状，找了一些原告，再去相应的联邦地区法院提起诉讼。所以说第 1 起案件具有方向性。

这是我整理的所有的法庭文件。法律文件中有一个延期开庭的裁定：因为涉及外国政府，要进行送达，所以法官就接受了律师的延期请求，现在暂定在 2020 年 9 月 4 日星期五上午 9：30 召开庭前会议。同时，承办的法官也要求原告每隔 15 天就要向法庭报送一次送达的情况。我分析现在的首起案件——佛罗里达案件——原告的律师应该是在准备诉状的翻译件，因为诉状必须按照《外国主权豁免法》的规定进行送达。他应当正在进行诉状的翻译，同时在准备《外国主权豁免法》的中文翻译件，还有应诉通知书，到时候通过海牙送达程序，以及《外国主权豁免法》规定的送达程序进行相应的送达。

5月4日修改的第2次诉状还是非常详细的，该诉状长达66页，比第1次的诉状质量提升了不少。撰写第1次诉状，原告代理律师也是摸着石头过河，为什么第2次诉状比第1次诉状质量高？这都是因为受到了密苏里州诉中国案的影响，原告代理律师对诉状进行了大幅度的修订和增加，诉状里面还引用了很多中国科研人员的论文以及其他国家科研人员发表的一些论文来作为事实部分的陈述证明。

第2起案件就是巴斯图片社案 *Buzz Photo et al v. People's Republic of China et al*（Case 3：20-cv-00656，District Court，N. D. Texas）。巴斯图片社案件特殊之处在于它是联邦地区德克萨斯北区法院受理的。和其他案件不同的地方在于原告的代理律师——Larry Klayman，他是里根总统时期美国司法部的联邦检察官，是一位特别喜欢诉讼的律师，但是他的口碑不佳，常常受到客户的投诉，他的策略就是要通过诉讼去获取证据。

这起案件的不同之处在于它是以《外国主权豁免法》上的资助恐怖主义的例外，作为管辖权豁免的突破点，它和其他的诉讼都是强调商业行为例外，或者说和非商业侵权例外的不同之处在于它关注恐怖主义，包括《外国主权豁免法》的1605（A）项和1605（B）项。1605（A）项是被美国国务院列为恐怖主义的国家所实施的恐怖主义。1605（B）项是2016年新增加的，它主要是为了应对911遭受袭击的美国民众的人身和财产的损害。巴斯图片社案是3月17日提起诉讼的，它是唯一一个只关注1605（A）项和1605（B）项的案件，它主要关注恐怖主义资助，但是它突破《外国主权豁免法》主题事项管辖的例外。我觉得这是没有什么希望的，因为它强调的是"恐怖主义"例外，对其有很多限制性的规定，而且新冠疫情也和恐怖主义不相关联。

这起案件的另外一个特别之处在于它现在已经处于送达阶段。它的送达很有意思，列了4个被告，分别是两个自然人被告，两个组织被告，这也是在14起案件中唯一列中国自然人为被告的案件。那我们来看看它的送达。我们首先看一下对中华人民共和国的送达，我正好跟大家讲一下，《外国主权豁免法》关于送达的规定。首先，它的送达肯定是违法的。为什么这么说？虽然这是联邦德克萨斯北区法院书记员执行的送达，但是按照《外国主权豁免法》的相关规定，送达是有先后顺序的。首先是要按原被告达成的协议，如果说原被告没有关于法庭文件送达的协议，那就要按照中美两国之间达成的关于送达的国际条约。如果没有国际条约的话，才能够按照《外国主权豁免法》的规定去邮寄送达，以及在邮寄送达不成功的情况下通过美国国务院外交途径送达。但在巴斯图片社案件中，它的问题就在于没有按照《海牙送达公约》的规定去送达，邮寄送达是违法的，也就是说这起案件的突破点是非常多的，它很可能会被联邦地区法院的法官以没有完成送达程序为由驳回起诉。在我之前所研究的涉及以中国政府为被告的案件里面，确实存在联邦地区法院的法官以原告没有按照《海牙送达公约》所规定的送达方式向中国被告送达相关的法庭文书为由驳回了案件。在这起案件中，对中华人民共和国的送达用到了《外国主权豁免法》1608（a）（3）项。我们要知道，《外国主权豁免法》对于送达有完全不同的规定，它对于外国国家和外国政治分支机构，以及外国政府的代理、工具和外国政府的机构，有不同的送达规定。对于外国政府和外国政治分支机构而言，送达要求是比较严格的，必须按照先后的顺序，首先是按照《海牙送达公约》。如何按照《海牙送达公约》进行送达？其实我国在2015年的时候，对美国向中国送达文书的流程进行了简化，也就是说，可以向司法部的司法协助中心送达。因为根据《海牙送达公约》，我国指定司法部作为我国的中央机关。司法部有一个司法协助中心，接受来自其他海牙缔约国的民商事法律文书的送达。2015年，我国对美国的送达进行了改革，在邮寄相关文书的同时，可以向司法部司法协助中心发送电子邮件，告知其要进行送达了。收到书面的文件以后，司法部的司法协助中心会向美国的送达公司再说明一下。按照美国的联邦民事诉讼程序的规定，原告或者原告的代理律师是不能直接送达文件的，必须要找一个代理人，就是说找一个专门的送达公司。2015 年改革以后，加快了送达的速度。

在第 2 起巴斯图片社案件里面，法院并没有按照《海牙送达公约》的送达方式送达，直接邮寄肯定是违法的。这也有可能是原告律师向法院书记员申请的结果，因为原告律师不能直接邮寄材料。这样风险很大，一旦被联邦地区法官认为送达没有完成，案件可以直接被驳回。

我们再来看一下对于武汉病毒研究所的送达，就用了另外一个条款 1608 (b) 项。1608 (a) 项和 1608 (b) 项的不同之处在于什么方面？其实武汉病毒研究所的性质也很重要，也就是说武汉病毒研究所到底能不能享有《外国主权豁免法》规定的豁免主体资格。我们先不谈商业例外或者非商业侵权例外，或者是资助恐怖主义例外，这样的一个主体能不能享有《外国主权豁免法》规定的豁免主体资格还是一个问题。按照联邦北区法院的观点，是把它列为第 1608 (a) (3) 项的一个送达，送达是针对外国的机构，它讲的是 Instrument 或者 Agency。也就是说，联邦北区法院还是把武汉病毒研究所视为了《外国主权豁免法》规定的豁免主体。作为代理或者国家工具的送达，和外国政府或者地方政府送达不同，它的送达方式比较灵活多变。首先也是按照双方的协议，没有协议的，按照《海牙送达公约》。没有缔结送达公约的情况下是邮寄送达，但是，它不能通过美国国务院外交途径送达。通过美国国务院送达只能是针对外国政府或者是外国政府的分支机构，美国国务院的网站也规定得非常清楚。在邮寄送达的情况下，如果另一缔约方对于邮寄送达进行了禁止或保留，那就不再进行邮寄送达。如果是外国政府，就直接进入国务院送达程序。如果是机构，可以采取灵活变通的方式，但要向法庭申请。有些美国律师也在研究能不能通过电子邮件送达，他们的想法是中国政府在《海牙送达公约》中对邮寄送达进行了保留，但是电子邮件这种方式能不能突破中国政府在《海牙送达公约》里面的保留。假如依据《海牙送达公约》的送达被中国司法部以涉及损害国家主权为由退回了，能不能根据 1608 (b) (3) 项的相关规定申请电子邮件送达？中国政府对传统的书面邮寄送达保留了，但是电子邮件这种信息方式，在《海牙送达公约》缔结时是不存在的。这也是值得研究的一个话题。

对于两位自然人的送达比较有意思的地方在于什么呢？比如说对于石正丽研究员，也是适用《外国主权豁免法》对于外国机构送达的规定。按照美国最高法院的相关判例，外国政府官员不享有《外国主权豁免法》所规定的主体豁免资格，只有外国政府、地方政府、外国政府的代理和工具可以享有。但是，对于石正丽研究员的送达，联邦德州北区法院也是按照了《外国主权豁免法》的相关规定，这确实也是可以去深入研究的地方。对于石正丽研究员，是否把她的行为视为从事了职务行为，可以根据美国普通法对她进行豁免，因为美国普通法对于官员的豁免是职务豁免和行为豁免。比如，此前案件如果涉及中国官员的诉讼，最后都申请了普通法的豁免，或者由美国国务院出具一个相关的利益声明供联邦法官参考。对于石正丽研究员的送达，适用的是《外国主权豁免法》中对于外国机构的送达方式，联邦德州北区法院为什么会有这样的一个送达，这也是我不太清楚的地方。对于另外一个自然人陈薇的送达，依据的是对于外国政府的送达。这两个自然人，因为工作单位的不同，送达的方式也有所不同。这起案件的特殊之处就在于它是唯一有两个自然人为被告的案件。它的送达存在很多的问题，只要联邦地区法院的法官认为送达存在问题，可以直接驳回案件。另外再补充一下，Larry Klayman 在海牙国际刑事法院也提交了一个申诉书，印度所谓的"国际司法协会"的会长也向联合国人权理事会提交了申诉材料，其实他们也是参照了 Larry Klayman 向联邦德州北区法院所提交的诉状里面的材料，主要也是从生物武器的角度来论述的。

第 3 起案件是贝拉维斯塔有限责任公司等诉中华人民共和国案 *Bella Vista LLC v. The People's Republic of China*（2：20-cv-00574, District Court, D. Nevada）完全是抄第 1 起案件的"作业"。在 3 月 23 日提起诉讼，案件发生在内华达州。这起案件的代理律师是 Robert T. Eglet，他曾经代理过拉斯维加斯一个非常著名的枪击案件的集团诉讼。

第 4 起案件是布尔克注册会计师和顾问股份有限公司诉中华人民共和国案 *Bourque CPA s and Advisors*, *Inc.*, *et al v. The People s Republic of China*, *et al* (8：20-cv-00597, District Court, C. D. California) 是发生在加利福尼亚州，也是参照了第 1 起诉讼，是一些小企业提起的诉讼。目前，第 3 起和第 4 起案件在 PACER 系统里面没有更新。我分析可能是在准备相关的文书翻译，或者因为现在新冠疫情使整个法院处于停滞状态。比如我所在的加州洛杉矶，3 月 19 日就发布了居家令，联邦地区法院也遵从相关的指引减少了开庭和日常办公活动。目前第 3 起和第 4 起案件是处于停滞状态。

第 5 起案件是阿哈龙诉中国共产党和中华人民共和国案 *AHARON et al. v. CHINESE COMMUNIST PARTY & PEOPLE'S REPUBLIC OF CHINA et al.* (9：20-cv-80604, District Court, S. D. Florida)，比较有意思的在于它和第 1 起案件是由同一个律师事务所代理的。这起案件的特殊之处在于两点，它是 4 月 7 日立案的，是在联邦地区法院佛罗里达南区分院立案的。它的承办法官是奥尔特曼法官，他在 2019 年的时候曾经审理过一个案件：我记得当时有个中国公民闯进了特朗普在佛罗里达州的庄园，该案就是由奥特曼法官审理的。

第 5 起案件中，原告代理律师首次将中国共产党列为被告。在诉状中列明了 2 个被告，第 1 个是中华人民共和国，第 2 个是中国共产党。原告的诉讼理由是中国对个人防护用品进行相关的限制，原告代理律师认为这是一种商业侵权例外。所以他就联合了美国一群医生、护士等医护工作人员，还有一些因新冠肺炎去世的患者家属，提起了诉讼。

到了 4 月 8 日，又有一个案件向联邦加利福尼亚中区法院提起，这是第 6 起案件，卡迪夫地产公司诉中华人民共和国案 *Cardiff Prestige Property*, *Inc. v. Peoples Republic of China* (8：20-cv-00683, District Court, C. D. California, Southern Division - Santa Ana)。一些小企业主起诉中国，该案没有什么特别大的突出点，它所列的被告也是完全照抄了第 1 起案件的被告，目前该案也是处于停滞状态。

第 7 起案件是沃西沱河杜鹃木材厂诉中华人民共和国案 *Azelea Woods of Ouachita v. People's Republic of China*, *et al*（3：20-cv-00457，U. S. District Court Western District of Louisiana），它是 4 月 13 日在联邦地区路易斯安那西区法院提起的。这起案件也没有什么特别之处，它主要也是参照了第 2 起案件的相关诉求，是路易斯安那的企业对中国提起诉讼。该案的被告也和之前案件的被告是一致的，目前也没有新的进展。

第 8 起案件是史密斯等人诉中国案 *SMITH et al v. People's Republic of China*, *et al.*（2：20-cv-01958，United States District Court Eastern District of Pennsylvania）。这起案件是 4 月 20 日提起的，它是在密苏里州诉中国案之前提出的，当密苏里州起诉中国以后，该起案件的原告代理律师马上向费城的宾夕法尼亚东区法院申请修改诉状，把中国共产党列为被告。提起诉讼的都是费城的一些著名人士，有律师，有餐馆的经营者。从诉状披露的信息来看，史密斯已经因为得了新冠肺炎去世了。原告代理律师是个人执业，他之后又提起了一起诉讼，也就是说在费城的宾夕法尼亚东区法院现在有 2 起案件，都是由安妮塔·B. 布罗迪法官审理。他是一位资深法官，所谓资深法官就是说他实际处于半退休状态，但是他拿法官的全额工资，并且不占法官的席位。美国有一个"80"原则，年满 65 周岁并且在联邦法院服务的年限加上年龄要超过 80 周岁的联邦法官就可以申请半退休，就可以自己选择一些案件。空出的席位可以由美国总统向美国国会参议院提名新的继任者。

第 9 起案件是斯特灵诉中国案 *Stirling v. China et al.*（3：20-cv-00713，U. S. District Court District of Oregon）也很有意思，因为这是 3 位在联邦看守所里面的待决犯罪分子向中国提起的诉讼。所以说现在确实是什么样的原告都有，这 3 位原告当中的首席原告是一名加拿大公民，因为贩毒已经认罪，他和联邦地区检察官已经达成了认罪协议，但是因为新冠疫情，法院迟迟不能宣判他的刑期，所以他也提起了一个诉讼。他是用手写的诉状。看守所的犯罪分子都是待决犯，他们不是已决犯。虽然他们已经认罪，但是法官还未最终判决。对于该案需要注意的是什么？我在看法庭文件的时候，在 5 月 13 日，承办本案的治安法官要给这 3 位原告填一个赤贫人申请书。这起案件必须交 400 美元的起诉费，这就是为什么大量的案件都在联邦法院受理，为什么说美国人有一种诉讼文化，因为他们的诉讼费真的太低了，你只要提交 400 美元诉讼费就可以去联邦法院提起诉讼了。其中 350 美元是法院的案件登记费，50 美元是法院的程序费。就是说你只要缴纳 400 美元，你可以去起诉任何一个外国政府。这就是为什么这么多的案件在新冠疫情暴发以后全涌入联邦法院。现在因为这 3 位被监禁人没有缴纳案件受理费，所以联邦治安法官就给了他们一个选择，即填一个赤贫人申请书，然后交由法官，再由本案的受理法官来决定要不要给原告以赤贫人的待遇。这 3 位原告人的诉讼其实也是很难的，因为它涉及送达问题，送达是需要花费的，还涉及文件的翻译。这个案件可能更多是一个象征性的，除非被美国某一个民权组织看到，认为这起案件值得为他们提供免费代理。但是就目前情况来看，这种机会是比较少的。

第 10 起案件，贝尼特斯—怀特诉中华人民共和国案 *Benitez - White v. People's Republic of China et al.*（4：20-cv-01562，District Court，S. D. Texas），是在联邦地区的德克萨斯南区法院提起的，原告是一名护士。这起案件的特殊点在于原告的代理律师处于执业禁止期。我看了一下原告代理律师向法庭提交解除禁止的申请书，申请书写到，因为原告代理律师在之前代理的某个案件中可能跟对方代理律师有一些言语摩擦，被当时的主审法官下达裁定禁止执业 3 年。他的禁止期限是到今年的 7 月份才解除，但是他现在就想代理起诉中国政府的案件，他该怎么做呢？美国诉讼中有个习惯做法，非本州的律师要到其他州的法院开庭，必须要向当地的审判法官提交一个本地出庭申请（Appear Pro Hac Vice），提交这样一个申请表明，他只是为了代理这个案件，不是长期在这边执业。因为这位律师是在执业禁止期，他也向法官申请要求法官能同意他代理本案，他认为起诉中国是一件非常了不起的事情。据他在 Appear Pro Hac Vice 申请书里披露的信息来看，他在做律师之前是美国海军陆战队的一名上尉，主要从事生化防疫工作，他认为他有详尽的医学背景知识可以胜任本案的代理。但是承办法官拒绝了他的申请，法官还是秉公办事，因为律师现在在执业禁止期，那就不能代理案件。这起案件我觉得可能也没法继续走下去，因为在美国打官司非常贵。如果是写起诉中国的这种诉状，我看了一下大概可能需要耗费的时间是在 30~50 个小时。要写 100 多段，然后还要去查验很多资料。按照每小时 300~500 美元的计时收费，一份诉状的费用如果是按 30~50 个小时计算，那就是一两万美元，还不包括后面的费用。如果不是律师自己愿意风险代理的话，很难往下面走。

第 11 起案件，爱德华兹诉中华人民共和国案 *Edwards v. People's Republic of China et al.*（2：20-cv-01393，Eastern District of Louisiana）。原告爱德华兹是美国路易斯安那州唐基帕霍教区的治安官，路易斯安那州的教区相当于美国其他州的县，原告就是当地的警长，他也来提起诉讼。原告特殊点在于他是代表全美三千多位县的警长。他的理由是新冠病毒造成唐基帕霍教区的看守所和监狱的停滞，并且要增加更多的经费去管理这些被告人和犯罪分子，这造成了财务损失。所以，警长要向中国发起索赔。

第 12 起案件，格雷科诉中华人民共和国案 *GRECO et al v. People's Republic Of China et al.*（2：20-cv-02235，United States District Court Eastern District of Pennsylvania），是我们刚才讲到的第 8 起案件的关联案件，也是在联邦地区宾夕法尼亚东区法院提起诉讼的，也是由一些自然人向中国提起诉讼，都是由同一个代理律师，即 Charles D. Mandracchia 代理的，并且也是同一个法官审理的案件。

美国州政府起诉中国的案件目前是 2 起。第 1 起案件是密苏里州提起的，第 2 起案件是密西西比州提起的。密苏里州起诉以后，密西西比州在 5 月 12 日也跟着诉讼，但是不像密苏里州在起诉当天他们的检察总长埃尔克·史密斯就召开新闻发布会广泛宣传。密西西比州的检察总长比较低调，截至目前我也没看到美国新闻报道本案。这 2 起案件，特别是第 1 起案件密苏里州州政府诉中国案，其实炒得非常火热了。我之前也在微信公众号"法律检索"上发了一篇美国 11 位法学教授关于密苏里州诉中国的观点的文章。

第 1 个案件的诉状并不是埃尔克·史密斯写的，而是副检察总长写的。他确实也是非常用心地写了这份起诉状，这份密苏里州政府的诉状质量远高于民间起诉的诉状质量。在诉状中，原告突出强调了一个非常有意思的问题：原告认为中国共产党是不具有主权豁免资格的。他引用了一个案件，那个案件是在密歇根州起诉的，但案件其实是有问题的，我也做了一些研究分析，并且我也去找了相关的案例。我就发现他引用的是 Yaodi Hu 诉中国案中的治安法官提交的关于本案处理的一个报告。治安法官在报告中提到的一个观点是，《外国主权豁免法》的豁免主体只对外国政府有效，对外国的执政党和外国的官员是不适用的。我看了一下他的上下文，我觉得治安法官当时要表达的意思是，他引用了 2010 年美国最高法院的 *Samantar v. Yousuf* 案，该案认为外国官员不享有《外国主权豁免法》规定的主权豁免主体资格，但是因为 *Yaodi Hu* 案件的治安法官要说明该起案件中其余被告主要是个人被告而不享有主权豁免地位，所以把执政党也一笔带上了。实际上他想强调的是官员不具有 FSIA 的主体豁免地位，所以说还是要联系上下文来理解。但是密苏里州的诉状中只引用了对他有利的部分，他没有全部引用。另外上述报告是内部文件，并没有在联邦法官最后的判决中出现。*Yaodi Hu* 案件中的联邦法院判决书里认可了治安法官关于本案的处理意见，即因为 Yaodi Hu 在诉讼中没有提出具体的索赔请求，联邦治安法官在报告中准备直接驳回 Yaodi Hu 的诉讼。承办案件的联邦地区法院法官认可了治安法官的处理结果，但是他没有认可治安法官的论证过程。也就是说，内部文件不具有法源的地位。

除此之外，在联邦地区法院佛罗里达南区法院的一个案件里面，当时是古巴的一个移民起诉古巴政府和古巴共产党，联邦法官认为古巴共产党就是古巴的机构，是享有主权豁免主体资格的，但联邦法官不认为古巴共产党是古巴政府。为什么要这样认定，这可能也是我们需要考虑的地方。《外国主权豁免法》里面的惩罚性赔偿金，针对的是外国政府的机构、代理和工具。对外国政府或者说是地方政府，是没有惩罚性赔偿金的规定的，当然了，涉及恐怖主义豁免例外是可以针对外国政府判决惩罚性赔偿金的。在这起案件里面，佛罗里达南区法院的法官认为古巴共产党就是古巴政府的代理机构，最后作出了支持原告的缺席判决，而且是支持了原告的惩罚性赔偿金的诉求。

从之前的美国民间因新冠疫情诉中国政府系列案件来看，在突破《外国主权豁免法》的"商业行为例外"和"非商业侵权例外"这两点上，密苏里州的诉状也没有什么特别的新意，其唯一的新意是将中国共产党列为被告。但也有矛盾之处，我请大家再看一个法庭文件。4月21日，密苏里州撰写诉状的副检察长贾斯丁·斯密斯向密苏里州法院提交了一个法律文件，申请按照《外国主权豁免法》的规定向各个被告送达。密苏里州的诉讼一方面不承认中国共产党享有《外国主权豁免法》规定的主权豁免主体资格，但另一方面又向法院去申请按照《外国主权豁免法》的规定，向所有的被告送达相关的诉讼文书，实际上是认可了执政党也适用《外国主权豁免法》。

除了《外国主权豁免法》规定的主题事项管辖的例外豁免之外，还有属人管辖权。按照美国法律的规定，主题事项管辖加上成功送达就可以构成《外国主权豁免法》上的属人管辖权。但是属人管辖权也可以抗辩，这里面的问题就在于能不能享有《美国宪法（第五修正案）》的正当程序。因为外国政府不是一个人，如果不是一个人，能不能享有《美国宪法（第五修正案）》的正当程序，这是一个问题。正当程序在国际鞋业案里面，美国联邦最高法院认为受理的法院要跟被告有最小密切联系，如果没有任何联系，就没有跟受理的联邦地方法院的司法辖区有任何的联系，就不能行使属人管辖权。用一句话总结，美国法院对于外国主权国家的管辖，是以不管辖为原则，以管辖为例外。其实它设置了很多的障碍，包括送达的障碍，包括《外国主权豁免法》的障碍，包括执行的障碍，包括在案件里面原告不允许去申请陪审团审理，而是法官自己审理。

再和听众们介绍一下美国国会关于《外国主权豁免法》的修订情况，我跟你们讲一下我自己做的总结。目前，根据我在美国国会网站上的检索，有 5 位国会议员提出修改《外国主权豁免法》的议案，第 1 个是德克萨斯州的共和党众议员 Lance Gooden。他提的法案是，在任何情况下，如果外国被发现有意或者无意地在美国境内使用《美国法典》第 18 编第 2280（d）03 节所界定的生物武器或者这种使用行为造成美国公民身体伤害，则该外国不得免于美国法院管辖。它可能跟巴斯图片社案有一些关联，巴斯图片社案就是在德克萨斯州的联邦地区北区法院审理，来自德克萨斯州的一位议员就提了一个议案，如果使用生物武器就不能享受外国主权豁免管辖的例外。

第 2 个是密苏里州的 Josh Hawlay 参议员，他也提交了一个法案，"*the Justice Victim of COVID-19 Act*"，新冠病毒受害者法案。密苏里州的 Hawlay 参议员跟密苏里州诉中国案是来自同一个地方。阿肯色州共和党参议员 Tom Cotton 和德克萨斯州共和党众议议员 Dan Crenshaw 也联合提了一个议案，它主要是设置了公共卫生例外。除了之前诉讼里面提到的商业行为例外、非商业侵权例外、资助恐怖主义例外，他现在提出了公共卫生例外。如果外国故意隐瞒或歪曲国际关注的国际突发公共卫生事件和信息，那么是需要承担责任的。议案是这样规定的：就任何因下列原因在美国境内发生的人身伤害死亡或经济利益遭受损害，向外国寻求金钱损害赔偿案件，外国不得免于美国法院的司法管辖：第 1 个是疫情，专门针对新冠病毒，就相当于 911 之后的《外国恐怖主义资助法》。第 2 个是一项或者多项侵权行为，包括外国或该国任何官员、雇员或代理人故意歪曲或者隐瞒新冠病毒存在或溯源的行为。

第 3 个是田纳西州共和党的参议员 Marsha Blackburn 和亚利桑那州共和党参议员 Martha McSally 提出的一个议案，该议案跟 Gooden 众议员的那个议案内容差不多。

目前来看，2020 年 5 月 4 日美国参议院复会，但是美国众议院到现在还没复会。国会是两年一届，众议院到 2020 年的 11 月份要全部改选，参议院改选 1/3 参议员，改选之后，参议院中 24 位是共和党参议员席位，12 位是民主党参议员席位。目前所有提出修改《外国主权豁免法》剥夺中国的外国主权豁免资格的都是共和党的议员，民主党的议员还没有提出议案。18 个州的检察总长向国会提交联名信，要求国会对新冠病毒起源调查，公开信里有 3 个州是民主党的州长执政的州，但是检察总长是共和党。

2020 年 11 月份又恰逢美国的选举年，所以这些法案能不能在今年顺利通过，现在也是有很多的未知数。接下来在 8 月份的时候，美国国会还要休会，然后众议员们还要忙着竞选连任。如果他们提出的法案没有在第 116 届国会通过的话，那就得等到下一届国会也就是第 117 届国会重新提出，并进行相应的立法表决。2016 年的资助恐怖主义法案，是从 2001 年发生 9·11 事件后经过 15 年才最终变成法案的。这是我跟大家介绍目前所发生的 14 起案件，以及美国国会目前的修法状况，我今天的介绍就到这里。

**李松锋（主持人）：**

谢谢易老师针对这 14 起案件，非常详细地介绍了每个案件的具体情况以及存在的法律问题，还讲解了关于修法的 4 个提案，资料非常丰富。因为时间关系，易老师应该还有很多内容没能展开，可见易老师做了大量的研究工作。接下来，有请北京大成律师事务所的肖金泉律师。肖律师的身份有很多，我在这儿就不一一介绍了。给我印象比较深刻的是，肖律师在前段时间针对这个问题写了一个法律分析的文章，在公众号里面传播。肖律师在转发的时候在朋友圈说了这样一句话："作为中国的法律人，需要发出的观点，"然后他谦虚地说，"我是抛砖引玉，在中国遭遇不公平对待时，法律人不应该沉默"。从中可以感受到一位商业律师的爱国情怀。接下来就请肖律师分享他的观点，有请肖律师。

**肖金泉（评议人）：**

刚才我听了易波老师关于发生在美国的针对中国诉讼的分析以及介绍。首先来讲，我觉得他非常专业了，他把诉讼都梳理了一下，在短短的一个多小时的时间里讲这么丰富的内容，易波老师应该是在这方面下了功夫的。非常感谢他对发生在美国的一系列针对中国的新冠诉讼的情况的介绍。

应该说我也是法大人，过去在法大读了研究生还教了10年书，后来才来当律师，我主要是搞投资并购的。我们大成律所在2015年和国外的Dentons合并以后，律所的中文名称叫大成，英文就叫Dentons，这里边也有很多故事，因为时间关系我就不讲了。对美国的情况，我也还是比较熟悉的，过去的五六年间，我基本上每个月都在出国，特别是去美国比较多，所以和美国相当多的律师都很熟悉。我们合并以后，大成在美国20多个城市都有办公室。

针对易波老师介绍的情况，我想补充一些我的看法。首先是为什么会发生针对中国的诉讼。美国是一个诉讼的社会。美国是全世界律师最多的国家，律师有120万人左右，基本上占了全世界律师人数的35%。美国为什么会发生这样的诉讼，首先来讲，在近几年特别是近两三年以来，中国的快速发展使得美国的主流社会感到了一种不平衡乃至一种威胁。中国的GDP在去年是15万亿美元，美国是22万亿美元，疫情以后可能还会进一步拉小差距。在国际关系史上和世界现代发展史上，美国是不允许有一个国家能够来跟他进行匹敌的。美国现在的主流社会，不管是共和党还是民主党，关于遏制中国几乎成了共识。

在这样一种背景下，为什么要提出诉讼？有些人，不管是律师还是一些自然人，他们觉得有机会就去搏一把。在美国到法院诉讼的成本低，400美元就可以提起一个诉讼。起诉中国的有律师，也有检察官，检察官实际上在美国也算是政客，几乎都是共和党人，这和美国的大选也有关系，说起来这些人是为了博名。这 14 个案件，不管是代理律师，还是直接起诉的律师，都不是来自美国的大律所，而是一些不入流的律师事务所，或者是在美国经济比较落后的一些地方，甚至受处罚的一些律师还要来博名。

我认为有相当一部分是来蹭热度的。美国是一个以判例法为主的社会，所以，案子一定会被记下来，不管是被驳回了还是进入了审理程序，或是进入了执行程序。从原告的目的上来说，他更多的是希望自己的影响力或者是知名度的提高。

他们提起的都是侵权诉讼，实际上是很难成立的。因为侵权成立的证据链是需要非常严谨的。现在我们看到，他们的诉状几乎都是依据于媒体的报道，或者是特朗普的一些讲法。这些所谓的证据，从侵权要件上看是很难成立的。之所以现在被炒得这么热，是因为美国的诉讼文化和诉讼环境跟我们中国是完全不一样的。美国因为法系的特点，从诉讼成瘾的程度来讲，全世界是没有国家能跟它比拟的。美国的法律是允许风险代理的。

我对这些诉讼可能产生的后果，简单谈一下。首先我认为，中国政府绝对不会去应诉。即使是美国的长臂管辖，用国内法把中国的政府弄上法庭，这也是不可接受的。实际上在国际公法或者是在国际关系当中，它是和国家经济、国家的实力相关联的。我认为中国政府不会去应诉。首先就根本不承认所谓的管辖，这涉及主权的问题，还有大国尊严的问题。要是说美国还是一个理性社会的话，如果法官还有最基本的法律人的底线和认知的话，对社会还有一点责任心的法官，不管是从程序上还是从实体上，他都应该把案件驳回。但是现在很难说，法官也有可能受社会环境的影响。

在这个事情发生之前，我对美国还是有非常好的正面认识的。美国是一个开放、包容的社会。奥巴马作为一个黑人能够被选为总统，这也是一个值得美国人骄傲的事件。但是到了特朗普这一届，总统公开说谎，说话根本不负责任。

通过这 14 个案件的分析，我认为相当一部分案件在程序上都可能很难走得通。我们法律人应该通过这些诉讼，深入了解美国的法律和美国的诉讼文化，易波老师的讲解和一些情况的介绍是非常有价值的。我们参加论坛的同学，也要更深入地思考，思考这些事情的发生，可能对我们的人生，包括未来求学和职业道路的选择的影响。我们作为法律人应该怎么样来规划我们的人生，我们的学业，也要进行认真的思考。我说完了，谢谢。

**李松锋（主持人）：**

谢谢肖律师结合自己的经历感悟，给我们分享了这些案件的背景以及我们应该有的应对措施。接下来请我们学校的霍政欣老师。霍老师是著名的国际法专家，我们经常在媒体上看到他的身影。最近因为这个事情，我在《光明日报》和《环球时报》上都看到了霍老师的文章。今天至少有三场关于这个话题的论坛，霍老师刚参加完下午场就转战晚上这一场，也是很辛苦！有请霍老师。

**霍政欣（评议人）：**

首先感谢松锋老师的邀请。以前就与松锋老师有很多的接触，松锋老师也是一个特别敬业的老师。我也很荣幸能够参加这样的活动。另外也是很有缘分，上个月在黄进校长的主持之下，我们国际法学会开过一次会，易波老师也参与了。我觉得易波老师是对于美国的滥诉或者诉讼这一块，梳理最详细、最系统的一位学者了。

我觉得我们现在应对美国的诉讼，也不缺一些政治层面的考量或者评价，或者战略上的谋划，真正缺的是诉讼应对方面基于扎实的规则研究和对情况的分析来提出具体的建议。从这个意义上来讲，我觉得易波老师做的研究是非常有价值的。易波老师对美国已经做了一个比较系统而且特别具体的分析了。我也不想去重复，我就从我自己的角度简单谈一谈，疫情发展到今天，中国面临的国际上的一些法律战的情况和基本的一些应对策略或者思路。

首先，我觉得 2020 年疫情的发展可能是超出了所有人的预期。谁都没想到发展到今天，新冠几乎感染到世界的每个角落，而美国又成了重灾区，其感染人数超过 100 万。如果在 2 月份春节的时候，我估计没有人能够想到这一点。我觉得这是见证历史的事件，可能就像基辛格所说的，它会彻底地改变国际秩序。当然我们还是等待历史去评判，因为现在我们还处在事件之中，所有的评判都不是结论性的。

中国一开始疫情特别严重，后来成为第 1 个基本上控制住疫情的大国。疫情在西方失控性地发展，导致西方国家尤其是美国把新冠国际传播的责任归结到中国的声音越来越大。这中间起主导作用的是美国，从目前来看，中国面对所谓的法律追责，大概可以从两个层面上来看，就是一些个人甚至包括一些政府，依据其本国的国内法提起诉讼。比如说刚才易老师说的在美国的 12 个诉讼，我想后面可能还有更多的诉讼。另外大家也看到了，在尼日利亚、印度等一些国家也有一些律师去起诉中国。另外一些就是在国际法律机构，比如说印度的律师协会的会长向人权理事会提出申诉；还有一些英国智库主张可以尝试 10 个途径，包括国际法院。中国面临的法律压力大概可以分为两个层面，一是国内法层面，比如外国国内法层面，二是国际法律机构层面。

对于国内法层面，刚才易老师也说了，其实我们主要关注的是美国，因为如果我们能够比较好地应对美国的情况，那对其他国家都没有什么问题了。在美国提起的民事诉讼，就是属于比较典型的国际私法的研究领域。那么从目前来看，在美国的起诉，从法律上讲，大概有四个主要问题：

第 1 个问题就是中国有没有享有司法管辖的主权豁免。根据美国的《外国主权豁免法》，大约有 9 项例外。但从目前来看，新冠疫情涉及的诉讼，原告提出的主要是 3 项例外，第 1 个就是商业行为例外，第 2 个是非商业侵权例外，第 3 个是恐怖主义例外。我同意易老师的观点，这 3 项例外能够成立的可能性都微乎其微。其中的商业行为例外，刚才易老师说了，因为美国采纳的是性质说，不是目的说，那么防疫抗疫显然是行使公权力的政府行为而不是商业行为。非商业侵权例外，不符合完整侵权规则，因为所谓的侵权行为是在中国境内，不是在美国境内。而恐怖主义例外，我觉得就更不靠谱了。诉状中有的援引《生化武器公约》，现在美国自己都不是该公约的成员国了，而且公约也没有关于个人主张权利的条款。从这些诉讼来看，管辖豁免我觉得是大概率事件。

第 2 个问题就是送达，送达本身是个程序问题。依据美国联邦法院的程序规则，送达也就是美国联邦法院的 Personal Jurisdiction，它需要两个要件：第一个就是 Subject Matters Jurisdiction，第二个就是有效的送达，即 Service。送达不仅仅是程序问题，它也关系到管辖问题。刚才易老师也做了比较详细的分析，我补充一点。目前看来针对中国政府的送达，如果采取邮寄送达，我认为不用管它，因为它属于无效送达。如果采取公约送达，根据《海牙送达公约》，中国司法部会依据公约第 13 条拒绝送达。最后很可能走的是外交送达，而现在看来，外交送达是很难阻挡住的。所以，送达程序就国家层面上来看，中国肯定会尽可能地在送达程序上把它打掉，该不理的就不理，该退回就退回。但是最后，如果是美国国务院通过外交送达，我觉得还是比较难挡住了。

第 3 个问题就是侵权责任问题，刚才肖律师也谈到。美国的侵权法在各州不一样，现在来看，在这么多诉讼中提出侵权的具体诉因也不一样，我们没有办法就具体的情况来做分析。但是依据美国侵权法的一般原理，第 1 个要有 Duty of Care，第 2 个是 Breach of Duty，第 3 个是侵权行为和损害结果之间存在因果关系 " Causation"。我觉得都不太靠谱。

第 4 个问题，执行豁免问题。美国的 FSIA 讲得很清楚，执行豁免和管辖豁免是两个相对独立的事情，执行豁免的范围更广。即便被裁定对上述案件有管辖权，而且判决中国败诉了，那么根据 FSIA，首先咱们在美国买的国债应该是免受执行，我们的黄金储备免受执行，国有企业资产更没有什么关系。

现在有些舆论说，担心中国的国债与黄金储备。当然美国要修法，那我觉得就有一点太超出一般人的预料了。而且美国动了中国的黄金储备或者国债，我觉得可能性微乎其微，因为这将极大地动摇美国作为世界黄金储备中心和美国国债的国家信誉。我觉得这是属于双输局面，极端的情况才能出现。从理性的标准来看，这种情况几乎是可以排除的。针对美国国内的诉讼，这在法律上应被定性为滥诉。

刚才易老师也谈到美国国会的修法问题，那么为什么要修法？就是因为它现在基本上是没有什么法律依据的，对此还是要高度关注，毕竟对华强硬已经成为美国国会两党的共识，所以其可能性也不能排除。中美关系也是前所未有地处于不好的状态。很可能就像有些专家说的，再回不到过去了。从中国的知识分子角度来说，他们并不想看到这种局面，因为中美关系确实很重要，我当然也希望中美关系还是能够健康发展。

第二个层面，刚才我讲了一些智库、实体、个人，通过国际法律机构来给中国施压。那么这一块，我觉得，主要还是政治舆论压力。首先，可以确信地说，从国际法角度来看，到今天为止，国际社会还没有制定过因为传染病或者瘟疫的国际流行而要求某个国家承担赔偿责任的国际条约。因为很显然传染病或者病毒的暴发，它是具有偶然性和随机性的，往往病毒最先暴发的国家也是最大的受害者，也因而是防治疫情的最主要的贡献者，不可能要求其承担责任。像 2009 年的 H1N1 病毒，尽管最早可能出现在墨西哥，但是在美国暴发，没有哪个国家要求美国承担责任。或者再早一些的艾滋病、埃博拉等，所以没有国际条约有这样的规定。2005 年版的世界卫生组织的《国际卫生条例》也没有这样的规定，只是说有疫情的国家，在评估的基础之上，对可能构成国际关注的突发疫情要向世界卫生组织及时通报。中国有没有通报这一点，中国政府现在已经很清楚地告诉大家了。当然向国际法院这样的国际司法机构起诉，都是要当事国的同意，只要中国不同意，所有这些要求把中国诉至国际司法机构的声音或者行动都是噱头，只能说是从政治上和国际舆论上给中国施加压力。我觉得经过这一段时间的不断的反击，现在中国其实已经初步扭转了前段时间的被动局面，不论是在国际舆论场合，还是国内舆论场合。

刚才肖律师也说了，我也同意从某种程度上说，中国的外部压力，是成长中的大国不得不面对的外部挑战。换个角度来说，中国崛起的速度越快，国家地位提升得越快，面临的国际压力和国际张力就越大。也可以换个乐观的角度说，这也许是成长中的大国在成长中的烦恼，是不得不面对的外部挑战，我觉得我们也不用过于关注它。当然，目前面临的一些法律问题确实给我们国际法学者带来很多新的思考。对美国法律的一些认知都在不断突破我们之前对美国法律、美国司法的一些认知。所以很多情况从目前来看，确实还是具有不确定性，需要我们有更多像易老师这样的老师去做扎实的系统的实地的研究。谢谢大家。

**李松锋（主持人）：**

谢谢霍老师从美国国内法以及国际法两个层面帮我们分析了这些案件存在的问题。我发现对美国总统高度失望，这是中国法律人和美国法律人的高度共识。接下来，有请朱明哲老师。朱老师是比较法专家。他那边现在也是清晨。有请朱老师。

**朱明哲（评议人）：**

谢谢松锋师兄。今天非常荣幸能够参与法学院这个活动，我也学到了很多的知识。现在时间也不早了，我就提四个在这样一波诉讼潮之后应该去思考的问题。

第一个问题很简单，易老师已经给了我们一个答复，那就是这些诉讼能否成功。这样的诉讼不太可能成功。1976 年的《外国主权豁免法》已经讲得很明白了。我个人觉得美国国会修法这条路其实也走不通。如果美国修法的话，其他国家也可以修改自己的法律，美国在世界各地的商业活动，或者说各种各样的其他活动的牵涉度肯定不比中国少，这就属于授人以柄的一个活动。

第二个问题，为什么这些律师会去起诉。这是一个理解美国法治乃至理解美国文化的相当好的机会。伯克利的卡根教授说美国的法律体系和其他国家很不一样，无论政策的制定还是执行都极度依赖于法院。在法院这个空间当中，由双方的对抗性沟通来促使法院采取一些措施。以一个中立的法院为双方提供一个交流对抗的场所，可以有利于政策的澄清和执行。但是其实它的负面效果也很明显，比如说这样一种对抗性的法治过分强调法律文本、过分强调复杂的法律技术的使用，这样做有一个极大的负面效果，那就是让人民远离法律，让对正义的诉求有的时候或者说在很多时候变得难以实现。为什么有这么多美国人都相信这些诉讼能够奏效，就是因为美国人不了解法律。恰恰是因为美国这样一个法律极其复杂的国家，法律技术的运用极其专业化，这样的一种文化让美国人远离了法律，让一般没有受过良好教育的美国人远离了法律。

那么第三个问题是我们怎么办。其实这是一个开放性的问题。我个人作为比较法学研究院的教师，我想提的就是，中国在大国崛起的这个背景下，我们更需要理解外国法，更需要理解国际法。现在有一种声音认为我们要把国际私法、国际法都从必修课的课表里面拿出去，这恰恰是一个非常短视的做法。正因为中国以后会越来越成为别人攻击的对象，会越来越经常地遭遇到霍老师刚才说的在别的国家的法院的阻击战，所以这更要求我们中国的法律人，对外国法、外国的法律文化和对国际法有一个基本的了解。

最后一个问题，我在这里就不做具体的分析了，希望大家能够在将来做深入的思考，那就是谁要对疫情负责的问题。我们现在已经进入了一个全能国家的时代，国家从摇篮到坟墓无所不包，国家为我们提供了教育，提供了养老，提供了各种各样的保险。在这种时代，真的没有任何一个公权力机关要为疫情的蔓延负责吗？我个人认为这是值得思考的。接下来我们还有后续的问题，就是如果有任何公立机关要为此负责的话，法律是唯一的解决之道吗？如果不是的话，还有什么其他的替代性的途径？

**李松锋（支持人）:**

谢谢朱老师非常简明扼要地介绍了他对这些诉讼中的法律问题的看法，以及引发我们应该进一步思考的问题。从他的发言中我意识到国际法和比较法是非常重要的专业。我已经来不及了，在听的同学们将来考研究生，应该考虑一下。原计划是两个小时的讲座，现在已经超了10多分钟。几位老师都确实比较辛苦，耽误到这么晚，所以就不再留提问的时间，今天的讲座就到这里。谢谢四位老师！谢谢参加这次讲座的老师和同学！这个系列讲座下周二晚上会继续和大家见面，聚焦当年亚洲四小龙的抗疫政策，欢迎有兴趣的老师和同学继续关注。今天的讲座到此结束。仍然是希望大家不管在什么地方，都保护好自己，注意防护。谢谢大家，再见。

# 韩国和新加坡的防疫观察

**主讲人** ···················································································

    **陈君恒**   韩国新罗大学国际地域研究所研究委员

    **陈奕宇**   前新加坡管理大学研究员

**主持人** ···················································································

    **李松锋**   中国政法大学法学院副教授

**李松锋（主持人）：**

大家晚上好，我是中国政法大学法学院的李松锋。欢迎参加域外公法论坛。今天晚上，我们聚焦于韩国、新加坡。韩国、新加坡因为和我们是近邻，这次疫情相对来说发生得比较早。早期新闻上有很多关于这几个地方的消息。

今天是我们这个系列讲座的第 6 讲。随着时间的推移，现在世界各地在抗疫方面都开始出现明显的成效。今天我看到一个说法，根据国内媒体报道的特点，如果最近没有哪个地方的消息，基本上就表明这个地方的疫情控制住了，是比较好的。我们的媒体总是关心世界人民的疾苦，哪儿有做得不好的，我们都知道了。比如，很早就听说韩国因为一些宗教组织聚会，导致疫情大规模传播。最近没什么消息了，估计是控制得差不多了。

今天晚上非常荣幸邀请到了两位嘉宾，这两位嘉宾都分别在这两个国家有相当长时间的工作、生活经历。第一位是韩国新罗大学国际地域研究所的陈君恒老师。陈老师长期往返于中韩两地，对两边的情况都比较了解。前段时间，我在报纸上看到他发表的文章，专门谈韩国抗疫问题。第二位是陈奕宇老师。她在新加坡管理大学从事研究工作，应该是刚刚从新加坡回来，还在隔离。非常荣幸邀请到两位嘉宾来给我们聊一聊他们各自工作地方的抗疫情况。首先请陈奕宇老师讲新加坡的情况。

**陈奕宇（主讲人）：**

大家好，今天非常荣幸能和大家一起分享我对于新加坡防疫的观察，以及我的亲身经历。我觉得这次的展示，其实没有很高的学术含量。大家都是法学生，我可能不太能满足这个理论高度的要求。但是比较有意思的是，这里面有我的一些亲身经历和吐槽。希望能够带领大家身临其境来吐槽一下"小坡岛"这次的经历。

相信有很多朋友对前阵子的一个热搜有印象，就是新加坡总理——李光耀的儿子——李显龙，他喝一口水，换一种语言。当时上了热搜，讨论量还挺大的。他这次上热搜，就是因为他在2020年4月21日的一个电视演讲。这个演讲的中心是新加坡要延长断路器（circuit breaker）措施，从原定的2020年5月4日延长到6月1日，并且实施两周的升级（heightened）的断路器措施。新加坡的断路器措施，是新加坡版本的封城。李显龙这次演讲的背后故事以及新加坡的封城和疫情一路走来的状况是怎样的？那我就通过这个热搜开启话题和大家回顾一下。

首先一起来了解一下新加坡这个国家。给大家提供一个背景，中国政法大学在昌平区，新加坡的面积是昌平区的一半多一点，但人口是昌平区的3倍多。在昌平区的大家可以感受一下新加坡的人口密度。这么一个小小的新加坡，它的GDP还是很高的。大家应该会有一些了解，知道它是外贸驱动型经济，并且旅游业对它来说也是很重要的。那么保护外贸驱动型经济，包括在其中保护旅游业（当然旅游业只是占了其中一部分），也成为这次新加坡疫情防控的一个非常重要的导向，也是领导人非常重要的考虑。

现在是 5 月 19 日，那先来看一下最近这几天新加坡防疫的现状是怎么样的？除了我这次准备得很粗疏的讲座之外，如果大家有兴趣还想自己再探索一番，那么首先可以搜索的是新加坡的 MOH，就是卫生部网站。自从疫情开始之后，对 COVID-19 的防护成为 MOH 工作的重中之重，可以看到它被放在了首页。现在对于 COVID-19 的防控，新加坡发布了橙色预警。其实在新加坡的时候我们大家吐槽，这个现状已经严重到可以发布红色预警的地步了。但是大家都猜测，国家不会轻易地调到红色预警，顶多是橙色预警，就已经很重视了（当然这只是跟大家分享一下我们在私下里的吐槽）。接下来是一个总数的统计以及分类，包括已经出院的、社区感染的、住院的等，跟中国一样，还有检测人数的统计。它有一个特点是，每一天，就比如说 5 月 19 日的病例，会在大约中午的时候先告诉大家病例的总数，然后在当天晚上通过新闻发布会来发布详情。新闻发布会的详情更新到了 5 月 18 日，这里面有关于哪些是输入型病例，哪些是社区型病例，哪些是工作准证持有者等分门别类的统计。因为新加坡人口构成的特点，它有很多外来务工人员，后面我还会详细地介绍，所以他们对于病例的身份统计是分门别类的。

看一下中文的总结。今天就只有一个总的统计，因为今天晚上的发布会还没有开。今天确诊了 451 例，累计确诊已经将近 2.9 万例了。世卫组织已经把新加坡认定为疫情最严重的国家。这么高人口密度的国家，现在已经有 2.9 万例。社区病例现在已经降下来了，前一阵子社区病例很多，这也是造成大家恐慌的重要原因，可喜的是现在已经开始回落。客工感染也在政府的强力控制之下防控住了。和中国一样，他们也很重视不明感染源。新加坡在这方面的统计做得还比较好，分成了社区病例、客工病例等，以及划分感染群，以便进行追踪和分析，不同的情况就有不同的政策。这种应对方式最近这一阵子效果还比较好。大家都觉得这个断路器阻断措施，也就是新加坡版本的封城，应该到 6 月 1 日就会告一段落了，当然前提是在这剩下的 14 天里社区感染和客工宿舍感染必须被控制住。

新加坡政府出台了一个手机 APP。你在新加坡的时候，打开蓝牙同时打开这个 APP，这个 APP 就会把你在新加坡途经的地点记录下来。这个 APP 里登记了你的手机号，如果你经过的地方发现了新冠病例，那么政府就会通知你。我觉得这个追踪 APP 还是蛮不错的。

我们沿着时间线来从头回顾一下，新加坡新冠疫情是从何开始的，又要走向何方。这里要感谢新加坡狮城论坛的总结。2019 年的 12 月 31 日，中国向世卫组织报告了位于武汉的，当时还没有名字的严重的肺炎病例。1 月 2 日，新加坡的卫生部就作出响应，说已经了解此事了。当时新加坡还没有感染病例，然后就对来自武汉的入境者进行筛查。大家可以注意到这个时候还仅仅是对来自武汉的入境者进行筛查。新加坡政府已经对此事有所响应。到了 1 月 22 日，新加坡政府就决定，在 14 天内有中国旅行经历的人将被隔离，并且也成立了多部委工作小组。一开始，他们关切的只是武汉入境人员，20 天后，尽管当时还没有病例，但是已经让在 14 天内到过中国的人，回到新加坡就要隔离。

在这里，我插播和吐槽我的亲身经历。我有两个室友，她们都是湖北人。有一个室友是元旦期间回家，从武汉回来后就不回家过年了。另一个是回家过年，1 月 20 日左右回湖北了。回家过年的这个姑娘，到现在都没回来。接下来我也会介绍新加坡对于入境的措施越来越严。1 月 22 日，我们还比较乐观，还觉得她可能过几天就回来了，但是后来新加坡对入境的管控政策一再地变化，她到现在也没有回新加坡。

首例病例开始于 1 月 23 日，政府也对所有海陆检查站进行体温检测。与此同时，武汉被封城了。1 月 28 日，入境管制又升级了，对于有湖北旅行记录或者持有湖北签发的护照的游客，将被禁止进入或过境新加坡。也就是说，我就算愿意来了之后隔离 14 天也不行了，就直接不让入境。对此我也有一个亲身经历，我们研究中心本来准备邀请一个中国国籍的但是现在在澳大利亚大学工作的教授，来新加坡进行学术访问。但是，他是湖北人，护照是湖北签发的，研究所询问了政府部门，结果没有让他来，这个学术活动就取消了。1 月 30 日，就有了 13 例的输入型病例。1 月 31 日政府要求，从 2 月 1 日晚上开始，任何近期有来往中国大陆旅行史的新游客不允许入境和过境新加坡。对于中国人的入境限制是一步一步升级的。

大家可以看到在 1 月的时候，新加坡的病例还不是很多，而且都是输入型的。所以说在一开始的时候，新加坡的管控措施基本上都是针对输入型病例，表现在对于入境和过境新加坡人员的限制。进入 2 月，政府开始向每个家庭分发 4 只口罩，这个家庭是指本地家庭。我们这种拿工作准证的是不给发放的。（注：本次分发后，新加坡政府新一轮的分发口罩涵盖了持各种工作准证的外国人。）并且，政府建议仅在身体不适去看医生时戴口罩，也就是说，是不倡导在公共场合戴口罩的。这里有一个背景是，新加坡也很担心出现口罩的抢购行为。因为新加坡经济体比较小，一旦出现抢购，经济上的不稳定是很难承受的。

然后这里我又要吐槽一下，其实在这个时候，我自己和中国同事的感受是新加坡本地人还不是很重视疫情。虽然政府发了口罩，本地人也没有戴口罩的自觉，并且政府发的口罩就是很普通的口罩。那个时候在中国，大家都知道一定要戴 N95 了。中国人的同事圈子里大家开始一起买 N95，谁买得到，谁就给一群人买。因为在新加坡的中国人也和家人保持联系，也关注中国的社交媒体，就知道这次疫情是很严重的。我们一群中国人出门就戴着 N95，但是本地人是不戴的。我们中国人知道这次疫情及其传播没有那么简单。当时本地人还非常乐观。但是在新加坡工作的中国人包括我的同事、室友（我的室友也都是在新加坡工作的中国人），都知道情况不容乐观，可能会一步一步地恶化。

2月4日出现了人与人之间的传播。第1个感染群是永泰行医堂，这个感染群被发现之后出现了很多病例，都与之相关。这个时候，第1个感染群还是与来自中国的游客相关。2月7日，新加坡政府就宣布全国进入橙色警戒。这个时候一些本地社区传播就开始出现了。大家也知道，对于新加坡来说，这么小的旅游国家，一开始的时候只有输入型的病例，那肯定本地人就会自我安慰，没有关系，这个病例都是输入型的。本地社区传播开始出现就是一个很不好的征兆。政府开始建议取消或者推迟不必要的大型活动，并且要对工作场所进行体温检测。面对恐慌，贸易和工业部的部长陈振声也向大家保证说，新加坡有足够的物资库存。

我在这里也插播一下自己在新加坡的体验。这方面新加坡做得还是很好的，虽然我们自己朋友圈里传闻会有抢购的情况，但是反正我每次去超市都觉得货物还是蛮充足的，并且也没有很明显的涨价现象，感觉这方面新加坡还是控制得很好，也很不容易。至于怎么控制的以及其中的辛酸恐怕只有李显龙总理和陈振声部长他们自己知道了。那这里还有一个吐槽，就是国家宣布了橙色警戒之后，新加坡也有一个新加坡版本的万人宴如期举行了。不知道大家还记不记得过年那阵子，湖北当时报道出疫情之后，好像是举行了一个百家宴。当时我看到新加坡这里有一个万人宴，我就想，原来这种情况不只是中国有。2月8日，我出去吃午饭看到一个宗教游行。我当时知道这个病是很严重的，然后就眼睁睁地看着他们在游行。同一天我还看到了新加坡的旅游巴士，上面是来旅行的外国人。当然那个时候就没有中国人了，有一些白人，他们还很开心地在新加坡旅游。新加坡当时还没有下决心为了疫情防控影响旅游业，这个细节显示了这一点。

2月8日，李显龙讲话表示，新型冠状病毒比非典更具传染性，但危险性要低得多。李显龙的讲话现在被大家回过头来疯狂地吐槽。他当时就说这个新冠病毒像是一个大型的流感，每年因为流感死的人也很多，新冠的危险性没有非典那么高，大家就不要太害怕。李显龙也指出因为宗教集会等活动集群导致产生了新的感染群。2月10日，政府建议暂停群众活动。大家也看到了这里，取消或推迟不必要的大型活动，以及暂停所有群众活动的措施，政府使用的字眼都是"建议"，也就是说这个时候并没有类似于中国的封城措施，政府只是建议不要出去活动。但是大家也知道这个病毒没有那么容易被控制。新加坡，在世界上还经常被认为是一个集权国家，然而还有很多人是管不住的，大家也都有正常的工作生活。据我了解，在美国、欧洲，之前有很多次讲座，有很多老师也和大家分享了，不是说封城就能封城的。新加坡在这方面还是比较强势，但可能也是出于很多经济的顾虑等，没有在第一时间封城，这个时候还是说建议。

又要插播我的亲身经历了。在政府建议的时候，其实学校里的学术活动还是在照常进行。我记得有一个训练会，人的密度还是很大的。

2月11日，这个病毒就被世卫组织命名。新加坡很早的时候就号召不要把这个疾病叫作武汉肺炎，至少我自己的感觉是，在新加坡，中国人没有遭到很多的歧视，大家还是很友好。当然你上网查的话，肯定有很多的键盘侠，然后也有一些小部分的人有歧视行为。但是我自己的感觉是，从大环境上来看这一点新加坡做得确实很好，可能部分原因也在于新加坡是一个华人很多的国家。1月、2月的那段时间，疫情比较严重的是中国，不像现在是中国"平静"了，但是世界"暴发"了。那个时候还是中国最严重，中国也说需要大家的帮助，新加坡是最先一批号召不要歧视，并且给中国提供援助的国家，这让我觉得他们还是非常有人情味儿的。

2月17日，政府宣布了新的居家隔离通知，就是Stay Home Notice，符合条件的人在14天的隔离期里不能离开。对于违反Stay Home Notice的人，新加坡这样一个严刑峻法的国家，就会对其重罚，像是剥夺永久居留权，甚至有人被剥夺了去国外的护照。

进入3月，随着新冠疫情在世界各地的暴发，新加坡就不允许疫情比较严重地方的人入境或过境，3月3日开始是伊朗、意大利和韩国，并逐渐扩散到了日本、英国等，就是根据这个国家新冠疫情的严重情况，不允许这个国家的旅客过境或进入新加坡。这一部分是针对输入型病例的入境管控。对于非输入型病例，相应地要强化居家隔离并且不允许进行大型宗教活动。3月17日开始，新加坡建议海外学生回国，向留学生提供航班，我觉得这个也是新加坡做得很有人情味的地方。根据新闻上的报道，这些从海外回国的具有新加坡国籍的人，他们是住在圣淘沙的度假村，这部分钱是由政府来提供的。对于新加坡自身来说，这一点还是很有人情味的。

3月18日，政府再次向人们保证生活物资供应不会受到影响，这一方面政府一直在行动，而且我之前也说了我自己在新加坡生活的经历，感觉这一方面做得是蛮好的。我没有亲眼见到有物资抢购，以及明显的缺货和疯狂涨价的情况。

然后，政府宣布所有在海外的、新的工作准证或者是现有的工作准证的持有人，回新加坡都必须事先获得人力部，就是 MOM 的批准。进一步又禁止了短期签证进入新加坡，就是短期旅游签证、访问签证不再签发了，之前签过的也不允许进入新加坡。如果是长期签证的话，其实是比较难批准的，我的室友当时就没有被批准。

3月份本地病例数量也开始上升了，除了管制入境之外，境内也要采取措施，这个时候开始实施了 Social Distance。娱乐场所、社交场所等一律关闭，一是设置入门人数限制，然后规定安全距离。新加坡的食阁是非常有特色的一个便民设施，也叫小贩中心，它的职能就是给新加坡人提供负担得起的食物，因为新加坡的物价是很高的。疫情期间可以看到这个小贩中心的椅子上是隔一个凳子就贴了一个封条，贴封条的凳子就是表示不能坐，这样能保证人的距离在 1 米以上。安全距离的标准在新加坡就是 1 米以上，但是后来有的扩大到了 2 米。

我在疫情期间去博物馆的时候，当时是在门口排队进行体温检测，体温检测通过了之后还要登记电话、住址，以便出现了病例，博物馆能够通知到你。检测通过了之后，就会给你发一个小标签，你贴在身上才能进入博物馆。博物馆里的工作人员看到你身上贴的小标签，就知道你的体温检测通过了。

3月末的时候，输入型病例数量开始下降，但是本地传播病例数量开始上升了。劳工宿舍逐渐成为新加坡防控的重中之重，出现了感染群。到了4月份，李显龙总理宣布新加坡将要开始实施断路器措施。一开始，李显龙在4月3日的电视演讲上说，从4月7日到5月4日实行断路器措施。具体的措施就是所有学校都将关闭；只有必须为人们提供基本服务的行业才保持运作，其他的行业就关闭了；让人们尽量不出门，如要到超市采购，就要戴着口罩。

我这里做一个断路器措施的介绍：要求除了基本行业之外，其他行业停止办公。基本行业包括健康行业；能源行业；交通（地铁和公交还是一直在运行的）；安保行业；银行和金融；食品供给；水供给；信息行业；制造行业；生物医药；电工；水管维修；兽医；等等。可以看到这个是比较宽泛的。断路器措施升级后又出台了细化的规定，就是某一些行业里面的某一些细分行业，它是可以或者是不可以运行的。比如断路器达到第二阶段的时候，理发店就不允许营业了。第一阶段时，食品行业还可以继续运行，但是到第二个阶段就有了一些细分规定，比如，一家店如果是既卖饮料又卖点心的，就可以继续运行，但如果是只卖饮料的，或者是只卖点心的，就不可以继续运行。总之有一些更加细化的措施。

断路器措施也就是新加坡的封城终于正式开始了。与此同时，因为世界各国的航空管制，输入型病数量再次下降。本地病例数量上升了，并且其中的未知来源感染数量持续增加。大家也越来越焦虑，政府向违反封城措施的人们发出警告，然后又升级成罚款。进行到这一步，大家可以看到，一开始的防控重点是输入型病例，防控措施也是集中于入境、过境的管制。包括新加坡在内的很多国家都是这样，随着航空管制，输入型病例数量下降，而本地病例随着传染病学上的发展规律，开始显现出来。新加坡感染病例的一个特点是，很多感染者集中在劳工宿舍。根据新加坡的传染病法，到4月13日的时候，8 座外国工人宿舍就被宣布为隔离区。

这里给大家介绍一下劳工宿舍。如果大家有兴趣到新加坡留学，拿的是学生签证，之后留在那工作就是拿工作签证。新加坡的工作签证是分为三种的，就是 EP、WP 和 SP。EP 是有一定的工资门槛的，可以说是被新加坡认为是人才的人才能拿 EP。如果是从事体力活动、制造业的人，就是拿 WP。SP 是有一定技术的人，但是一般来说工资没有达到 EP 的标准。WP 就是所谓的外劳，从事体力劳动，像是大街上看到那些修地铁的，给社区打扫卫生的，大部分是马来西亚人或者是印度人，当然也有很多中国人。大部分 WP 的持有者是通过劳务中介引进的，很多人就住在集体客工宿舍里。集体客工宿舍人口密度很大，条件是非常差的。

4 月 20 日左右，新加坡每天的确诊数量就非常高了。新加坡成了东南亚感染者总数最高的国家，其中劳工宿舍就是一个非常严重的地方。劳工宿舍中人很密集，暴发起来是非常严重的。在 4 月下旬的时候，因为劳工宿舍等问题每天新增的病例非常多。那个时候大家的心情也很焦躁。这就到了我们开始讲到的，李显龙总理那个电视讲话。我们再回顾一下继续延长封城措施的情况。第 1 次讲话的时候，计划封到 5 月 4 日，4 月 21 日宣布继续封城，从原来的 5 月 4 日延长到 6 月 1 日。在这次电视讲话之后，其实还开了一个部长们的新闻发布会，会上各部的部长也讨论了经济补助的一些问题。

刚才我也说了 4 月 21 日的这次电视讲话宣布将断路器措施延长。与此同时，除了延长，当时李显龙总理还宣布了从 4 月 21 日到 5 月 4 日要进行一个加强版（heightened）的断路器措施。然后这个加强版的断路器措施就是我之前说的，进一步地减少允许工作的行业，并且对行业进行细分，原来有一些在第一阶段的封城措施时允许正常工作的行业，在第二阶段也不允许工作了，比如，理发店、只卖点心或者是只卖饮料的食品店。这一规定相当细致，可惜我回国了以后找不到了，不好意思。

Fair Price 是本地非常大的连锁超市，因为断路器措施中一个很重要的方面就是安全距离，大家进入超市要排队，保持安全距离。地上贴着封条，隔一个距离才能站一个人。排队进入超市之后，会有一个面部扫描和体温测量程序。然后才能进去，并且还要出示身份卡。总之要进超市，是要通过检测才能进去购买日常必需品。虽然说这个检测比较多，但是相比中国的封城措施，新加坡是被大家戏称为稀稀拉拉的封城。中国封城的时候真的是完全封城的，超市也不能去，路上车也不能跑，但是在新加坡，超市还是可以去的。商场里有一些店是关门了，但是有一些店，像是有一部分眼镜店，其实还开着。大街上其实还是一直有车的，虽然有一些自媒体会集中一些空了城的照片放上去，但其实路上一直是有人有车的。街道上也会设置"Social Distance"，平时大家可以坐在路边休息的地方，现在这种设施都不让使用了，不让大家集中地坐在那里。一开始的时候座位上是贴封条，就是贴封条的地方不可以坐，但是不贴封条的地方是可以坐的，隔一个位置坐一个人。但是到了后来，情况进一步恶化，休息设施都不能用了。

我前段时间去人力部的时候看到一个中文告示，"您必须戴上口罩"。不戴口罩将面临370元罚款。其实还有泰米尔语、英语、马来语的，新加坡所有的官方语言都有。然后我这里想说的是，人力部还是在原地工作的，但是税务局就不在部门大楼工作了，只能远程和他们联系。这也就是说断路措施实施到了一定程度，有一部分政府部门就不实地工作了。

自新加坡的疫情严重以来，为了增强大家对抗疫的信心，政府曾经号召举行了几次活动。由于大家都在家里居家隔离，政府就号召大家某日晚上7：55的时候到窗边来晃动自己的手机，互相给邻里加油打气。有一些家庭挂出了国旗；还有在某个时间点一起到家里的窗边为医护人员唱歌的活动；等等。我在去超市的时候，超市里也会放他们的爱国歌曲。因为新加坡是一个很小的国家，团结对他们来说非常重要，我觉得这方面他们做得还是很好的。他们举行了好几次为医护人员加油打气的活动，这种活动在中国也是很多的。

这次主要介绍防控措施，而经济措施对于新加坡的疫情防控也是非常重要的。我们在开篇的时候也说了，新加坡是一个外贸驱动型经济的国家。很多人分析说，新加坡之所以没有在第一时间就进行阻断措施，一直踌躇了很久，包括踌躇了很久才关闭了所有的旅游通道，有一个很大的顾虑就是不想影响经济。对于新加坡这么一个小国家来说，这种级别的疫情对其经济的打击是致命的。我在新加坡的时候，李显龙总理和部长们就说，现在疫情还没有结束，可是我们就要考虑疫情结束后我们应该怎么办，我们要怎么恢复过来。李显龙总理还说这次疫情是二战以来对新加坡最大的打击。

我还记得 2019 年的时候，当时还没有人预料到这次疫情。2019 年是新加坡开埠 200 周年，就是莱佛士发现新加坡这个小岛的第 200 年。当时他们举行了一系列纪念活动，主题是"200 年，我们每一步都走对了"。我当时就觉得蛮感动的，因为这个小国家很不容易。他们也为自己在这么几十年的时间里面能够发展得这么好感到很自豪。当时他们非常骄傲地说，我们这 200 年里，每一步都走对了。但是没有预料到 2020 年一开始就遭受了这次疫情，对经济的打击是非常大的。在这里，我祝愿这个美丽，而且也具有人情味的国家，在这一步也可以走对。并且我希望这次疫情对于中新关系的影响是一个积极的影响，希望中国和新加坡以后还能继续愉快地合作。我的分享就到这里了。

**李松锋（主持人）：**

谢谢奕宇老师！按照时间线帮我们梳理了新加坡疫情的发展变化，采取的种种措施，以及自己的经历和感受。大家如果有什么问题，可以在聊天区提出来。接下来有请陈君恒老师。

**陈君恒（主讲人）：**

谢谢李老师提供这个机会让我和老师、同学们一起交流一下韩国抗疫的情况。习主席已经说了，病毒是无国界的，是不分民族和种族的。我们要战胜疫情，就要扩大国际合作，加深国际合作。所以我们了解其他国家的疫情和抗疫的做法，对于加强国际合作的意义是非常大的。很高兴今天能和法学院的同学们一起交流。我自己先抛砖引玉，下面有什么问题，大家可以一起来讨论一下。

韩国在 1 月 20 日出现了第一个被确诊为新冠病毒感染的病例。与这一名确诊患者有过接触，而且在韩国境内的 35 个人，以及其他的 14 名观察对象马上接受了韩国的病毒监测。韩国的各个机场和港口至此也加强了防御措施。从 1 月 21 日开始，韩国预防新冠的预警级别，从"关注"上调到了"注意"级别。这是韩国防疫的一次标志性行动。当时，仅仅是输入病例，但是韩国重视程度是足够的，在国内社区还没有患者的情况下，采取了非常严格的管控。主要的措施就是及早发现疑似患者，并且及时进行隔离检测，对具体的病例进行流行病学的严格跟踪调查。

1 月 30 日，韩国首次出现了新冠病毒的交叉感染病例，这也是标志性的事件。2 月 2 日韩国正好遇上了国会开会，国会上统一提出了尽量减少握手、拥抱，扩大人与人之间的距离。我们看韩国政府的高层还是认识一致的，给国民做出了表率，传达了非常准确的信号。我们对比看一下，这和当时西方国家还是做得不一样，西方国家有的政客不在乎疫情，有时误导民众。而且，韩国针对中国武汉暴发新冠肺炎的这种情况，于 2 月 2 日提出了限制性措施。我们大家都知道从 2 月 4 日开始，韩国提出要控制曾经到过武汉或者是在武汉居住过的外国人，不允许他们进入韩国。其他外国人进入韩国的时候要履行程序，到了机场要量体温、要填表格，而且一定要提供自己的联系电话，并且现场验证电话能够接通。原来中国的游客到韩国机场的时候不一定非得提供联系电话，这一次要求必须有联系电话，便于找到你，而且它还有非常严格的措施。刚才奕宇也说到了，韩国开发了带有跟踪功能的软件。凡是从 2 月 4 日以后进入韩国的游客都要强制下载叫作"自我诊断"的软件，安装到手机上。我们学法律的同学可能比较关注这一领域，软件上有若干的说明，韩、中、英三种文字，是根据韩国《检疫法》第15、17条，以及《传染病预防法》第49、76条的第2项规定，为预防传染与阻断疫情传播，本人同意向相关部门提供并同意使用《个人信息保护法》第23条规定的健康信息。这是第1部分。第2部分就是根据《位置信息保护和使用等相关法律》，经本人同意采集你的位置信息、个人信息，而且要求你每天都要上报体温等状况。从软件装上以后，游客的健康信息、行动位置就进入了监控范围。我们看韩国的理念、法律与西方还是有较大差别的，韩国人普遍认为在防疫面前，应该是牺牲一部分自由。在我们东方国度当中，大家是接受这种牺牲个人自由来换取公众利益的理念。

到了2月5日，韩国就成功地分离出了新冠肺炎病毒的毒株。通过这一行动，我们可以看出韩国医疗生物技术非常发达，根据病毒毒株可以基因测序，可以开发药物、开发疫苗等，速度还是很快的。韩国本来采取这些措施，防疫是很成功的，可是到了2月18日，韩国疫情出现了意想不到的转折。2月18日韩国累计确诊31例新冠肺炎病例，数字是不大的，但关键是第31例患者成了超级传播者。第31例是位什么样的人？她居住于韩国大邱市，大邱市在韩国的中北部，是直辖市。来自大邱市的61岁女性感染者和10位其他确诊患者参加了新天地教会的礼拜活动。大家看材料的时候也看到了新天地教会，从2月19日韩国进入疫情大暴发的标志性事件是出现了31号超级传播者，而且她是参加了新天地教会活动的大妈。大妈是个活动能量很强的人，她先是去了清道郡的老年人的精神病院，去参加了葬礼，又坐公交车去饭店，然后又参加了两次新天地教会的礼拜活动，直接接触的人就不少于1000人。

我们插播一段新天地教会的资料，它名义上是基督教的组织，但是它是韩国基督教组织公认的带有邪教性质的组织。它的全称是新天地耶稣教证据帐幕圣殿教会，名字很长，是由韩国人李万熙在1984年创办的，号称全世界的教徒有50万人，在册的是21.5万人。近几年，我们中国各地方政府纷纷把它认定为非法邪教组织，不仅仅是这一次新冠疫情之后，在两年以前，我们的地方政府就陆续地认定它为非法邪教组织。它的教徒比较广，人数比较多。而且新冠疫情发生之后，仍然比较顽固地组织教徒活动，让 2 月 19 日之后新冠肺炎病例的密切接触者数量大增。新冠肺炎在教徒中暴发之后，韩国民众对此义愤填膺，韩国政府要求教会提供名单的时候，一开始它有意隐藏，只提供了几千人。随着民众的呼声越来越高，而且要求取缔它的呼声越来越高，没有办法，最后教会提供了 11 万教徒的名单。这 11 万人当中有教师，有教授，有公务员，有社会各界人士，既有大邱本地的，也有首尔的，也有釜山的，遍布全国。李万熙也亲自下跪向大众道歉，表示愿意配合政府的调查。

到了 2 月 20 日，由于新天地教会的影响，确诊的病例就达到了 104 例，而且，出现了首例死亡病例。2 月 21 日，针对严重的情况，文在寅总统宣布要彻查参加大邱新天地教会礼拜活动和葬礼的人员。此外，由于 5 名护士导致了医院的交叉感染，首尔市长宣布禁止大规模的集会活动。我们看韩国的反应速度、管理强度还是非常到位的。

文在寅也是律师出身，他是庆熙大学学习法律的，在大学期间参加学生运动没有按期毕业，后来参军服役了，参加了特种部队。但是，他继续自学法律，而且参加法考。1979 年退伍以后，就成为一名律师。文在寅的家乡就在韩国南部釜山，卢武铉的家乡也在韩国南部釜山附近，他们两个算是老乡，而且当时卢武铉已经是非常著名的民权律师了。后来，文在寅成为卢武铉的助手，二人逐步地成为好友，文在寅一生追随着卢武铉。我们知道卢武铉曾经当选为总统，卢武铉当选总统期间，文在寅就做了卢武铉的秘书长。在卢武铉的影响下，文在寅也坚持民权运动、民主运动，比较亲民。后来卢武铉卸任总统以后，2009 年 5 月 23 日在政党斗争中跳崖自杀了。文在寅就此接过了重担，领导政党参加竞选。朴槿惠出事以后，他就当选为韩国总统。从他的经历来看，他是学法律出身，而且他又是特种部队出身，有着比较强烈的正义感，也有着比较强烈的道德感和法治意识。另外，他在抓工作的时候也比较雷厉风行。这一次韩国抗疫取得成功，与他们领导层的防控意识和法治意识，还有工作作风是有密切关系的。所以这次疫情本来可能是对文在寅政府的一次打击，可是韩国在保持社会经济不停摆的情况下，为国际社会抗疫提供了范本，文在寅政府也在 4 月 15 日议会选举中赢得了大胜。

与法治相对的那就是民主了，我再谈谈韩国的民主。领导层是希望进行强力的管理，赶紧把新冠疫情压制下去，但是韩国的民众是比较讲究民主的。大家也看到了，韩国主要有两大政党，这两大政党之间也互相攻击，百姓也要求自由。2 月 22 日已经累计确诊 433 例了，但是，在首尔光华门前广场民众仍然大规模地集会。这是在首尔市长已经宣布禁止大家集会的情况下，还是有大量的民众在光华门前集会。首尔市长朴元淳也亲自到场去劝阻大家，他苦口婆心地跟大家说，如果首尔沦陷了，韩国也就沦陷了。但是，在劝阻的过程当中有民众还是推推搡搡把朴元淳市长给打了，当然打得不重。除了新天地教会之外，其他一些基督教会的教徒也站出来，诉求说他们要聚会、要做礼拜，这是他们的自由，政府无权管他们。所以在这期间，釜山的温泉教会等也出现了集体感染，这也是迄今为止釜山确诊病例的主要来源。

2 月底我在韩国的时候，我们的留学生包括其他中国人也在网上谈论，大家有一些疑问，为什么韩国的新冠肺炎疫情都这么紧张了，部分韩国人还在网上吆喝，要集会的自由、礼拜的自由。至少中国人是不理解的，其实韩国人也有相当一部分人不理解。

面对 2 月 22 日新冠肺炎确诊病例数量急剧上升的情况，到了 2 月 23 日，韩国政府再次上调了预警。文在寅总统表示，中央和地方政府、防疫部门、医务人员，全民要团结一致全力抗疫。2 月 24 日，韩国卫生部门就向新冠肺炎疫情比较严重的大邱市出售口罩，每人限购 30 只。从 2 月 24 日开始，韩国的民众就开始排长队购买口罩。从新闻媒体上来看，在大邱市超市门前排队的长龙已经达到数百米。当时看到这种场景我就比较感叹，在中国还没有出现这种情况。

中国暴发了新冠肺炎疫情以后，华人、华侨就开始在韩国的超市、韩国的网上购物，并大量地购买韩国的口罩，向中国发售、捐赠、邮寄。这里面有无偿捐助的，也有代购的，也有小商小贩赚着暴利的。在韩国肺炎暴发之前，韩国的 KF94 口罩网购价格是 650 韩元，650 韩元大约是 3.9 元人民币。那口罩倒是比较高档，做得非常精致，设计得也比较好看。大家有兴趣的话，可以从网上搜索一下。口罩加工很精致，而且它根据女性、儿童等不同的人群，上面印有不同的图案，不同的型号可以供大家选购，价钱是基本一致的。2 月初韩国的 KF94 口罩价格就涨到了 18 元人民币，而且缺货。到了 2 月底，KF94 口罩还是 18 元人民币，这是因为韩国政府已经通令要打击口罩的囤积居奇以及高价贩卖。表面上看商家对口罩不敢再大规模地涨价了，还是 3000 韩元相当于人民币 18 元，但是已经买不到了，药店没有了，超市也没有了，包括针织的、简易的口罩在超市里也买不到了。2 月底开始，我就开始组织我们国内的一些企业、友好单位，反过来向韩国这边的有关单位捐赠。我的身份也不能去操作什么倒卖，这些行动只能根据我的能力，根据朋友们的实力，协调组织我们国内单位向韩国捐助。像浙江省、清华大学、浙江清华长三角研究院、金海岸公司、友家公司都给韩国友好单位捐助过了。

从 2 月底开始，韩国社会开始出现了一定的恐慌，口罩、防疫物资开始短缺。但是，像新加坡一样，其他的物资倒没出现大规模的抢购。2 月底在庆北地区和大邱地区，包括釜山，有两三天大家还是大量地购买东西。也不好说是抢购，反正超市那几天物价还是上升得比较快，个别品种缺货。到了 2 月 25 日，文在寅总统亲自奔赴大邱——新冠肺炎暴发的中心地区，也是新天地教教徒比较集中的地区去协调工作。而且，让总理丁世均留在大邱作为抗疫的总负责人。韩国对大邱和庆北实施了最大程度的封锁，而且对新天地教教会全部成员进行病毒检测。

由于大规模的检测，2 月底韩国每天的累计确诊人数有时候达 800 多人，有时候达 900 多人，个别时候还突破了 1000 人。这主要是因为检测的数量太多了，而且其中大约有 60% 的感染病例还是与新天地教会有关。

我还是谈谈韩国的法治与民主的关系，就在总统和总理都到了大邱去协调抗疫，并且要求对大邱和庆北地区实施最大程度封锁的时候，又出现了反对的声音。民众认为封城是非法的，反对声音非常大。政府赶紧解释，大邱和庆北的这种封城，不是限制行动，而是控制感染者、疑似感染者、密切接触者。韩国和新加坡有一点类似的地方，就是没有真正拉上铁丝网、设上障碍物或者安排执勤站岗。他们基本上是一种一定程度上的限制，没有完全限制人们的行动自由，商业设施基本正常运营。

到了 2 月 27 日，韩国对 11 万名新天地教会的教徒当中的 1/3 进行了大规模的检测。我们看韩国的检测能力是非常强大的。说到这里，我们谈一下韩国的检测，韩国在我们中国公布了新冠病毒的基因图谱以后，就马上开始着手研发检测试剂盒。试剂盒质量非常好，而且数量非常多，后来我们看到特朗普甚至都亲自给文在寅总统打电话，要求从韩国进口一部分试剂盒。

韩国大规模的控制与其强大的监控能力是非常有关系的。到了 3 月 3 日，文在寅总统亲自宣布政府进入了 24 小时的戒备状态。3 月 6 日韩国政府对口罩的买卖实行进一步的限制，每人每周限购两只。3 月 9 日之后韩国新冠肺炎疫情就开始趋于缓和了，已经确诊的病例主要集中在大邱和庆北地区。到目前为止韩国确诊的 11 000 多人当中，大邱和庆北地区病例占到了 8000 多人。韩国政府通过一定程度的封锁，以及对新天地教徒的这种大规模检测，把疫情相对控制在庆北和大邱地区。3 月中旬以后，韩国的疫情就逐步进入了平稳阶段。特别是 4 月中旬以后，有的时候每天只有 8 例、9 例新增，而这 8 例、9 例大部分还是海外输入的。

出乎意料，"五一"之后，韩国相对放松了社交管制，已经有人到夜店去唱歌。韩国人消费习惯既有东方文化的成分，也有西方文化的成分。他们的夜生活还是比较丰富的，朋友晚上在一起喝酒，喝酒是第 1 场，然后去喝咖啡，是第 2 场，去唱歌，就是第 3 场。他们也有可能返回再去喝咖啡，再去唱歌。每天晚上他们的夜生活3场、4场是很正常的。进入5月份以后疫情的复发就是因为有人在夜店里唱歌、喝咖啡，然后暴发群体感染。到今天为止，这一轮疫情暴发之后，已经有170多人感染了，这是比较特殊的事件。韩国还是发挥了这种早检测早隔离措施的优势，很快将疫情暴发压制下来。今天韩国卫生部的领导就说，实际上这轮暴发的疫情基本上过了潜伏期，可以说这一轮疫情基本上也就过去了。

纵观韩国三个月的抗疫历程，还是相当成功的。世界上也公认韩国为国际社会提供了成功的范例，树立了典范。韩国到底在疫情控制方面有哪些经验？根据我个人的观察和体验，我觉得有以下几个方面：

第一，韩国发挥了科技方面的优势。比如在检测方面，除了常规的30分钟的检测之外，还开创了免下车的检测筛查法。韩国车辆是比较普及的，开着私家车经过检查站的时候不用下车，防疫人员就用咽拭子进行取样，10分钟取样完毕，然后开车离开就可以了。过几个小时以后，会有相关工作人员打电话告诉你检测的结果。如果有事就告诉你应该到哪里去，或者派车把你接到某地去隔离，提供治疗。还有电话亭式的检测站，被安排在人员比较密集的街区和一些单位。透明的电话亭里挂着橡胶手套，也有一些检测的试剂，大家可以随时进去检测。这种电话亭式检测站的好处：一是便捷，二是亲民，三是不用去医院，降低了交叉感染的风险。

我们刚才说到了政府开发的APP软件，一款监测居家隔离的软件。凡是海外回来的，凡是有疑似症状的，凡是跟确诊病人有密切接触的，这些人是被要求居家隔离的。但是韩国的居家隔离和中国是不一样的。我们居家隔离时小区是有人看守的，韩国是没人看守的。中国外面的超市、酒店、饭店是不营业的，出去以后也没有可以行动的地方。而韩国的酒店、商场是正常营业的，对隔离人员是有诱惑的，在居家隔离期间，说不定想出去逛逛商店，想去酒店和大家一起吃吃饭。对于居家隔离，是没有具体的把控措施的，在这种情况下怎么办？韩国就采用了这种监测居家隔离的APP，类似于我们中国人到机场去下载的软件。只要你脱离了定位，APP 就马上向管理人员、向卫生检疫部门发出警报，这种隔离措施也是非常有效的。有人可能想问，如果我把手机放在家里或者交给家人，然后我溜出去，可以吗？能检测到吗？实际上，韩国社会还是讲诚信、讲法制的，这样不仅有失信记录，而且是会受到相应处罚的。媒体就报道过隔离期间违规外出而受罚的案例。至于 APP 是否还附带其他高科技手段，则不得而知了。

另外，韩国的医疗技术是非常发达的。我们知道它的国有公共卫生资源不是很多，为什么？因为它是一个私有制的国家，国有的、公办的资源是比较少的，医疗资源是有限的，特别是公共医疗资源。在公共医疗资源有限的情况下，它就发挥了独特的技术优势和管理优势。韩国把患者按照病情的轻重分为了轻、中、重、最重四个类型，症状较轻者就在家接受治疗。除此之外，还成立了生活治疗中心，生活治疗中心类似于集中隔离点，是快速建设起来的，类似于火神山医院。治疗中心的建设速度也是很快的，用的什么办法？韩国发挥其技术先进的优势，类似于集装箱房，在三天之内就建好了大量的集装箱房，而且配有空调和其他水电卫生设施，还是非常舒适的。韩国把症状最重的一部分患者分流到了负压隔离病房，或者国家指定的正规医疗机构。在新冠肺炎暴发初期就有人担心，韩国的负压隔离病房太少了，只有290 多个（负压隔离病房即传染病病房）。但是就在全国只有290 多个传染病病房的情况下，他们通过科学地调度，正确、恰当地分配医疗资源，很好地应对了这场疫情。大规模的检测能力，巧妙的检测方式，还有高科技的管理手段，再加上正确地分配医疗资源，让韩国发挥了技术优势和管理优势。

第二，政府在应对危机、干预危机的时候是果断迅速的。在1 月下旬韩国出现了第1 例确诊病例之后，防疫部门的官员马上就会见了多家医疗公司代表，政府敦促这些公司要立即开始开发可批量生产的新冠肺炎的检测试剂盒，并且承诺给予紧急审批。在两周的时间内，虽然确诊的病例不是很多，仅仅是两位数，但是韩国就已经有数万个检测试剂盒了。高峰时期，韩国每天能生产 10 万个检测试剂盒，而且质量是很高的。

我们知道韩国的管理体制与我们还是不一样的，韩国有食品药品监督管理处，中国也有食药局，但是二者还是不同的。韩国食药处是高于一般部的，有强大的管理能力、协调能力。韩国的食药处监管能力比较强，规格比较高，就确保了韩国的食品、药品质量。韩国的食品、药品的质量还是很过关的，中国人也都很喜欢韩国的食品、化妆品。试剂盒的质量也是比较好的，试剂盒批量生产以后，马上就有 10 多个国家联系韩国要进口。大邱新天地教疫情暴发之后，政府马上就投入大规模的检测，在检测过程当中我们也是深受感动的。一开始新天地教透露了 1 万多人的名单，后来一下子透露了 11 万人的名单。必须在极短的时间内检测完毕，否则这些人到处走动，到处接触，后果是不堪设想的，必须在二级三级扩散之前，对名单上的人进行检测。韩国的公务员这时表现出了相当的敬业精神、奉献精神，其中一个公务员在连续两天两夜的检测过程当中累死。韩国的这种对待危机及时地干预、及时地管理，作用发挥得不错。在一周之内，韩国就完成 30 多万人的检测，人均检测率是美国的 40 倍。韩国的外交部部长是一位很优秀的女士，她表示检测是保持低死亡率的关键。高峰时期为了满足大规模的检测需求，韩国开设了 600 多个检测中心。

第三，信息管理。一方面韩国开发了 APP 进行追踪，另一方面还运用了手机警报，一旦出现确诊病例警报就发送过来了。警报的内容是，截止到几点几分，增加了几个确诊病例。比如说 31 号病例，他是谁，是男是女，多大年龄，什么职业，曾经去过哪里，曾经乘坐过什么交通工具，交通工具是什么时间乘坐的，在交通工具上戴没戴口罩，这些信息马上通过手机发送给我们。而且，每天都要公布疫情地图：今天出现了几个人，人的行动路线是什么。另外，在办公室、酒店和其他的大型建筑里，经常使用热成像摄像机来识别发热的病人。此外，韩国及时地进行隔离和观察，当日检测呈阳性之后，卫生工作者就会马上追溯患者最近的行动，与患者可能接触的任何人都被称为接触者而进行追踪，效率也是很高的。这得益于韩国的中东呼吸综合征（MERS）疫情期间，正确地使用了安全摄像头，韩国的官员说我们要像侦探一样进行流行病学调查。据法学院的学生说，政府修订了法律，在应对传染病危机时将社会保障置于个人隐私之上。韩国人普遍认为失去隐私是一种必要的交换。被要求进行自我隔离的人必须下载应用软件，如果病人冒险脱离隔离状态，软件就会向信息管理中心和官员发出警报，违法的就要被罚款2500美元。

第四，措施。韩国政府非常注意争取公众的协助。政府在与公众的互动中注意信息交换，及时通报，及时沟通，要求民众充分地了解情况，并请求他们的合作。广播电视、地铁站公告和智能手机不断提醒人们戴上口罩，指导人们如何与他人保持距离，并通报当天的传染数据。由于前期很多口罩被输送到中国了，疫情暴发之后，又出现排队购买口罩的情况，买不到口罩的时候韩国的电视上就推出了节目，教大家怎样自己制作口罩。民意调查显示，大多数人能够支持政府的政策，也很少有人囤积东西。韩国的外交部副部长表示，这样的公众信任带来了高度的公民意识和资源合作，加强了我们的集体努力。官员们还表示，韩国保障大多数医疗服务的国有化医疗体系以及覆盖新冠肺炎治疗相关费用的特殊规定，让没有症状的人也有更大的动力去接受检测。这是政府与公共关系的很重要的方面，韩国政府承诺，新冠肺炎治疗的相关费用是由政府来承担的。我们更感动的是春节以后，有一部分留学生回到韩国等待开学。他们回去的时候，有的人正好赶上了2月底中国的疫情高峰，也是韩国的疫情高峰。韩国规定这些学生要在韩国接受14天隔离。很多大学配合政府的规定，开放留学生宿舍让大家进行隔离，而且免费给大家提供食宿。像东亚大学的学生就给我发消息说，他们在隔离期间政府提供炸鸡、可乐，生活条件还是不错的。

另外，韩国政府提供一些补助给企业，给老百姓发放灾害补助。对于学生，也给予了相当程度的关照，经常和他们沟通，安民告示还是发得不错的。

像我所在的新罗大学，刚刚过春节的时候，就考虑到有一部分学生可能会回来，学生可能提前回校，可能正在买票的过程当中，这时就发了安民告示：告诉学生，根据疫情的发展，可能会出现的几种情况，劝大家不一定着急回到韩国，随着情况的发展，让大家做出选择——这个学期休学、继续过来或者上网课。对于集中返校的有一部分语言班的学生，在学习、生活上都进行了妥善的安置。疫情期间，在韩国的中国留学生有4万多人，无一人感染，回国的留学生，也无一例输入病例，这都是典范式的成绩。

就我个人的体会，简单地说几点。我感觉韩国在管理方面尽管做得比较人性化，但是有一些地方我作为外国人还是有另一种感受。根据韩国的规定，像我们这些老师去了以后，包括学生去了以后，除了那些个别已经被隔离的人员，是不被允许使用学校的设施的。我曾经住在学校宿舍里面，这一次我去的时候，学校的宿舍不开放，我就只能自己出去找地方。韩国不像中国，租房子可以租一个月、两个月，韩国一租就租一年。因此，我就不能正常地租房，只能住酒店。我在韩国住酒店的时候，还遇到一些挫折。有的时候订上了房间，交了钱，结果拿了护照去登记的时候，还是被拒绝入住。还有的饭店拒绝中国人去吃饭。在韩国，我在疫情期间也受了一点小小的委屈。但是，这些小小的插曲与抗击疫情的大局相比较，我觉得是微不足道的，与中韩两国合作抗疫的密切关系相比是微不足道的。除了韩国本身做得好之外，韩国与中国的合作抗疫也是世界上的典范。

疫情发生以来，文在寅总统和习主席到现在为止已经通过4次话了，这在全世界是绝无仅有的。两个国家的外交、教育、卫生、经贸部门多次进行沟通，而且两个国家从政府到民间互相捐款捐物也表现出了一种情谊。最近中国与韩国又在世界上率先开通了两国之间的"快捷通道"，中韩两国成为世界上迅速战胜疫情的两个国家。习主席有可能今年上半年要去访问韩国，但是因为疫情，看来要推迟了。5月份，文在寅总统和习主席通话，还是要争取习主席年内访韩的。我们的大使也说，习主席一定会来的，这是非常鼓舞人心的。随着习主席的访韩，中韩合作会达到新的高峰，下一步中韩关系会迎来新的春天。特别是作为法学院的学生，我也说一下，虽然现在中国在韩国的留学生已经达到六七万人，但是实际上中国跟韩国的科技和人才的交流还是远远不够的，下一步中韩合作应该在人才、科技方面取得新的突破。我也真诚地欢迎中国政法大学的学生到韩国攻读法学博士，如何解决学习中的语言问题，也有一些相应的办法和渠道。另外，告诉大家，韩国在 70 年代之前的法律大部分都是用中文书写的，韩国的律师一定是个汉学家，一定是精通中文的。中国的学生去韩国学习法律是有优势的。我就简单地说这几句，讲得不好的地方希望大家多提宝贵意见。

**李松锋（主持人）：**

刚才我看到两位老师在聊天区已经回答了同学们提出的问题。今天涉及两个地方，原计划两个小时的讲座已经超时了。

有人问前几期的回放。很抱歉，没有回放，腾讯会议没有回放功能，但我们有相对来说比较详细的文字记录，本期讲座同样也会有。经各位主讲老师校订确认后，会在"中国政法大学法学院"公众号上发布。欢迎有兴趣的师友关注。下面奕宇老师要纠正一个地方。

**陈奕宇（主讲人）：**

我之前插播的时候，有说到对于违反隔离措施的人，新加坡作为严刑峻法的政府，取消了有些人的永久居留权。然后我也说，我记得一则新闻报道，有人被取消了国籍。我越想越不对，然后我求证了一下，发现他果然不是被取消了国籍。他本来就是新加坡公民，政府取消了他的护照，但保留了他的国籍，他就永远不能出国了，他这一辈子就只能待在新加坡了。甚至连海峡对岸的马来西亚他都不能去，就待在新加坡那昌平区一半大的地方。此外，有一些中国人还是中国国籍，但是在新加坡工作了很多年，得到了永久居留权，就把他们的永久居留资格给取消了。这是要纠正的地方，是没有办法取消国籍的，他总不能在新加坡作为无国籍人。

**李松锋（主持人）：**

谢谢奕宇老师。我们都听说过，新加坡法治很有特色，比如有鞭刑。我是第一次听说这种政策，剥夺了护照不能出去。谢谢您的补充！谢谢两位老师，感谢参加讲座的各位老师和同学。今天的讲座就到这里，再见。

# 俄罗斯战 "疫" 的经验与教训

**主讲人** ·····························································

李文正　莫斯科国立大学经济系博士

杜　辉　莫斯科国立大学公共管理学院博士

卢森通　莫斯科国立大学法学博士
　　　　北京大学法学院博士生
　　　　原中国留俄学生总会主席

**主持人** ·····························································

李松锋　中国政法大学法学院副教授

### 李松锋（主持人）：

大家晚上好，我是中国政法大学法学院的李松锋。欢迎大家来参加我们的域外公法论坛。今天是疫情时期特别策划的第 7 讲，聚焦于俄罗斯。俄罗斯是一个非常特别的国家，离我们非常近。但是，因种种原因我们对俄罗斯的了解相对来说非常少，至少不像空间距离这么近。就我们法学专业来说，比如说从俄罗斯留学回来的就比较少，我们对那边法律制度的了解也很少。

今天晚上，我们特别荣幸邀请到了三位在俄罗斯留学的博士。他们来自不同的专业——管理学、经济学和法学。他们分别是莫斯科国立大学公共管理学院的杜辉博士，还有经济系的李文正博士和法学博士卢森通。非常荣幸，他们可以从不同的角度来给我们讲解俄罗斯这次在战"疫"过程中的情况。按照我们的安排，先请李文正博士来讲。

**李文正（主讲人）：**

尊敬的各位老师、同学，大家晚上好。我是莫斯科国立大学经济系博士李文正。我的研究方向主要是风险控制保险、健康经济、医疗保险、出口信贷。今天我主要从以下四个方面进行讲解：其一，俄罗斯的疫情特点；其二，政府的举措；其三，俄罗斯的医疗体制；其四，俄罗斯在此次疫情当中的经验与教训。

截止到 5 月 26 日，俄罗斯此次感染的人数已经超过了 36 万。俄罗斯疫情的第一个特点，我总结的是感染人数特别多，现居世界第 3 位。大家可以看到，进入 4 月初，俄罗斯感染的人数呈几何式增长，现在仍然看不到疫情的拐点。而且单日新增人数也是非常惊人，尤其是进入 5 月份，已经有连续超过两周的时间都是单日新增破万，速度是非常惊人的。俄罗斯人口相对来说比较少，只有 1.46 亿，增长速度可以说是非常快，可以说现在已经是失控了。莫斯科市长索比亚宁在接受采访的时候曾经说道，莫斯科大概有 2% 的人口已经感染。这是官方的保守估计，现在莫斯科的感染人数是多少？是 16万多。

俄罗斯疫情的第二个特点是，相对来说非常集中。首都莫斯科是感染中心，在俄罗斯的 85 个联邦当中，都有病例的报道，但是一半的感染人数集中在首都莫斯科，这是 5 月 23 日的数据。今天最新的数据，莫斯科累计感染169 303 例，约占一半，因为莫斯科算是俄罗斯人口最多的城市。如果按照索比亚宁市长的估算，感染的人数在 24 万，这是最保守的估计，实际感染人数可能还要更多。莫斯科是俄罗斯的首都，人口最多的城市，也算是欧洲十大人口最多的城市之一，它的人口密度和北京、上海、广州这种特大型城市差不多，所以为病毒的传播创造了条件。

俄罗斯疫情第三个特点是，死亡率比较低，约为 1%。我们可以看出，在感染人数最多的 10 个国家当中，第 1 是美国，第 2 是巴西，第 3 是俄罗斯。俄罗斯的死亡人数是 3000 多人，感染人数是 30 多万人。死亡率大概是 1%，在所有国家当中，死亡率是相当低的。为什么死亡率那么低？感染人群主要是 60 岁以下的，占了 70% 多，大部分都是青壮年感染者，所以相对来说他们的抵抗力可能要强一些。俄罗斯感染人群还有什么特点？它的无症状感染的比例相对来说比较高。根据流行病学调查，新冠病毒传入欧洲之后发生了多次变异，传到俄罗斯可以说是时间节点比较晚，已经高度适应人体，很多患者都没有症状。最近一段时间，被发现的病例当中 45%~50% 都是无症状的感染者，这为俄罗斯的疫情防控带来了一个不确定的因素。另外，俄罗斯的检测数量是比较高的。到现在为止，俄罗斯的检测数量已经突破了 900 万，仅次于美国。大规模检测、大规模筛查也为发现感染人群提供了保障。莫斯科单日出院的人数和单日感染人数基本上持平，没有对俄罗斯的医疗系统造成非常大的冲击，医疗资源挤兑的现象并不是很严重。

俄罗斯疫情的第四个特点是，民众居家隔离的效果比较差。俄罗斯政府也是从 3 月中旬就开始在全国实行放假，也是为了争取防疫的时间。从 3 月 25 日到 5 月 12 日，这一个多月的时间基本上民众是处在休假的状态。政府初衷是好的，居家隔离尽早结束疫情，但是执行的效果并不理想，民众并不配合。从监测数据来看，用高科技手段监测了人流量，街上人非常多，很大一部分俄罗斯人都是有外出活动的。从一个新闻报道上来看，3 月 30 日莫斯科居家隔离令颁布之后，仍有超过 350 万的人外出活动超过 6 小时。4 月 11 日，有 1000 个多违反居家隔离的案例被报道。这也回答了俄罗斯的感染人数为什么一直居高不下。

俄罗斯疫情的第五个特点是，以输入病例为主。3 月初最早感染的俄罗斯人是从意大利旅游回来的。从 3 月 2 日之后，陆续有大量的俄罗斯民众，大概有三四百万的人，从欧洲疫情国家陆续回到俄罗斯，也把病毒带到俄罗斯的各个地方，尤其是莫斯科。大部分人都在莫斯科进行中转，从 3 月 8 日到 5 月中下旬，每天都有大量的国民，不是外国人，从疫情国家回到俄罗斯。这些人来了之后，实行的是居家自我隔离，但是居家隔离不如集中隔离效果好。我们国内实行集中隔离，但是俄罗斯由于条件不允许，很多都是自我居家隔离。自我居家隔离，效果可以说是非常差，大街上到处都是人，下来抽根烟或者去超市里买一些东西，非常容易造成社区内的大量传播。现在来说，接受医学观察的人还有 100 万左右。

俄罗斯疫情第六个特点是，后果非常严重，造成了大量的政要、精英人士的感染。俄罗斯新上任的总理，俄罗斯总统普京的新闻发言人佩斯科夫，莫斯科首席医师波罗申科，还有俄罗斯的文化部长都相继感染了。普京的发言人佩斯科夫，他带着一个叫作病毒阻隔剂的东西，据说这是日本生产的，戴上之后 3 米之内或者 5 米之内病毒就不会侵入。但是他盲目相信这个东西，在参加会议的时候也不戴口罩，不幸中招，现在普京也处在隔离办公的状态。俄罗斯的医护人员感染也是非常严重的，大概有 9%的概率，现在已经有超过 200 名医护人员因新冠肺炎去世了。

针对俄罗斯的疫情，俄罗斯政府采取了多种措施，有全国性的措施，也有莫斯科的措施。莫斯科从 3 月 6 日就规定从中国、韩国、伊朗来的公民要进行自我隔离，3 月 12 日进入高度戒备状态。从全国性的措施来看，3 月 25 日是一个非常重要的节点。普京宣布全国放假一周，紧接着假期延长，第 1 次延长到 4 月 30 日，最后一次又延长到 5 月 11 日。俄罗斯政府也是下决心要在这一个多月的时间内把疫情控制住。对国外的一些措施，主要是实行出入境限制。首先是针对中国，因为中国是疫情暴发最早的国家，从 2 月 20 日禁止持工作、私人访问、学习和旅游签证的中国公民入境。我记得非常清楚，因为 2 月 20 日要禁止中国持学习、旅游签证的人过来，所以在前一周，大量的在国内过新年的学生抓紧买了高价票，趁着国门关闭的那一天，陆续返回俄罗斯。现在，我们想要回去也比较难。现在中国民航局实行五个一规定，"一家航空公司一个国家一条航线一周一班"。现在俄罗斯大概有 2.7 万名中国留学生，可以说有点像围城，外面的人进不来，里面的人出不去了。3 月中下旬之后才开始禁止同欧洲，如意大利、法国等欧盟国家进行往来。

俄罗斯政府也采取了多种具体的措施来应对新冠疫情在俄罗斯的传播。首先是罚款，根据《俄罗斯联邦行政法》第 6.3 条的规定，在紧急情况下或存在危险疾病扩散或者限制措施（检疫）威胁下，违反法律法规将处行政罚款。最高罚款 4 万多卢布，大概是 4000 人民币，官员最高是 15 万多卢布，对于企业家罚款更高一些。但是这些法令在执行的过程当中也是大打折扣，没有做到令行禁止。国家的初衷是好的，但是警察大多数还是以规劝为主，真正罚款的相对来说还是比较少的。另外，针对与病毒传播有关的虚假信息也专门签署了法律，罚款金额也是比较大的，500 万卢布约等于 50 万人民币。政府也开通了辟谣的网站，对一些新冠疫情的不实报道不断辟谣、澄清。

另外，我们看一下民生领域。俄罗斯政府在这一领域做得是非常好的。3 月 23 日莫斯科市长索比亚宁签署方案，为莫斯科 65 岁以上有慢性病的人群发放 4000 卢布的生活补助，2000 卢布直接打到卡里。65 岁的人比较多，大概 180 多万。政府拨给他们钱，让他们老老实实地待在家里面，欠的水电费不用去交了，也不会停水、停电。他们个人买不到食品，但莫斯科有专门的义工帮他们去买这些生活用品、药品。莫斯科 65 岁以上的老年人感染的人数占感染人数的比重大概是 15%，政府在这方面做得非常好。从 3 月 1 日起，莫斯科公民的失业救济金每月是 12 130 卢布，发 4 个月，3 月、4 月、5 月、6 月，大概是人民币 1200 多元。家里有未成年孩子的，除了失业救济金之外，给每个孩子每月 3000 卢布，大概人民币 300 元。联邦政府还拨款 1972 亿卢布，向全国 3 岁以下的儿童每月发放 5500 卢布，大概是人民币 500 元，发放 3 个月；向 3~7 岁的儿童每月发放 5500 卢布，期限比较长，发放 1 年；向 3~16 岁的儿童一次性发放 1 万卢布。这些补助让他们度过疫情，应该问题不大。

联邦政府拨款 501 亿卢布,用于 4~6 月份参与救助新冠肺炎患者的工作人员的薪资津贴。感染新冠肺炎的医护人员可以获得一次性保险金额 6 万卢布,大概不到人民币 7000 元。如果因新冠肺炎导致残疾或者死亡,赔付的金额更高一些。2020 年 1 月 1 日,禁止追回因住房、水电还有大修未偿付的款项。另外俄罗斯还编制了一个非食品必备清单,对其价格还有供应情况进行监测。物品清单包括消毒和个人防护用品、卫生用品、儿童用品、宠物用品、各种燃料、蜡烛、火柴。大家比较好奇,蜡烛、火柴为什么还是必备品。因为俄罗斯有东正教,需要做礼拜,疫情期间关闭了大大小小的教堂,在家里做礼拜就需要蜡烛。俄罗斯的中小学生每人每月可以领取约 20 公斤的食品大礼包,包括巧克力、白糖、大米、牛奶、果汁、荞麦,还有通心粉、肉罐头、鱼罐头,都不重样。如果一个家庭有 3 个孩子或者更多孩子,那么每月领的东西是非常多的。从食品消耗情况来看,俄罗斯此次疫情并没有对民众的生活造成太大的影响,波动不是很大,都在可控范围之内。

3 月中下旬,莫斯科市政府发布居家隔离令之后,出现了抢购、囤货的情况。有人说莫斯科要由政府接管,实行宵禁,商店都关门,所以有一段时间,很多俄罗斯人到超市里疯狂地抢购。但是后来就趋于稳定了。

在经济领域,国家的微型金融机构获得 120 亿卢布用于支持中小企业的信贷。从 2020 年 6 月 1 日起银行以非常低的贷款年利率(2%)向企业放贷,用于保证和维持企业的运转,主要是要保证就业。它有一个前提条件,如果企业能够在疫情结束之后保留 90% 以上的员工,那么贷款和利息的全部款项由国家支付。如果保留了 80% 的员工,企业只需交纳 50% 的贷款和利息。从 2020 年 4 月 1 日起,对纳入中小企业统一注册的组织和个人企业家的社保总额由 30% 降到 15%。受疫情影响的主要是 11 个领域,比如航空、公路运输、旅游、酒店、餐饮、娱乐休闲、体育、家政等,这些企业可以延期半年还贷。当然还有很多其他的一些经济领域的措施,比如,在疫情期间不接受企业的破产清算,这也是为了维持就业。俄罗斯此次疫情应对只有死亡率比较低、检测量大两个优点。普京还表示，此次抗疫没有什么可借鉴的。

在中国疫情暴发初期，俄罗斯采取了行动，切断与中国的往来，建方舱医院……但是在欧洲疫情暴发之后，没有采取果断的措施切断传染源。面对公共卫生事件时，也暴露出俄罗斯政府国家管理能力的薄弱，不能做到令行禁止。另外，民众的防范意识比较薄弱，这也是俄罗斯疫情一直没有得到很好控制的一个原因。中国驻俄罗斯大使有一个非常形象的比喻——俄罗斯疫情，起了一个大早，赶了一个晚集。初期的时候，中国同它分享抗疫的经验，政府也采取了一些措施；但是在面对本国国民从欧洲大量涌入的时候，政府采取的手段非常有限。

普京也提到了，抗疫得益于俄罗斯的医疗保健系统。我们来看一下俄罗斯的医疗体制。根据1993年的《俄罗斯联邦宪法》第41条的规定，每位公民都有保持健康和获得医疗帮助的权利，在国家和市政医疗机关中依靠相应的预算保险金和其他收入为居民提供无偿的医疗帮助。根据宪法的规定，它是一种无偿的医疗帮助，所以我们也称之为全民免费医疗。所谓的免费医疗，也被称为公费医疗，在中国的时候我们也经常提到公费医疗。它是一个相对模糊的概念，主要是从医疗卫生筹资方式上来考量，指国家通过预算分配的方式将税收的医疗保障基金有计划地拨给有关部门或者直接拨给公立医院，以此向国民提供免费或者低收费的医疗卫生服务的一种医疗保障模式，是国家对民众的医疗需求承担兜底责任。俄罗斯现有的免费医疗体系主要植根于苏联时期的医疗保障体系。俄罗斯在沿袭苏联免费医疗体系的基础上对其进行了一系列改革，从原先无限免费的医疗服务转变为当前有限的基本医疗免费的新型医疗保险，形成了免费的法定强制医疗保险和自费的私人医疗保险相结合的医疗保险制度。

俄罗斯公立医院的管理机制，可以说是三足鼎立。一个是俄罗斯中央政府部门，也可以说是行政部门，另外俄罗斯设立了强制医疗保险基金会还有医疗保险公司。医疗保险公司是直接和医院发生关系的，它购买医院的医疗服务并以合同的方式规定定点的医院，让民众凭保险单到这些定点医院进行救治，产生的医疗费用由保险公司支付。医疗保险基金主要由雇主缴纳，雇主缴纳5.1%，工资总额的5.1%纳入了联邦强制医疗保险基金，没有工作的人由国家来支付。强制医疗保险基金也是医疗保险公司来签订合同，钱通过医疗保险公司打给医院。强制医疗保险基金会是一个相对独立的机构，不受政府的管控，和政府之间的关系并不是非常紧密，运行起来效率非常低，有时候会出现扯皮、推诿的情况。

衡量一个国家医疗体系的运行效率，主要是从预期寿命，还有出生率、死亡率以及人口的自然增长率等指标来判定的。从2006年到2016年，俄罗斯人的寿命有所提高，平均寿命71岁。同中国和欧洲国家相比仍然是比较低的，但是也取得了一些进步。在20世纪90年代，人口的平均寿命大概只有64岁，有可能男性的寿命要更低一些。与欧洲比较发达的国家相比，俄罗斯的平均寿命与它们相差一大截，大概相差十几岁。另外俄罗斯人口增长速度是非常缓慢的。与此同时，未富先老现象出现，人口老龄化比较严重，70岁以上的人增长了130%，出生率却下降了接近30%。

俄罗斯学者用随机边界模型，从公共医疗卫生支出、平均受教育年限、健康风险因素等角度进行了实证分析，研究了俄罗斯医疗体系的效率。在研究的11个国家当中，俄罗斯医疗体系的运行效率倒数第3，和印度差不多，最高的是日本，中国处在第5位。但俄罗斯的医疗体系仍有成就，免费医疗为保障民众的健康做出了非常大的贡献，满足了民众的基本医疗需求，使人均寿命不断提高，从1994年的64岁提高到现如今的71岁。另外，俄罗斯医疗体系覆盖面非常广，基本实现了全覆盖，满足了基本医疗需求。免费医疗集中体现在门诊、急救住院上。由于俄罗斯实行医药分离制度，药品还是要付费的。俄罗斯大街小巷有很多的药店，民众拿到医生的处方之后，是去药店里面拿药的。虽然俄罗斯的免费医疗有广度，但是缺少深度，大病患者就医还是相当困难的。一般民众得了重病之后想要更好的医生或者更好的药品、更好的医疗技术，他们还是要自费。俄罗斯医疗资金的缺口比较大，2012 年初强制医疗保险体系的资金缺口达到 1000 亿卢布。医疗服务能力也不足，一些公立医院的设备老化，医院管理水平落后，医护人员能力欠缺，药品供给、初级保健等都与民众的需求存在很大差距。就药品来说，2016 年俄罗斯药品出口额为 4.39 亿美元，但是药品进口额达到了 70 亿美元，大部分的药品都是从国外进口的，民众要自费去买这些药品。俄罗斯的医疗也在资源分配、医疗服务可及性、地区之间、区域之间存在不平等。

针对这些问题，我认为俄罗斯接下来首先要坚持政府主导，完善法律制度，加强卫生医疗的顶层设计。其次要加大医疗投入，扩大医疗投资的来源，保障免费医疗资金。最后要完善硬、软件设施，引入竞争机制。另外俄罗斯政府还应提高医务人员的能力，建立激励机制，规范药品的供给市场。俄罗斯医生服务水平差，为什么？因为医生拿的是固定工资，没有绩效考核，没有其他的奖金激励，所以都是每天定点上班，定点下班，医护人员积极性并不是很高。我就讲这些，谢谢大家。


**李松锋（主持人）：**

谢谢李博士。李博士作为一个经济学的学者，帮助我们非常清楚地了解俄罗斯疫情的发展，以及所采取的一些措施。我听了之后，感触蛮深的。我没想到俄罗斯的社会福利这么好。不管是对 65 岁的老年人，还是中小学生，或者说它的医疗保障，一些措施是值得我们去学习的。还有一个挺有意思的小事情，就是刚才李博士在介绍的时候说，俄罗斯在疫情管控的时候对违法的人给予罚款，对个人、官员和企业家的罚款数额是不一样的。我确实不太了解俄罗斯的法律制度，我觉得这也值得我们去学习。那接下来，有请我们的第二位主讲人，公共管理学院的杜辉博士。大家如果有什么问题，还可以在聊天区提出来，我们主讲人最后会有时间来回答。

**杜辉（主讲人）：**

非常感谢中国政法大学给机会让我们阐述一下俄罗斯疫情的情况。刚才李博士已经讲得比较清楚，比较具体。俄罗斯疫情的整个发展，就像李博士刚才所说的，起了个大早，赶了个晚集。今年年初新冠疫情在中国暴发的时候，俄罗斯在第一时间做出了反应。

1月28日，俄罗斯总理米舒斯京下令建立了防控运作总部，由俄罗斯联邦紧急事务部、内务部、工业贸易部的部长组成，用于协调政府各部门的防疫抗疫工作。当时，米舒斯京还只是俄罗斯消费者权益监督局的局长，他在两天内做出预防和控制疾病传播的计划，并且定期编写报告，向普京总统随时传达信息。此时，俄罗斯境内尚未发现新冠病毒感染的病例。俄罗斯的副总理认为，俄罗斯没有必要因为疫情而关闭中国的边境。同时，俄罗斯总统普京于1月29日召开了专题会议讨论新型冠状病毒。普京当时表示，肺炎和流感致死的情况，全世界都有，俄罗斯政府当时最大的任务就是减少新型冠状病毒致死的人数。普京当时也强调了，新型冠状病毒是一种全新的病毒，俄罗斯政府应该做充分的准备；俄罗斯政府卫生部、消费者权益保护和公益监督局要竭尽所能，使大多数的百姓对于突发事件不要感到意外，要确保所有人都为抗疫做好准备。同时普京还指出，俄罗斯政府已经制定多项预防措施防止新冠病毒在俄罗斯传播。这也就说明了俄罗斯政府，在最早期的反应，可以说是非常及时的。

俄罗斯社会当中，大量的媒体几乎是24小时在报道疫情的发展。最早期因为病毒出现在中国武汉，导致俄罗斯民众一定程度上对当地的华人产生恐惧心理。比如，出现了出租车拒绝搭载华人，有的餐厅和酒店禁止中国人入内的情况。不过，俄罗斯消费者联盟迅速出台了相关政策，规定俄罗斯的社会服务设施，像出租车、酒店、餐馆是不能拒绝为中国人提供服务的。如果出现这样的情况，涉事单位将受到相应的处罚。

1月31日，俄罗斯总理也就是俄罗斯的新型冠状病毒防控指挥部的指挥人格里克瓦通报，俄罗斯发现了两例新型冠状病毒感染的病例，两个人都是中国公民。这两个感染者被俄罗斯的防疫部门迅速隔离，两个人当时的情况也非常稳定，没有发烧症状。后来，俄罗斯开始从中国进行撤侨。大概是在 2 月 5 日，俄罗斯的空军到中国武汉把 144 人从中国武汉接回了俄罗斯。其中有 128 名俄罗斯公民和 16 名独联体国家公民，他们回到俄罗斯以后，全部被隔离了 14 天，没有人被感染。

俄罗斯政府于 2 月 18 日宣布，自莫斯科时间 2 月 26 日起停止持工作、访问、学习、旅游签证的中国公民入境。从 2 月 19 日开始，就已经暂停受理审批中国人的私人访问、学习和旅游签证。早期，俄罗斯并没有出现被中国人传染的病例。3 月 2 日，一名从意大利回来的俄罗斯公民，被确诊感染新冠病毒，他是莫斯科人。俄罗斯卫生部门在网络媒体上公布了确诊的病例，有 107 名接触者，根据流行病学调查，政府已经把这 107 人全部进行了隔离。但是，据我所知，当时的隔离和观察措施根本没有实施到位。这些所谓被隔离的人，依然可以在城市当中出行，在莫斯科或者去其他的城市都是可以的，并没有受到真正严格意义上的监管。同时，俄罗斯的民意调查机构显示，2/3 的俄罗斯人并不担心新冠病毒。他们调查的时候，问俄罗斯人是否担心？35% 的被调查者表示不担心，33% 的被调查者表示完全不担心，担心感染的俄罗斯公民仅仅占 20%。当被问到采取哪些预防方法预防新冠病毒时，53% 的俄罗斯人回答说，就是更频繁地洗手和使用消毒剂；24% 的人说，尽量不外出，减少与其他人接触；还有 17% 的俄罗斯公民说，完全不会采取任何防护措施。

3 月 6 日，俄罗斯境内又再次通报新增了 6 例确诊病例，这 6 个人全部都有到过意大利的经历，其中 5 个人是莫斯科人。此时，俄罗斯政府才开始意识到，对俄罗斯威胁最大的国家或地区，不是中国，而是意大利等欧洲国家。俄罗斯整体的防御方向，开始由东转向西。3 月 13 日开始，除部分航班和包机外，俄罗斯暂停了往返意大利、法国、德国和西班牙的航班，并且暂停了向意大利公民签发商务签证、人道主义签证、公务签证。实际上俄罗斯的政策已经晚了一步，已经有几十万俄罗斯公民在意大利疫情暴发的时候返回了俄罗斯。俄罗斯政府恰恰对这几十万人没有进行有效的监管和隔离，为日后俄罗斯疫情大暴发埋下了重重的伏笔。

3月的莫斯科，其实是非常美丽的。人们匆匆行走在马路上，整个城市对于疫情展现出的就是淡定、不在乎。从我跟俄罗斯人的聊天来看，他们基本上不害怕，上学的学生也不会担心从严重疫情国家返回的同学。大多数俄罗斯人认为，现在俄罗斯的疫情并不是很严重，也不担心。疫情也没有影响到他们的工作和生活，莫斯科的大街上，没有俄罗斯人戴口罩进行防护。俄罗斯电视台几乎24小时在报道疫情的发展情况。俄罗斯人，基本上还是除了上班、休息，每天出去遛狗、去公园散步，民众生活跟以前一样。只不过是大街上，你会感觉到少了很多中国人，因为中国人对病毒的防护意识是非常强的。大多数俄罗斯人觉得自己不会被传染，即使被传染了，只要去医院接受治疗就没有什么问题。一些俄罗斯官方主流媒体的专家也说，年轻人如果感染上病毒，致死率是比较低的。

3月份开始，俄罗斯境内的确诊人数越来越多，俄罗斯人开始逐渐提升了自我防护意识。刚才李博士也说到，普京在3月25日宣布俄罗斯进行带薪放假，以彻底地控制疫情。在休假期间，所有的生活保障机构，包括医疗机构、药店、商店、银行、金融结算机构等，还包括政府部门，都是正常运行的。放假以后，很多俄罗斯人就有一些担心，民众自我防护意识也开始提升，超市出现了抢购的现象。我在俄罗斯生活多年，很少见到俄罗斯人抢购什么东西，因为俄罗斯的物资供应和市场稳定，一直做得还是不错的。在2015年俄罗斯受到非常严重的制裁时，也没有见过俄罗斯人有如此慌张的状态。我观察到他们抢购的东西，主要是俄罗斯人常用的荞麦、面粉、土豆、肉类，还有卫生纸。国内媒体也因此大量报道欧洲人喜欢抢卫生纸。对于俄罗斯人抢卫生纸的原因，我也问过他们，当时莫斯科是买不到口罩的，所以很多俄罗斯人就随身拿着卫生纸当作防护的手段。

疫情防控中很多人做出了很大的贡献，但还有一些人是不负责任的，甚至有些人隐瞒行程给社会造成了很大危害。俄罗斯对《刑法典》进行了修正，列出了三种情况，对防疫期间一些违法的、危害社会的事情进行处罚。第一种情况，造成他人患病的，处以 50 万到 100 万卢布的罚款，或者是剥夺担任某些职务或从事某些活动的权利，并监禁 3 年。第二种情况，因过失造成他人死亡或故意造成大规模疾病传染的，建议处以 100 万到 200 万卢布的罚款，处以最高 5 年的监禁，也就是大概人民币 10 万到 20 万元的罚款或者判刑 5 年。第三种情况，如果不遵守流行病学防疫规定，导致两个或更多人死亡的，最高处以 7 年有期徒刑。

俄罗斯开始实施居家隔离制度以后，普京又延长了假期，一直延长到 5 月份。俄罗斯人真的是把居家隔离的带薪休假，变成了所谓的休闲度假。俄罗斯的民调显示，近 3/4 的俄罗斯公民已经感到不安，超过 9 成的俄罗斯公民对政府的防疫措施表示支持。但实际上，俄罗斯人的行为和他们所说的还不一样。俄罗斯人特别喜欢烤肉，特别喜欢在公园里散步。他们嘴上说一套，做的是另一套，这导致病毒后期大规模传播。

在隔离期间，我还观察到非常有意思的事情。俄罗斯的超市当中，生姜和大蒜的销量暴增。俄罗斯的网上传言称生姜和大蒜有助于抵抗新冠病毒，当然这也没有什么科学依据。最严重的时候，俄罗斯的超市里面大蒜价格上涨到了每公斤近百元人民币。这两样东西价格增长，还和一件事情有很大的关系，俄罗斯切断了与中国的农贸产品的往来。俄罗斯远东的几个口岸边境，包括从北京到莫斯科的列车，全部停掉了，导致中国的农副产品进入不了俄罗斯。在圣彼得堡的医院，大量被隔离的新冠病毒患者出逃，出逃去哪里？他们回到家带孩子散步，去亲戚朋友家做客，俄罗斯人之间也并不在乎他们感染了这种病毒。部分居民不遵守隔离制度，民众的自我防护意识薄弱，很大程度上影响了防疫的效果。俄罗斯的最新调查显示，对于居家自我隔离制度，有近 4 成的俄罗斯民众表示支持，当然仍有近 3 成的俄罗斯民众对居家自我隔离制度持非常消极的态度，认为这样是完全没有必要的。刚才李博士的 PPT 上我们也看到，俄罗斯大街上每天人流量的监控指数也一直是居高不下的。

但是，俄罗斯的死亡率非常低。到现在为止，俄罗斯已经有超过 30 万感染病例，但是却只有 3000 多个死亡病例。为什么俄罗斯感染的死亡率特别低？我个人总结了一下，有这样几点原因：其一，俄罗斯的统计方法和其他国家不太一样。俄罗斯死亡的第 1 个病例，是一位女教授，已经年近 79 岁高龄了。她感染了新冠病毒，同时也有并发症，俄罗斯的部门和医院并没有把她列入病毒感染死亡病例。其二，苏联时期有一项防疫的规定，新生婴儿必须接种肺结核疫苗。俄罗斯大多数人，体内都有肺结核的抗体，这对抵抗病毒有一定的效果。其三，俄罗斯人的体质确实要比一般国家的人体质好。俄罗斯天气比较寒冷，自然环境比较恶劣，大多数地方都处于寒冷地区。俄罗斯人吃饭，以奶肉和鸡蛋为主，蔬菜相对吃得比较少，所以我觉得他们整体的免疫力也比一般国家，包括亚洲地区的人要好一些。

5 月 12 日，俄罗斯出台了强制口罩令。虽然政府一直建议戴口罩，但是实际上真正戴口罩的人非常少。政府没有办法，就出台了强制规定。从 12 日起，所有的人必须戴上口罩和手套，如果不戴，就进行罚款，最高罚款 4000 卢布，也就是 400 人民币。现在俄罗斯，慢慢有一些人把口罩给戴上了。

俄罗斯的疫情暴发得晚，来得有些凶。早在亚太地区暴发疫情的时候，俄罗斯就出台防御措施，当时俄罗斯是没有病例的。欧美暴发疫情的时候，在禁止与欧洲国家的空中交通、采取边境措施方面，俄罗斯做得确实有一些晚了。在过去的两个月当中，有将近 100 万人从世界的各个地方——大部分是疫情严重的国家或地区——回到了俄罗斯。截止到 5 月 13 日，全俄罗斯已经连续 11 天新增病例破万了。到今天为止，俄罗斯病例已经超过了 30 万，是病例数量位列全球第 3 的国家。首都莫斯科，仍然是全俄罗斯疫情的中心，确诊病例目前统计是超过 12 万人。但是索比亚宁市长表示，实际人数大约在

30 万人。

我觉得俄罗斯的疫情严重与两方面有很大的关系。第一个方面，部分民众执行限制措施不到位，违反防疫命令的现象经常发生。莫斯科最近向违反疫情防护措施的民众开出了 3 万余张的罚单，但是依然没有制止这种现象。最为严重的是，莫斯科的监控摄像头拍到多数已经被确诊的新冠肺炎的患者不执行强制自我隔离，依然外出。我的俄罗斯朋友全家都感染了，俄罗斯的医院没有对他们进行收治，因为他们症状是比较轻的。这一家 5 口人仍然出门去超市，还要正常采购，经常在小区溜达。他们没有任何反应，他们觉得自己病情不严重。第二个方面，俄罗斯国内各个城市的交通联系没有及时切断。我们仅以俄罗斯国内交通为例，从首都莫斯科飞往全国其他地区的航班一直都有机票在销售。索比亚宁之前也表示，在过去的两个月当中，从国外返回俄罗斯的 100 万人当中有一半人从莫斯科中转了。为了遏制疫情，俄罗斯的防疫等级不断上升。它主要是限制了外国人的入境，限制了与其他国家的空中交通，但是对自己的公民管理非常不到位。当时普京看到情况非常严重，命令俄军成立了抗疫指挥部，成立了 49 支机动队，根据情况，可随时奔赴俄罗斯各地，开展抗疫的工作。俄罗斯还加大力度，建设了 16 座"方舱医院"，在 5 月 15 日之前已经全部交付使用了。俄罗斯的防疫从整体来看可圈可点，有些措施是做得不错的，但有些措施漏洞也是非常大。

俄罗斯之后开始进行大量的核酸检测，核酸检测的结果显示，俄罗斯的新冠肺炎感染者，近五成都是无症状感染者。这与刚才说的俄罗斯人体质有一定关系，多数携带病毒的人，没有任何的症状，这种人占了大多数。俄罗斯的医院和卫生部门对这些人进行早隔离、早治疗。但是，这种隔离和治疗不是很到位，造成了大规模的传播。专家预测，俄罗斯的疫情可能到 6 月份才有所好转。根据我的观察，俄罗斯疫情好转可能会再晚一些，甚至可能要到 9 月份、10 月份之后才会好一些，因为实际的情况并不像政府所说的执行得那么好。

俄罗斯进行了全国的带薪休假。从 5 月 12 日开始，结束了全国的带薪休假，为什么这么做？因为俄罗斯现在的经济条件非常糟糕，失业的人口已经达到了 470 万。在过去的 24 小时里，俄罗斯的新增病例是 8946 例，但是俄罗斯新冠肺炎的发病率正在下降。索比亚宁已经说了，现在俄罗斯出院的人数已经高于发病的人数。现在俄罗斯的医疗资源基本上不会出现崩溃的情况，这也是解封的很重要的因素。我们也都希望俄罗斯的疫情早一些结束，俄罗斯的人民早一点恢复到正常的生活状态。我的分享就到这里，谢谢大家，感谢主持人。

**李松锋（主持人）：**

谢谢杜博士非常精彩的分享，给我们提供了不同的视角。我看到聊天区有一些问题，李博士刚才已经在聊天区回答了。还有两个应该是提给杜博士的，杜博士不要着急，可以等会儿回答。我们接下来有请卢森通博士。卢博士是莫斯科国立大学的法学博士，现在还是北京大学法学院的博士生。接下来有请卢博士。

**卢森通（主讲人）：**

各位老师、各位同学好。感谢李老师给这次机会。刚刚听了李文正和杜辉的报告，他们说得都很详细。我跟他俩也是多年的好朋友，现在莫斯科的局面让我想起当时我们三个人经常在莫大一起吃饭聚餐，希望这样的场景早点到来。这两位同学一直在俄罗斯，从俄罗斯的疫情开始一直到现在。我刚刚听了报告，俄罗斯现在整体的局面，特别是从 3 月份到现在，疫情发展特别迅速，有好有坏，我根据刚才两位同学的报告，总结了一下俄罗斯在抗疫中的优势和劣势。

第一，我们都知道俄罗斯是从苏联继承过来的，特别是医疗保障体系，基本上是从苏联全部继承的。俄罗斯的医疗保障体系是相对比较完善的，它的医疗资源也是比较充足的，俄罗斯有一大批医疗工作者，足以支持俄罗斯现在已经超过 35 万的新冠肺炎患者。这 35 万里面大多是轻型的病例，政府一般就是要求他们居家隔离，只有重症才会被送往医院。

第二，俄罗斯是一个地大物博的国家，相对来说人口比较少，所以俄罗斯现在物资充足。刚才杜辉讲的超市里面的抢购现象，那是初期的时候，很多俄罗斯的老百姓不太了解情况，所以去超市大量地囤货，俄罗斯现在基本上超市的供应是没有问题的。在那边留学的中国同学也告诉我，他们每天的活动范围也仅限于从住的地方到超市，这段路程政府是允许行动的，当然超市是离住所近的超市，离得远的必须要有通行证。物资供应充足，俄罗斯现在虽然很多人被感染，但是他们不慌。整个国家采取的手段还是比较稳的，这依赖于庞大的物资力量。

第三，俄罗斯在疫情初期、中期采取的一系列措施还是相对比较到位的。比如，最早关闭通商口岸、列车、航班，甚至禁止包括我们国家在内疫情比较严重国家的公民入境，在第一时间出台了很多相关的法律。当然它没有禁止欧洲公民入境，因为当时欧洲还没有暴发。俄罗斯当时采取的措施，还是相对比较及时的。

第四，俄罗斯有一套完备的关于抗击疫情的法律。这里就要提一下《俄罗斯紧急状态法》，以及最近疫情发生以来俄罗斯联邦政府出台的一系列的相关法律。这些法律都是根据《俄罗斯紧急状态法》第 11 条制定的。它对俄罗斯出现这种突发事件，应采取的措施和临时的限制有规定。俄罗斯是一个联邦制国家，联邦主体比较多，有 85 个，包括 27 个共和国，46 个州，还有边疆自治区，比较复杂。在采取国家紧急措施的时候，俄罗斯规定全部或者部分终止俄罗斯联邦主体执行机关以及地方自治机关的权力，一旦采取这种突发措施，所有的权力要归中央，要归联邦一级。我们看到，俄罗斯中央政府颁布一系列条令之后，各个地方都要严格执行，实行紧急状态的地区，限制自由迁徙。《俄罗斯紧急状态法》第 11 条明确规定，这些地区实行特别出入境制度，对外国公民和无国籍人士出入上述地区设定限制。这也就不难理解俄罗斯为何在疫情初期就限制了一系列国家的公民入境。我们看到一个新闻，在疫情初期，俄罗斯驱逐了 80 个中国公民，因为他们违反隔离禁令。当时闹得沸沸扬扬，现在据说有一半的中国公民已经被驱逐了，还有一半，现在俄罗斯采取了相对柔和的措施，已经开始允许这些中国公民上诉。在俄罗斯的同学跟我说，可能那一半不会再被驱逐了。驱逐的公民可以上诉，可能不会像以前那样，5 年内不准入境俄罗斯。公民通过上诉，可能一年或半年之内就能重新进入俄罗斯。松锋老师刚才讲到，俄罗斯对官员和公民在这种特殊紧急状态下的法律责任，是有不同规定的。俄罗斯有很多法律，既规定了专业人员也规定了普通百姓在紧急状态中的责任。《俄罗斯紧急状态法》第 34 条明确规定参与保障紧急状态制度人员的责任，就是针对国家机关，法条写的是内务机关、刑事执行系统、联邦安全机构的工作人员、内务部队和俄罗斯联邦武装力量、其他部队、军事组织及机构的现役军人等这一类人员。对俄罗斯的公民，也有专门的法律规定。俄罗斯出台了一个新的规定，违反隔离规定的，将面临罚款，如果造成他人感染，处以最高 5 年的有期徒刑。俄罗斯的法律，更新变化是非常快的，比中国要快很多。而且俄罗斯的法律特别多，现在大概有 6000 多部，是我们的很多倍，我们大概有两三百部。俄罗斯已经有 6000 多部法律了，大大小小的法律，包含政府的指示，还有政府的决议。

第五，莫斯科是疫情暴发的中心，俄罗斯超过 1000 万人口的城市只有莫斯科，莫斯科现在大概有 1500 万人口，第二大城市圣彼得堡也只有 500 万人口。俄罗斯现在有 1.4 亿人口，莫斯科大概占了全国人口的 10%。莫斯科疫情是非常严重的，除了莫斯科以外，其他地方的感染人数大概是 17、18 万，如果平均到 1700 万平方公里，85 个联邦主体，每个地方也就是平均有 100 多人，如果把莫斯科疫情控制好了，可能俄罗斯恢复就比较快。所以普京政府就采取了一些延长放假的措施。当然这种带薪休假的措施可能很难执行。俄罗斯很多企业对员工甚至已经坦白了，以前可能一个月 5 万卢布工资，就是 5000 人民币，因为疫情上不了班就变成 2500 卢布。有些公司现在不裁员，但是在执行过程中很难。俄罗斯现在处于经济困难时期。控制莫斯科非常重要，莫斯科实行了城市的通行证制度，特别是开车的，包括想去离家远的地方，都要申请通行证，主要是针对医护工作人员，超市的工作人员，还有政府的公务人员。学生已经放假了，现在俄罗斯的高校已经明确上网课，甚至今年高校的毕业生答辩、国考都是通过网络来完成的。

第六，我们知道俄罗斯和中国是友好的邻国，所以在这次疫情期间，俄罗斯得到了中国的援助。据我所知，从 4 月 2 日中国政府援助俄罗斯首批物资到达莫斯科，一直到 5 月 22 日，已经有三批国家级的物资到达俄罗斯来援助他们，这里面不包括中国的各个协会、各个省的援助。中国还派出了医疗专家小组，到俄罗斯进行实地的人道主义援助。普京说，俄罗斯现在已经收到 1.5 亿只来自中国的口罩，这就意味着俄罗斯 1.4 亿人口，他们每个人都会有一只口罩，这些口罩基本上都是中国捐助的。中国强大的物资援助，能帮助俄罗斯很快地渡过难关。

当然了，我们也得说一下俄罗斯从官方到民间的一些问题。

第一，我们知道莫斯科是整个欧洲的航空枢纽也是交通枢纽。在早期，当中国出现新冠疫情的时候，俄罗斯防御了亚洲方向，并没有去防御欧洲方向。但有十几万甚至二十多万俄罗斯的侨裔在意大利、西班牙、法国、英国。当时如果去防御欧洲方向的话，几十万俄罗斯人回不了国，这也是个问题。但恰恰是这些俄罗斯人回国之后把疫情带到俄罗斯。

第二，俄罗斯从政府高层到民间一开始不重视防护，5 月份以后才开始出台要戴口罩的规定，5 月份以前没有这种相关的要求。政府的高层，从普京到总理，到部长，他们出去的时候都不戴口罩。杜马有很多议员都被感染了。

第三，俄罗斯民间自由主义特别泛滥。俄罗斯人有一种逆反心理，就是政府越让你干什么，那老百姓越不喜欢干什么。政府要求居家隔离，但是很多老百姓还是该出门出门，该遛狗遛狗，特别是年轻人，年轻人这种叛逆心理导致俄罗斯公民的大量感染。

第四，疫情影响了俄罗斯的经济。俄罗斯这几年因为欧美的制裁，经济本来就比较萧条，疫情导致俄罗斯的经济更加萧条，已经呈现负增长。我举一个小例子，以前在春暖花开的时候，有大量的中国旅游团去俄罗斯，给俄罗斯带来了很多经济收入，很多中国留学生通过做三四个月导游可能挣到20万人民币甚至30万人民币，但是疫情导致他们今年可能一分钱都挣不到。以前一个中餐厅，一个旺季能挣几百万人民币，但是因为疫情，一些中餐厅甚至倒闭了。从中国人在俄罗斯做生意的状况就能看出整个俄罗斯的经济大幅度下滑，经济下滑之后可能就会恶性循环。我们昨天看新闻，在莫斯科市中心有人直接抢劫，绑架人质。这种事件是被报道出来的，当然还有没有被报道出来的。我们普通中国公民、华商、华人留学生在俄罗斯的安全也会受到一定的影响。

俄罗斯在执行疫情防控措施的时候也存在矫枉过正。因为发现新冠肺炎病人，就把在宾馆居住的中国人给赶出来了，好几百名中国人就没地方住。再加上俄罗斯对中国的误解，很多俄罗斯房东不愿意把房子租给中国人。这也是俄罗斯疫情治理的时候一个相对比较劣势的地方。

刚才杜辉也讲了，可能在八九月份俄罗斯能呈现更好的状态。当然期待它尽快恢复，中俄两国能互通航班，也希望我在俄罗斯的两位朋友在通航之后能早点回国。现在中俄两国航空关闭之后，他们回不来，一周只有一趟航班，他们抢不到机票，只能在俄罗斯居家隔离。谢谢大家，我就说这些。

**李松锋（主持人）：**

谢谢卢森通博士，比较全面地给我们总结了俄罗斯这次抗疫的成功之处以及不足之处。聊天区有一些问题，你们可以看一下，等会儿来回答。我也有几个小问题想请教三位。其一，刚才卢博士提到，俄罗斯在疫情初期驱逐中国人，当时在国内媒体引起的反响还是蛮大的。刚才您说有近一半的中国人被驱逐了，我想问的就是当时驱逐的标准是什么？把哪一些人先驱逐了？毕竟我们看到今天的两位嘉宾没有被驱逐。其二，俄罗斯政府在应对疫情时能够这么迅速地出台比较多的法律，有行政法，还有刑法的修改，这些在杜马里没有争议吗？俄罗斯立法看起来如此方便，至少感觉比我们国家方便。其三，为什么法律在执行这么多措施的过程中并不是那么有力，竟然有感染的患者在外边游荡。这是我的问题，如果大家有问题，仍然可以在聊天区继续提出来。先由李文正博士来做回应。

### 李文正（主讲人）：

我先回应聊天区的问题，关于俄罗斯的医疗保障机制，还有它的医疗支出，是否会影响后期的财税改革。俄罗斯总统下令编制了一份受新冠疫情暴发影响的行业名单，这些行业将获得税收减免，6 个月内免征部分的税款。此次疫情还远没有结束，影响是全方位的，肯定会影响它的政策。俄罗斯的医疗体制也随着经济社会状况的发展而适时地调整，比如，现如今的强制医疗保险金是 5.1%，以前是 3.6%，它也是随着社会状况的发展而进行调整的。

俄罗斯的经济状况今年是不容乐观了，根据货币基金组织编制的世界经济展望报告，预测俄罗斯的经济将萎缩 5.5%，俄罗斯国内学者认为是萎缩 2%左右，然后失业率从 2019 年的 4.6%增长到 4.9%。根据俄罗斯媒体的报道，俄罗斯工业生产指数今年 3 月同比下降 1.2%，第一季度同比下降 0.6%。俄罗斯的财政部部长说，因新冠病毒疫情导致俄中贸易下滑，日均损失约 1570 万美元，影响是巨大的。俄罗斯的服装产品，包括衣服、鞋帽，还有皮具，41%来自中国，中国边境口岸关闭之后，对俄罗斯民众的影响也是巨大的，一些蔬菜还有一些日用品，价格上涨的幅度都比较大。俄罗斯的经济主要依靠出口资源，出口石油、天然气，约 50%的财政收入来源于这些。最近一段时间，国际油价大幅下跌，我们国内原油宝事件，石油价格甚至出现了负增长。这次疫情对俄罗斯的打击是非常大的，石油价格非常低，俄罗斯编撰的财政预算是基于往年的石油价格的，如果石油价格一直萎缩，持续低迷，未来将会影响财政预算。

2014 年之后，由于克里米亚危机，俄罗斯和乌克兰、欧洲的关系一直比较紧张，美国也对俄罗斯实施了一系列的经济制裁。美国的经济制裁，加上石油价格比较低迷，今年俄罗斯整体的经济形势是非常不容乐观的。我国今年召开的"两会"当中也没有设定经济的发展目标，这次疫情没有哪个国家能够独善其身，我感觉俄罗斯今年将是非常艰难的一年。

**杜辉（主讲人）：**

我先回答评论区的问题，有人提到接种肺结核疫苗对俄罗斯人有帮助，这是不是我们国家和欧美国家的人死亡率比较高的一个原因。根据俄罗斯专家的反馈，肺结核疫苗的接种让俄罗斯人对于新冠病毒整体的免疫状态，要好于世界上多数的国家。这是俄罗斯防疫专家的标准回答。

还有同学问道，一般欧美国家的饮食结构都是肉蛋奶，而且比例比俄罗斯更高一些，那么为什么俄罗斯死亡率这么低？俄罗斯也和我们中国面临着同样的问题，中美的关系不是特别好，美国对中国在防疫中的很多问题进行了抹黑。俄罗斯的低死亡率也是导致俄罗斯在欧洲国家里面遭到抨击的一个主要原因，其他国家认为俄罗斯在瞒报死亡病例。俄罗斯外交部的人回答非常简单，没有别的原因，我们发布的数据全部都是真实的，至于死亡率比其他国家低，是因为俄罗斯人的体质好。回答就是这么简单，非常符合所谓战斗民族的特点。

我再回答一下主持人问的几个问题。民众反叛情绪对于政府措施的影响，还有立法的速度为什么这么快。我在俄罗斯生活这么多年，最大的感受是俄罗斯经常在很多问题上不走寻常路。民众有这样的叛逆心理，实际上和他们的社会和教育两个层面有很大的关系。在俄罗斯人的教育当中，从小就进行军事教育、爱国主义教育、英雄主义教育，这些都深入俄罗斯民众的心里。俄罗斯人的脾气一般都是比较暴躁的，也比较刚强，做事情也是比较直接的。

刚才说到立法的速度为什么这么快，至少比中国的速度要快。俄罗斯政府设置的机构和办事手续是非常复杂的，但是俄罗斯人又对这种复杂的办事流程非常抵触。本来应该按照程序执行，但是在俄罗斯政府的层面上就会特事特办，这样的情况经常会发生。比如现在紧急需要，那么所有的审查手续可以全部免除，直接一步到位。前两天普京刚刚宣布俄罗斯的中小学、大学，今年由于受到新冠疫情的影响，不管参不参加考试，全部都发毕业证。由此可以看出，俄罗斯的民族特点就是特事特办。

第三，关于隔离人员随意走动的问题。俄罗斯人基本上是不害怕新型冠状病毒的。俄罗斯的运动员，比较厉害的、身体比较好的人甚至想去主动感染病毒，他们认为病毒并不可怕。俄罗斯人的教育，塑造出了他们天不怕地不怕的性格。我的俄罗斯朋友告诉我，俄罗斯连希特勒都不怕，一个小小的病毒能把莫斯科怎么样。这就是我的回答，谢谢大家。


**卢森通（主讲人）：**

李老师，我跟您说一下俄罗斯为何法律更新变化比较快。其一，俄罗斯法律的种类特别繁杂，有宪法和宪法性的法律，俄罗斯宪法的修改程序特别慢。其二，它有规范性的法律文件，比如俄罗斯民法典、刑法典、刑事诉讼法典，修改过程相对来说并没有那么快，因为需要立法机关，国家杜马颁布，总统还要签字。其三，联邦共和国有宪法，联邦主体也有相关的法律、规章，这些修订速度相对来说是比较快的。其四，俄罗斯联邦的总统令，很多情况下会特事特办。其五，国际条约和国际法原则需要国与国之间缔结。

我想说一下俄罗斯颁布比较快的一些法律。俄罗斯联邦政府颁布的有政府的指示，还有政府的决议，这些特别快，这是宪法规定的。《宪法》第110条明确规定，俄罗斯联邦的执行权力由俄罗斯联邦政府行使。根据《宪法》

第56条第1款,为了保证公民安全和捍卫宪法制度,联邦宪法性法律在实行紧急状态的情况下,可以在指明限度及其有效期限的同时,对权利和自由规定某种限制。还有第114条的第1款第5节,为保证国防、国家安全,在俄罗斯联邦对外政策方面采取措施。如果因新冠疫情在俄罗斯出现紧急状态,要保护国民安全,要捍卫国家安全的时候,就可以根据相关的法律,根据宪法授予和联邦政府的权力,出台政府的指示、政府的决议甚至出台总统令。俄罗斯有一项规定,俄罗斯联邦政府根据俄罗斯联邦宪法或者联邦法律,或者联邦总统的规范性命令,颁布决议和指示并保障其执行,这些都有法律的依据。相对来说,政府颁布的法律比较快,大的法典如民法、刑法典,这些就比较慢,要通过杜马,通过立法机关,与程序相关。

刚才杜辉也讲了,俄罗斯人喜欢特事特办。所以说很多时候,法律颁布也特别快、特别急。当然法律修改也特别快。如果后来发现法律颁布的不太适合,会及时地调整、修改。我们研究俄罗斯法律的人知道,如果想了解俄罗斯法律,2000年的俄罗斯民法典和2005年的俄罗斯民法典都不同,都是有变化的。我们国内研究俄罗斯法律的人,非常难,翻译出2005年的俄罗斯法律,可能到2015年这部法律很多都变了。俄罗斯的宪法,苏联时代变更过4次,从1993年颁布到现在,当然它没有大幅度的变化,但是中间也是有变革的。总统普京要求清零,最开始计划4月22日可能进行全民投票,但是因为疫情,《紧急状态法》规定,特殊状态情况下,选举、游行,包括任何其他社会活动都是要取消的。但是今年肯定是俄罗斯的一个修宪之年。

**李松锋（主持人）：**

您刚才提到俄罗斯总共有6000多部法律。有同学问,这包括官方机构的解释函吗?

**卢森通（主讲人）：**

6000 多部法律包括 85 个联邦主体的一些法律、规章，还有一些规范性文件。

**李松锋（主持人）：**

谢谢。还有一个问题，我刚才问到早期驱逐中国人，有标准吗？哪些人会被驱逐？

**卢森通（主讲人）：**

在俄罗斯的律师朋友讲，中国人如果上街的话，证件不齐就会被驱逐。如果在自己的屋里面，警察一般不会去屋里找人。但是如果下楼倒垃圾，没有带护照，被警察抓了就有可能被驱逐。关于驱逐，它是一个很广泛的法律，它要求外国人遵守俄罗斯联邦的法律，它规定出门要携带很多证件，落地签、移民卡，还有签证，这几个证件在俄罗斯是最重要的。如果警察来盘查，证件齐全就没有事。很多中国公民去那里之后，包括一些新生刚去俄罗斯的，还有一些在俄罗斯经商语言不通的，他们对俄罗斯的法律不太了解。有些同胞，他们觉得如果出去买包烟，或者去超市，不一定非要带护照，所以，他们可能在出行过程中被警察抓着。当然俄罗斯也存在问题，据说当时政府有指令，看到哪里有中国公民就得去加强巡查。李文正和杜辉都被警察盘查过，他们俩都知道要带齐证件。早期近 80 个中国同胞，因为没有把证件带齐，然后出门被警察盘查，就被抓了。当时索比亚宁又特别强硬。他觉得颁布戒严令，如果外国人都不遵守，那本国人还怎么遵守。他给法院行政施压，当时法院有一个案子，我很清楚，一个中国留学生去楼下倒垃圾，一般我们倒垃圾不会拿护照，穿得很休闲就去倒了，警察就在楼道抓着他。抓着他之后就是因为他没有带这些合法的证件，他就被带到移民局监狱，要被驱逐出境。在法庭上，他向法官陈述理由，法官其实也表示理解，但是索比亚宁当时已经明确表示，对这一块要严管，所以最终还是将他驱逐出境了。

**杜辉（主讲人）：**

我再补充一点，这 80 人大多数都是在俄罗斯早期发布停止中国公民入境俄罗斯命令的大概前 10 天返回莫斯科。他们在入境的时候，据我所知，很多人在下飞机的第一时间，在海关的时候，就签署了很多文件。在那个时候，俄罗斯的海关就设立了一个防疫的检查、检验部门，当时就针对中国人，不针对其他国家的公民，因为最早疫情暴发在我们国家。这些人下飞机以后，海关的工作人员就把他们带到了一个特殊地方，然后让中国公民全部签署文件，文件长达 20 页，俄罗斯的手续非常复杂，大多数的中国公民，下飞机签署这些文件，都没有仔细看。有很多人是新生，俄语不是特别好，也看不懂这些文件，着急过海关就签字，他们不知道这些文件上究竟写了什么。这些文件上面有明确的规定，不可以离开居住住所多少米，对于下楼做什么都是有非常详细的规定的，但是这些人都没有看。很多人出了机场以后，打车回家，下车的时候被莫斯科的大数据人脸识别拍到了，警察便去抓他们，说他们违反防疫隔离规定。还有一些人，下楼倒垃圾走得很远，被小区里的警察看到了。现在每个警察都配备大数据的人脸识别仪，发现对方在系统里面，就直接带走。我有一个同学在这边工作，坐在车里被发现了，就被带走了。这 80 人很多是因为签署文件而被驱逐的。

当然事情闹得特别大的一个根本原因，并不是驱逐，是因为这些人到了监管所的时候，法官审判过程非常简单粗暴，没有任何律师参与，也没有给他们上诉的机会，法官只是通过视频宣判这 80 人全部被驱逐。80 人当中，有一部分是游客，他们想早点走，但还有一部分人是在这边的留学生和商人，事情就被闹到大使馆，导致事情闹得特别大，因此双方都有原因。我们中国人，对于俄罗斯的很多情况并不了解，但是俄罗斯人的执法确实是非常得简单粗暴。

**李文正（主讲人）：**

最近这 80 人都已经获释了，经过大使馆的努力，大部分人还是正常地被释放，没有被驱逐出境了，主要也是在疫情初期做一个典范。后来俄罗斯政府又签署了一个法令，让他们全部都获释了，大部分人并没有被驱逐出去。

**李松锋（主持人）：**

谢谢三位博士的解释和澄清。根据刚才杜辉博士的说法，我大概明白了，这相当于我们国家规定从疫区过来的人要居家隔离，在 14 天之内是不能出来的，就只能待在家里，如果出来，那要被送到集中隔离点。至少我们在北京就是这样的，如果有人从湖北武汉过来北京，会直接被送到家里居家隔离，在这期间不能出门倒垃圾。在我们小区，会给被隔离的人家里装报警器，一开门相关人员就会知道，如果违反规定，居家隔离者会被送到集中管理点。我理解俄罗斯的做法可能和我们的做法是差不多的，那现在还有其他问题吗？或者你们三位对聊天区的问题还有补充的吗？

**杜辉（主讲人）：**

我补充一点。有一个同学问，在驱逐中国人的过程中，是否存在钓鱼执法现象。我们没有发现这种情况，俄罗斯人没有那么多奸诈的招数，但是俄罗斯的警察执法确实非常暴力。

**李松锋（主持人）：**

感谢三位博士精彩的演讲，确实给我们贡献了很多新鲜的内容，收获很大。谢谢参加讲座的各位老师和同学。同时打一个广告，我们下周的同一时间会聚焦巴西和智利，就是目前疫情比较严重的两个国家，也欢迎各位老师和同学继续关注这个系列的讲座。今天就到这里，特别希望李博士和杜博士在俄罗斯那边多多保重，也期待着你们早日学成归来，谢谢大家。

# 巴西和智利的防疫观察

主讲人 ·········································································

  刘  镓  对外经贸大学讲师

           (时为巴西利亚大学国际关系学院访问学者)

  包  容  《智利华商报》前总编辑

           《透视智利》作者

           "智利华商联合总会"创办人之一

主持人 ·········································································

  李松锋  中国政法大学法学院副教授

**李松锋（主持人）：**

大家晚上好，欢迎参加域外公法论坛。今天是疫情时期特别策划的第8讲。最近疫情蔓延了到拉美地区，拉美各国成了整个世界疫情的重灾区。许多天里，几个拉美国家的当天确诊人数和死亡病例都排在世界前列。今天晚上就聚焦拉美地区的两个国家——巴西和智利。我们非常荣幸邀请到了两位正在当地学习和工作的专家。一位是刘镓老师，他是对外经贸大学外国语学院的老师，现在在巴西利亚大学国际关系学院做访问学者，由他来给我们讲巴西的情况。另一位是包容老师，包容老师在智利生活、工作多年，曾是

《智利华商报》的总编辑，写过《透视智利》一书，还是智利华商联合总会创办人之一。按照安排，先由刘镓老师讲巴西的情况。

**刘镓（主讲人）：**

大家晚上好。现在巴西是很热门的。实际上，拉美地区已经成了世界疫情的"震中"，而巴西是"震中"的"震中"。根据官方统计，巴西的死亡人数已经达到 3 万人，确诊人数已经超过了 50 万人，这里的确诊人数是指重症人数，只有收治住院的才算确诊。根据圣保罗一家医学院的模型测算，巴西的确诊人数已经超过 400 万人。巴西的疫情，已经不仅仅是医学问题，而成了一个政治问题。

巴西的防疫，一开始做得不错，尤其是第一个卫生部长在职期间。他做得非常好，非常专业。卫生部的官方推特，从巴西确诊第 1 例患者以后，每天都向社会通报疑似病例的诊断结果、已经排查的人数情况以及和中国、世卫组织的沟通情况。但是，巴西有一位比特朗普还不靠谱的总统，这位总统一直在和严格的社会隔离措施较劲，要求恢复正常的商业运作。昨天上午，他又乘坐直升机去给参加游行的支持者们鼓劲，下午又骑马去煽动自己的支持者。这样下去，确诊人数倍增会很快到来。为什么巴西防疫成了政治问题，而不是医学问题？我们先来讲一下巴西的政治体制。

巴西根据 1988 年宪法确定了三权分立原则，因此掌控巴西权力的是四个机构：高等法院、参议院、众议院以及政府。此外，州长和市长的权力也大大扩展，可以说巴西是一种"集体总统制"。行政权（政府）内部也存在权力的"议会化"，政府中的多个部长人选都是不同政党和游说集团之间谈判妥协的结果。因此，很多时候总统能够按照自己的意图任命的部长只有 5~6 人。传统上而言，巴西军队的力量一直很强大，自 1889 年独立以来就从未真正服从过政府，现在类似的情况也出现在联邦警察、总检察院以及公共部这些新的利益集团身上，有时候这种情况被称为"平行权力"。在此情况下，可以说巴西总统的权力已经相当薄弱，最近十年更是每况愈下。

博索纳罗赢得 2018 年总统大选是因为获得了军方、教会、金融农牧业集团以及金融工商业集团的支持，同时他也是一个典型的民众主义魅力领袖，在巴西民众当中有 20%~30% 的铁杆支持者。

目前这位总统也受到了弹劾，但是弹劾程序没有受到议长的首肯，因为军方在其中做了协调。一旦弹劾程序启动，就有可能引发社会动荡，受到重创的左派有可能会借机恢复元气，军方不想看到这种局面。尽管这位总统不断发出关闭国会、新闻审查等一系列不当言论，但军方没有正面驳斥他的言论，反而有些军方的大人物站出来为他解释。前几天，一群退休的中高级军官给法院写信，坚决反对要求总统交出手机的裁决，表示如果要求总统交出手机，就意味着内战，这至少表明了军方高层的态度。现在，大家已经不关心疫情了，而是围绕总统的去留问题激烈争吵。

根据巴西宪法，各个州、市有非常大的自主权，联邦政府无权干预自治事务。虽然总统反对，但是各个州、市都采取了严格的社会隔离措施，总统只好诉诸民众，这是民粹主义的典型特征。博索纳罗是军人出身，曾是上尉军衔，离开军队之后，他就投身政界，做了 3 年州议员，之后连续担任国会议员 27 年。虽然他言论出格，行为乖张，但是特别聪明，有政治头脑。

博索纳罗上台之后的做法完全超出了巴西政治精英的预料。这位总统上台后不但与反对派死磕到底，而且还与自己所属的政党决裂，成了无党派人士，在国会里没有多少支持者。巴西国会按照利益集团划分为各个"板块"，比如代表农牧业利益的农牧业阵线等。他现在就通过各个利益集团、板块在国会里面斡旋。如果现在对他进行弹劾，2/3 的议员投票支持弹劾是有可能的，劳工党现在已经是国会第一大党，再加上和他决裂的右翼政党，弹劾达到法定票数没问题。看到自己可能下台的苗头之后，博索纳罗开始和中间派妥协，把经济部拆分为 4 个部，重新设立了渔业部，他希望用 4 个部长职位与中间派进行利益交换，如此一来，又重新回到了按照党派利益来分享政府权力的局面。

按照医学要求，巴西的社会隔离度必须达到 70% 才能有效果，但是，巴西的社会隔离度从没有超过 55%，甚至一度只有 48%。在里约和圣保罗的隔离成效不大，感染人数一直在上升，70 多天的隔离也使得巴西的经济承受不起了，一旦恢复经济，疫情可能会迅速暴发。巴西周边的国家都关闭了国境，美国也中断了飞往巴西的航线。根据流行病学的模型估计，巴西的疫情在 6 月份达到高峰。但是，各个州宣布 6 月份复工复产，因为巴西 70% 的就业人口处于非固定就业状态，如果国家一直发放补贴，政府破产是迟早的事情。巴币对美元的比率下降了 47%，资本外逃严重。预计巴西因为疫情影响，GDP 会下降 4.7%，2 月份的失业率是 11.6%，5 月份的失业率是 15%。

为缓解企业压力，总统颁布法令，公司可以冻结支付工资 4 个月。普通巴西人的储蓄率非常低，没有了收入，大家就只能去街上抢劫，舆论一片哗然，迫使总统在当天下午就取消了政令。另外，为了恢复经济，巴西由总统府的民事办公厅制定了复苏计划，负责经济事务的经济部居然没有参与。这项计划以公私合营的方式投入至少 2800 亿雷亚尔，其中公共财政投入 300 亿，剩下的由私营部门投入。巴西的经济部长认为政府这样的投入会造成巨大的赤字，不但起不到拉动经济的作用，反而降低政府偿债能力，因此坚决表示反对。没办法，他们向美国求助，美国驻巴西大使只是表示赞赏，但是连空头支票都没开。

这次疫情暴发使得巴西股市暴跌，巴西几家主要的大型公司贬值达到 30%，有的甚至达到 50%～70%。巴西航空工业公司 2 月份之前的市值是 45 亿美元，现在只有 10 亿美元，它本来已经和美国波音公司达成了收购协议，由后者出资 40 亿美元收购，但波音见到巴航工业市值暴跌，就撕毁了协议，巴西人只能转而找中国寻求新买家。疫情期间，巴西百业凋敝，只有农业因为与中国的贸易往来从而保持了增长。

目前的局势下，巴西军方不会让总统下台，也没有人敢为此承担政治风险，巴西政局目前非常乱，但是，为了不给左派创造机会，主要的利益集团宁愿留住目前的总统。

我就说到这里，说得不好的地方应该很多，请大家批评指正。如果说有什么问题的话，我们也可以交流一下。

**李松锋（主持人）：**

谢谢刘老师！刘老师在简短的时间里给我们介绍了巴西现在的情况，使我们了解到巴西现在政治问题压倒了疫情。虽然我们觉得疫情成了巴西很严重的问题，但是当地人可能觉得政治更重要。大家如果有什么问题，可以在聊天区提出来。

**刘镓（主讲人）：**

我看到有同学说，巴西黑帮走向街头代替政府实施防疫措施、发放物资，政府是不是完全没有能力实施有力措施？黑帮在巴西是一股重要的政治力量，和政界、警察相互勾结，自身还掌握了几十万选票。巴西的贫民窟由黑帮管理，警察和政府是进不去的。黑帮就相当于贫民窟的政府，贫民窟都有自己的货币，黑帮的管控能力比政府都要强。

**李松锋（主持人）：**

接下来，请我们的第二位主讲嘉宾包容老师讲智利的情况。今天开场之前，放了一首音乐，是智利一个护士创作的《谁曾料想》。这次疫情的出现，确实是"谁曾料想"。有请包容老师来给我们讲讲智利的情况。

**包容（主讲人）：**

感谢李老师邀请。我今天给大家介绍一下智利的情况。我把智利 3 个月的抗疫总结为"渐进式抗疫"。我的分享一共分为四部分。第一部分是这 3 个月抗疫的基本状况；第二部分介绍一下智利政府防疫的基本政策和防疫期间的政治生态；第三部分介绍一下智利民众对疫情的态度和反应；第四部分介绍一下在智利的华人的状况。

我先介绍一下智利防疫的基本情况。3月3日，智利确诊了第1例患者。昨天，确诊人数已经超过10万人，死亡人数超过1000人。从第1例确诊到第10 000例确诊用了47天，确诊人数从10 000人到20 000人用了15天，从20 000人到30 000人用了7天，从30 000人到40 000人用了5天，从40 000人到50 000人用了4天，昨天的确诊人数超过了5000人。智利的疫情目前处于失控的状态，6月份是否达到峰值还有待观察。

在防疫的前47天，智利给外界传递了一个错误的信息——智利的防疫是成功的，在国际媒体上称自己为"南美的德国"。这个时期，确诊人数大约为一天300~400人。每天的确诊人数都在上下浮动。4月底的时候，甚至出现了一个让人产生错觉的现象，导致了政府的误判。确诊人数到10 000人的时候，出现了治愈人数超过未治愈人数的现象；从3月3日到4月24日，一共确诊12 306人；4月24日，还没有治愈的人数是5805人，治愈的人数已经超过了没有治愈的，我们当时的理解就是不会再传播给别人了。在4月底5月初，智利国内和国际上都认为智利的防疫很成功。但是，很遗憾，从5月份到现在，不过1个多月的时间，智利的疫情已经发展到现在这个情况，死亡人数已经达到1000人，对于一个人口不到2000万的小国来说，这是一个非常可怕的数字。按照比例来说，智利不是死亡比例最高的国家，也是其中之一。据统计，圣地亚哥有800万人口，确诊人数达到了8万多人，感染率约为1%，是非常高的。按照中国人的标准来看，智利的防疫是失败的。

我讲一下智利国家层面的防疫政策。4月份的时候，《南风窗》邀请我写一篇文章介绍拉美地区的防疫情况，我根据4月份的数据，在文章中判断智利的渐进式抗疫是有成效的。今天看来，这种抗疫的成效只是在一定的阶段表现出来的。什么叫作渐进式抗疫呢？

根据我的观察，所谓渐进式抗疫，就是根据疫情的发展，推出防疫的政策。比如说圣地亚哥一共有30多个城区，智利政府只宣布其中疫情严重、确诊病例多的几个区进入隔离状态；进入隔离状态的区确诊人数减少了或者疫情停滞不前了，就会解除隔离；等到疫情暴发，无法控制之后，才宣布整个圣地亚哥进入隔离状态。我将其命名为渐进式抗疫。

这实际上是一种失败的防疫方式。首先，隔离不彻底。其次，老百姓不遵守政府的隔离政策。我所住的区和另一个区之间只隔一条河，河上有座桥，如果实行真正的隔离，两个区域之间应该在每个路口安排警察检查来往的人的通行证。虽然通行证在网上几分钟就能申请，但是大量的人不申请通行证就出门。智利政府没有在隔离区域和其他区域之间设置足够的关卡，比如隔离区域与其他区域接壤的有10个路口，可能只有3~4个路口有警察检查，这些警察也不是检查所有人，100个人中可能只检查30~40个人，通行证上也没有身份证信息，也没有严格处罚的措施。现在圣地亚哥全部进入隔离状态，但是我所在的区与另一个区之间的隔离状态却不存在了，可以正常通行，城区之间的隔离基本取消了。智利政府的这种渐进的抗疫政策，再加上民众的不配合，导致智利疫情呈现出今天这种局面。

智利的中央政府采取的抗疫政策与地方政府存在冲突。中央政府宣布某些区隔离的时候，没有隔离的城区的市长就抗议中央政府不宣布自己所在的区进入隔离状态。智利政府分为中央、大区和省3级，城市的市长是直接选举出来的，不归总统管，但是市长和总统的权力都受到法律的限制，市长没有调动警察的权力，只有中央政府才有权下令对地区实施封锁。中央政府是怎么答复的呢？首先，市长没有这种权力，对哪些地区实施封锁中央政府有自己的标准。其次，中央政府批评市长是在拉选票。智利的市长和总统都是4年一届，但是市长可以无限连选连任，总统不能连任。智利的现任总统，是第2次当总统，但他是间隔了4年以后才再次当选的。市长为了拉选票而要求中央政府在本地区确诊人数很少的情况下宣布隔离，这是有可能的。中央政府和地方政府之间的冲突也是造成智利疫情暴发的原因。

另外，智利的总统在抗疫初期因为抗疫效果显著，支持率一度上升，在国际上也受到好评。后来，智利疫情暴发有决策失误的原因，引发了智利民众的广泛批评。

接下来，我讲一下智利民众对疫情的反应和态度。就像西方国家一样，虽然政府的抗疫决策存在一系列失误，但是民众并没有因此揪住不放。他们知道总统和政府的权力有限，失误也是可以理解的。比如美国确诊人数达到200万人，大家不会认为都是总统的错，当然也有相当一部分人甚至一半左右的人并不这么认为。智利民众批评总统，但并不认为全是总统和政府的错。

智利民众对疫情的反应，就像前面刘镓老师讲的巴西民众的反应一样，不重视也不配合政府的政策，只要死亡没有降临到自己或者亲人的身上，他们就觉得无所谓。国内疫情期间，我相信很多国人是处于恐慌状态的，但是，智利的民众一点也不恐慌，不配合政府，疫情期间，年轻人照常聚会。对于当地人来说，吃饭比健康更重要，没饭吃只能等死，很多人冒着生命危险出去工作。我家附近的市场即使在疫情暴发期间也和平时一样热闹，我也曾经冒着生命危险去买菜。虽然大家都戴着口罩，但是70%~80%的口罩，按照我们国内的标准是没有防护作用的。疫情失控，政府负有责任，但是民众的不配合也是重要的原因。

最后，我想介绍一下在智利的华人情况。智利有4万多华人，至少有30人确诊，这是我们所掌握的数据，但是不排除有华人担心自己被其他华人排斥而隐瞒了自己的病情。前段时间有个华人跳楼自杀，是因为抑郁症，并没有确诊。持续了3个月的疫情使得华人损失惨重。华人主要投资于餐饮业和零售业，这两项占了智利华人经济的80%。疫情期间，华商一方面要支付员工工资，一方面要支付房租，很多人已经没有能力支付这两项费用了。我本人曾经接到一个华人朋友的求助，要我帮忙要求房东降租。我和房东谈了半天，并委婉地告诉房东，如果华人经济倒闭了，房子就租不出去了，他也会受到损失，但是，房东坚决不降租。意外的是，第二天朋友告诉我，房东降租了，大概是良心发现。我想，不是良心发现，华人的经济"黄"了，对他的影响也很大。我目前在智利做旅行社，3月份的时候我和房东交涉，很幸运地获得了5、6、7、8月这4个月的房租减半。据我了解，大多数的华人都得到了租金减免，有的房东甚至取消了房租。

智利允许企业经过申请，在疫情期间的几个月不给员工发工资，这个政策目前还在执行。有一个很大的零售企业，申请获批了不向员工发工资，但是他们依旧向股东分红，全国上下非常气愤。当然，并不是因为疫情才分红，疫情之前就已经决定向股东分红了，但是，分红的时候恰好遇到了疫情。最后，这个企业决定继续向股东分红，同时继续向员工发放工资。

以上就是我要讲的内容，我想把更多的时间用来和大家进行交流沟通。最后，我想做一个总结，智利抗疫的得失成败应该由智利人自己进行评价，智利人民有权去评价他们的政府。这是我的不成熟的观点。大家如果有什么问题，我们可以继续交流。


**李松锋（主持人）：**

谢谢包老师！包老师从四个方面给我们介绍了智利疫情发展的状况以及国家采取的政策、民众的态度，还有当地华侨在这次疫情期间所面临的一些问题。收获很大！很有意思的是，巴西和智利这些拉美国家都出台了一个类似的政策：疫情期间，公司竟然可以免开工资。之前我们在这个系列讲座中提到欧洲的一些国家，福利比较好，在疫情期间的做法是政府给一些中小企业补贴，由政府来承担部分员工工资，以财政资助确保中小企业能够维持下去。拉美国家采用免开工资的政策，对于普通员工来说会是一个很大的挑战。当然，不同地区、不同国家采取的政策不一样。

大家如果有什么问题，可以在聊天区提出来。我自己有一个问题，可能是我没听明白，就是巴西和智利都存在民众对政府出台的政策不配合，导致政府的防疫政策效果不是那么好的情况。我不太了解这些政策的具体情况，按照我的理解，政府如果出台一个政策，那就是强制执行，如果违背了会承担相应的法律后果。请问巴西和智利的这些政策，是引导性或鼓励性的吗？还是说虽然有强制性，但是民众仍然不执行？

**包容（主讲人）：**

李老师，我简单地回答一下你的问题。据我了解，智利所谓的抗疫政策和中国一样，是有法律效力的，违反了会有相应的处罚。智利违反居家令的人就受到了处罚，有个确诊的病例去超市买东西，也受到了处罚。民众不配合，不意味着没有处罚措施，处罚比较轻，使得有些人不在乎，这是政策形同虚设的原因。

**李松锋（主持人）：**

谢谢包老师。政府对这种情况有什么反应？出台一些政策，结果仍然有一些人不遵守，那政府有没有加大处罚的力度或者采取其他的措施？

**包容（主讲人）：**

从我接触到的信息来看，政府没有加大处罚力度，但是加强了监管监督。政府在路口加派了警察，原来一个路口一天抽查 20 人，现在可能抽查 30 人~50 人，但是处罚的力度并没有增加。我本人每周都要开车出去，但是并没有被检查过通行证，这说明检查的力度还不够。

**李松锋（主持人）：**

谢谢包老师，我知道了。执法成本确实是一个非常大的问题。中国抗疫取得成效很大的一个因素就是强大的动员能力，把各个居委会的人都动员起来，作为监督者，这是很重要的。法律的落实，一个很重要的因素是依赖于强大的监督力量，很多时候确实不是依赖于提高惩罚的力度，关键是违法时候被查处的概率。刘老师，巴西的情况呢？我记得刚才您讲的时候，巴西也存在类似的情况。

**刘镓（主讲人）：**

拉美国家的情况都一样。有个同学问，从哪些网站可以了解到巴西的情况。你可以登录 globo，也就是环球网。中文信息的话，可以关注一个网站——"巴西华人网"，这是巴西华人办的一个网站，还有一个公众号名叫"南美侨报"。巴西华人网的新闻都是翻译的各大报纸上的新闻，不懂葡语的可以关注巴西华人网。

有人问为什么军方不愿意博索那罗下台，因为总统下台之后副总统莫郎就会接位。莫朗是陆军上将退役，对外交也十分熟悉，他也是印第安人的后裔，给人的印象就是精英中的精英。为什么军方不愿意现任总统下台呢？因为总统一旦下台，各种政令的执行就会受到阻碍，很多事情都得停下来。呼吁总统下台呼声最强烈的是劳工党为首的左派，军方和左派水火不容。弹劾总统的程序也是非常复杂的，在目前这个局面下，也没有哪个政治人物或者党派愿意接下这个"烂摊子"，所以，他还能继续当下去。而且，还有迹象表明，他连任的可能性非常大，巴西国内至少有 30% 的人是他的"铁杆"支持者，选票绝对不会投给别人；中间派占了 22%，如果有 15% 左右投票给他，凭借 45% 的得票率他肯定能够进入第二轮选举。第二轮选举 2 选 1，他非常有可能再次当选。

**李松锋（主持人）：**

谢谢刘老师。谭道明老师在聊天区向包容老师提了两个问题。

**包容（主讲人）：**

第一个问题，关于智利总统的支持率。目前，他的支持率大约是 25%。

虽然很低，但是疫情之前只有 10%，经历了疫情不降反升，这是为什么？在疫情前期，他让智利民众感觉到自己是有准备的并且很冷静，现在也依然很冷静。不过人算不如天算，再加上民众的不配合，导致疫情的暴发。在欧美国家，民众会觉得总统有错，但是不全是总统的错导致了疫情的暴发。即便疫情得到了控制，他们也不会认为全是总统的功劳。虽然智利总统受到了很多批评，但是支持率并没有一落千丈。

关于智利的修宪问题，修宪公投已经推迟到了今年 10 月份。有些人认为国家那么乱，那么糟，没有必要修宪，有些人认为非常有必要修宪。我个人认为，非常有必要修宪。在面临社会危机的情况下，通过修宪解决一些问题，达成妥协，对国家的发展是有帮助的。

实际上，是疫情把智利一度失控的骚乱状态给平息了。尽管在疫情期间依然有人出来抗议，但是人数和以前完全没法比，如果以前有 1 万人抗议，现在可能只有几百人。目前来看，疫情过后市民们会重新上街，骚乱会继续，至于规模大小很难讲。智利的情况和巴西比，总体来看，智利要好一些，比如失业率只有 9%，但是目前很难预料疫情之后会怎样。根据一些 NGO 的判断，在拉美国家中智利应该会首先从疫情中恢复经济。智利的宏观经济总体比较稳定，金融行业也比较健康。

**李松锋（主持人）：**

谢谢刘老师。过去我们经常说中国体制的优势就是强大、稳定的政府制度。在抗疫的时候令行禁止，中央与地方绝对不会出现分歧甚或公开对立的情况。听了巴西的情况之后，大家可能就理解了中国制度的优势。我们今天的讲座就到这里。谢谢刘老师、包老师为我们提供了精彩的讲座。最后还是打一个广告，下周二晚上 7：30，我们将聚焦于挪威、巴巴多斯和西班牙的防疫情况。欢迎各位老师和同学继续关注和参与。请在拉美的老师们多保重！各位再见。

# 挪威、巴巴多斯和西班牙的防疫观察

主讲人 ·····························································

李居迁　挪威卑尔根孔子学院中方院长

李仁燕　西印度大学凯夫希尔分校孔子学院中方院长

段　炼　西班牙（中国）人文社科学者学人联合会主席
　　　　西班牙科米亚主教大学博士

主持人 ·····························································

李松锋　中国政法大学法学院副教授

**李松锋（主持人）：**

各位老师、同学，大家好。我是中国政法大学法学院的李松锋，欢迎参加域外公法论坛。今天晚上的讲座是我们疫情时期特别策划的第 9 讲。时间过得很快，从我们开始策划这个讲座到现在已经过去了两个多月。在这两个多月的时间里，我们曾经为疫情在全世界的扩散感到忧心。但是，令人欣慰的是，最近几天，陆续看到世界各地在抗疫方面都取得了明显进展，疫情基本上得到了有效控制。

可能是因为疫情逐步得到控制，特别是我们国内，情况改善了许多，学校已陆续开学，其他的行业也都在复工复产，比如许多地方的夜市也有人出来摆摊了。在这种情况下，可能大家觉得疫情已经不重要了，已经过去了，所以来参加这个讲座的人数也越来越少了。当然，我们迫切希望抗疫能尽快成为过去时，但对这个问题的关注和思考却不能轻易过去，甚至一定不能过去。其他国家是怎么做的，他们有哪些经验或者教训值得我们汲取，仍然值得关注。

今天晚上我们聚焦三个国家：挪威、巴巴多斯和西班牙。可能相对来说大家都比较熟悉挪威和西班牙。我不知道其他的老师和同学是不是了解巴巴多斯这个国家。我是因为李仁燕老师到巴巴多斯去了之后才知道世界上还有这样一个国家。开场前，我找了三段视频，分别与这三个国家有关。第1段视频是挪威卑尔根大学孔子学院的宣传片，第2段是巴巴多斯美丽的海滩，第3段是一首流行的西班牙抗疫歌曲。

今天晚上，我们邀请到的三位嘉宾，也都正在当地工作、学习。其中两位都是"李院长"，都是孔子学院的院长。李居迁老师是中国政法大学国际法学院的教授，国际法专家，现在在挪威摩尔根大学担任孔子学院中方院长；李仁燕老师是中国政法大学法学院的老师，此前是法学院办公室主任，现在在巴巴多斯西印度大学凯夫希尔分校担任孔子学院中方院长。至于西班牙，我们非常荣幸邀请到的是段炼博士，他是西班牙（中国）人文社科学者学人联合会的主席，西班牙科米亚主教大学博士，在西班牙学习生活多年，对当地情况非常了解。非常荣幸邀请到三位嘉宾来给我们讲各自所在地方的抗疫情况。按照计划，首先请李居迁老师讲挪威的情况。

### 李居迁（主讲人）：

非常感谢李老师组织了这样一个很有益的活动。共享消息对于我们人类来讲是一件很重要的事情，信息的共享可以让我们知道世界发生的变化，妥善处理很多的事情。世界上会发生什么事情都是很正常的，关键是我们如何去应对。今天，非常高兴能有这样的机会来和大家分享一些信息，也非常高兴能够了解巴巴多斯和西班牙的情况。首先，我会讲一下我们孔子学院的情况。然后，和大家分享一下挪威防疫的基本情况、经验和社会的反思。

卑尔根孔子学院在 2008 年就建立了，跟当地有很多合作。我是去年 5 月份来的，到现在已经在这里待了 1 年零 1 个星期左右，我会一直任职到明年。在这个特殊的时刻，我正好在挪威，可以跟大家分享一下当地的情况。

挪威的整体存在感并不是很强，大家对挪威的风景、音乐可能比较熟悉，但是却并不了解挪威的社会。从古至今，挪威都是一个扁平化的社会。大家都知道维京海盗，他们就居住在包括挪威在内的地区。维京海盗在劫掠的时候，会有明确的分工，互相配合，但是相互之间并没有明确的等级。挪威的国王出兵打仗的时候，如果一个农民不喜欢这个国王，他可能会拒绝为国王打仗。挪威是一个非常扁平化的社会，这种扁平化的社会结构也影响到了挪威的抗疫措施。今天我主要跟大家分享四个方面的内容：①挪威疫情的概况；②挪威采取的防疫措施；③挪威是如何逐步解禁的；④挪威社会对防疫措施的反思。

我们先来分享第一个方面，疫情概况。疫情刚开始时候，挪威这边完全没有什么感觉，大家都觉得疫情距离挪威十分遥远，我们也组织过给国内捐款。挪威人喜欢体育锻炼，体质很好，对自己的免疫力非常有自信。很多人认为新冠无非是严重一点的感冒。挪威记者也去意大利报道疫情，挪威人觉得我们的记者都没问题，并不重视疫情。

2 月底的时候，挪威出现了确诊病例。确诊病例是因为去意大利旅游得了新冠肺炎。挪威的冬天雨雪交加，黑夜漫长，下午 3 点天黑，早上 10 点天才蒙蒙亮。因此，一到春假挪威人就去意大利或者西班牙这些阳光灿烂的地方旅游，很多人提前 3 个月或者半年就安排好了旅游的计划。大量挪威人出去旅游，使得疫情传播到了挪威。3 月 13 日的时候，政府宣布关闭学校。过了差不多两个月，5 月 11 日，中小学就开始复课。目前，大学仍然处于关闭状态，授课在网上进行。截止到昨天晚上，挪威的感染人数为 8562 人，死亡 238 人，过一会儿，我会告诉大家这些数字的含义。

疫情在挪威爆发的原因是春假期间民众疏于防范，不戴口罩。很多人觉得没有必要戴口罩，只有得病的人才需要戴口罩。实际上，这个病毒有很多无症状感染者，这就使得戴口罩能够保护自己，而不仅仅是保护别人。即便真的要求大家戴口罩，也会面临严重的问题。挪威的药店里面几乎没有口罩，我们曾经打算买口罩寄到国内，但是通常一个药店只有一两盒口罩，有的甚至没有口罩。

昨天，挪威全国新增确诊人数为 17 人。总体来说，每千人确诊 1.6 人，比例还是挺高的。3 月中旬的时候，挪威每天的确诊人数超过了 350 人，最多的时候达到了 380 人，后来就开始下降了。3 月 16 日开始进行社会控制以后，每天的确诊人数明显开始下降，后来又开始上升，4 月份以后在不停地下降。现在每天的感染人数不足 20 人，应该很快能够解决问题。

确诊的病例主要是年龄较大的人，50 岁以上的人所占比例最高；50 岁以下的非常少，占了不到 10%。在 238 例死亡病例中，男女所占比例是比较平均的，男的稍微多一点，女的少一点。在死亡病例中，60 岁以上的占了 95.4%，70 岁以上的占了 87%。换句话来说，这些高龄人口可能本身就有基础性疾病，不一定是因为新冠而失去生命。确诊病例中本地产生的感染人数占了 51%。疫情从西班牙、意大利传入挪威以后，国内传播就开始了。

第二个方面，防疫措施。虽然疫情来势凶猛，但是给挪威造成的影响并不是很大。挪威很及时地采取了积极的措施，包括关闭学校和边境，进行充分的信息公告，制定应对疫情的法律。3 月 16 日，政府发布公告关闭边境，叫停国际航班，将挪威与其他国家隔绝，这样一来，只是应对挪威的国内疫情，就相对比较容易了。挪威的国土狭长，从南到北将近 2000 公里，人口只有 500 多万。人口密度小，空间范围大，人与人之间的接触不是很密切，很容易控制。

挪威是一个扁平化的国家，不存在严格的等级，没有很多的警察。很多的措施完全靠民众自觉执行。政府主要负责向民众通告各种有关疫情的信息，机场、公交、座位、柱子、玻璃上等都有政府发布的公告。电视、政府官网、学校等都会及时发布有关疫情的信息。在充分了解信息的情况下，民众可以采取合理的保护自己和他人的措施，不需要进行过多的管控，就可以解决问题。

为了应对疫情，挪威进行了相应的立法。立法的执行是非常严格的，比如，确诊患者如果违反隔离规定，会被罚款 4 万。确实有不遵守隔离规定的情况，比如早期的时候，很多人觉得没事，有一个小伙子没有遵守隔离规定，被人举报了，受到了处罚。挪威也通过立法对出入境进行了管制，即便是有签证，没有特别的许可也是无法进入挪威的。

政府部门、研究所等向各个行业发布了疫情防控的建议，是用二三十种语言发布的。如果你是学生，就可以在学校的网站上看到相关的防疫信息，并且学校网站会提供政府专门网站的链接地址，你既可以了解一般的信息，也可以了解更多、更专业的信息。

因为口罩供应不足，为了避免引发全社会的恐慌，挪威就鼓励大家多消毒、洗手。要求大家每天回来之后就要洗手，还要经常消毒。挪威人购买消毒液、消毒剂还是非常多的，并且消毒液和消毒剂能够保证供应。疫情严重的时候，中国就开始给挪威捐赠口罩了。中国驻挪威的大使易先良先生出席了捐赠仪式，易先良先生是我们中国政法大学的校友。

总体来讲，挪威的应对是比较及时的，措施也非常得力。在疫情期间，有一些事情我必须去办公室才能处理，平日里坐公交一般都得站着，但是，疫情期间一辆公交只有 5 个人。社会运转，公交不能停，为了保证司机的安全，司机后面有一片用胶带封闭的区域，不允许乘客进入。

第三个方面，逐步解禁。挪威现在已经开始逐步解禁了，这依赖于大家的高度自治，基本上没有遇到太多问题，现在应该考虑经济该怎么办了。禁足的两个月里，大家基本上都待在家里，路上基本上看不到人，车都很少见，大家都是居家办公、学习。比较麻烦的是小孩，小孩在家里待不住，挪威允许小孩去运动场，但是必须保持足够的社交距离，因为人少，保持距离比较容易。宾馆、饭店、酒吧、理发店、电影院全都关闭了，宾馆的损失还是非常大的。挪威要求人与人之间保持 1.5 米的社交距离，中国人口密度大，很难做到，但对挪威来讲不是问题。有人开玩笑，疫情期间的社交距离是 1.5 米，解禁以后恢复正常社交距离——5 米。

挪威在采取防控措施的时候兼顾了经济，货运航班、邮局、超市等都是正常运行的。超市限时开放，超市门口提供免费消毒液、塑料手套，收银台用玻璃罩隔开。国家采取了减税政策，并对企业提供资金补助。

快到夏天了，农场的作物成熟以后就需要工人进行收割。5 月 12 日，挪威发布命令允许去农场打工的外国工人按照需要的比例入境。但是，旅客和从事其他活动的人还是不允许入境。经过评估以后，挪威的饭店已经开放了，但是需要保持社交距离。宾馆里面现在几乎没有什么人，没人来旅游自然没有什么人。现在准备在 6 月份评估是否向周边国家开放航班，8 月份的时候评估是否向欧洲国家开放航班，其他国家还得等一段时间。

第四个方面，挪威疫情防控反思。现在挪威有人在反思，是不是疫情防控过度牺牲了经济利益。但是，我们无法设想如果挪威不采取严格的防控措施会造成什么后果。挪威感染人数是 8500 多人，死亡 238 人，总人口 536 万人；丹麦感染人数是 12 000 多人，死亡 500 多人，总人数 5000 多万人；瑞典完全放弃防控疫情，感染人数是 45 133 人，死亡 4694 人，总人口 1000 多万人。这三个国家的语言、文化都是比较同质的。通过比较，我认为挪威的防疫措施并没有过于严格，如果不采取严格的措施，可能会面临瑞典的局面。挪威疫情的控制依赖于政府管制措施和人民的自觉，有很多的经验和教训。我就给大家分享这些。

**李松锋（主持人）：**

谢谢李院长，在非常短的时间内比较全面地介绍了挪威这次疫情的基本情况、采取的对策，还有一些反思。对我个人来说，有两点印象还是蛮深刻的。一个就是挪威对疫情反应迅速，我记得李院长讲，3月10日确诊了77个人，是比较大规模的暴发，13日就关闭学校，16日关闭边境，应对非常迅速。另外一点是挪威治理疫情的成本问题。挪威没有特别多的执法者，他们在应对的时候，就是贴告示，告诉大家怎么做。这种社会治理，节约了大量的执法成本，是值得我们去思考的一种现象。

大家如果有什么问题，或者想交流的，可以在聊天区里提出来，待三位嘉宾讲完之后，如果有时间，还可以有一些交流。针对李院长所讲的挪威的情况，我自己有一点问题，如果有时间的话，请李院长最后一并来回答。李院长刚才讲到，感染者居家隔离，如果违反，罚款4万。别人怎么知道谁是感染者？像这样的问题，在挪威具体是如何执行的？

接下来，请李仁燕院长。

**李仁燕（主讲人）：**

巴巴多斯的国旗是一个蓝白相间的图案，巴巴多斯整个岛的形状就像是一个鸡腿，巴巴多斯人也特别喜欢吃鸡肉。这个位于加勒比地区的小岛国的面积只有430平方公里，相当于北京市海淀区；人口有28.1万，80%的人是非洲裔的黑人；它属于热带雨林气候，平均气温23°C到30°C，现在正是巴巴多斯炎热的飓风季；风景优美，旅游业是它的支柱产业。

1977年巴巴多斯与中国建交，关系一直很好。2019年，巴巴多斯加入了中国的"一带一路"战略，两国之间有30天的免签。巴巴多斯的名字指的是当地一种带有胡须的树木。

巴巴多斯人口老龄化，医保的效率低，民众免疫力低，疫情到来之前，大家都非常担心。国内疫情暴发的时候，我们也录视频给国内加油打气，当时也在担心疫情早晚会来到巴巴多斯。这个国家没有什么物资储备，中低收入者比较多，能否经受中国的那种长时间的封城是非常让人担心的。

从目前情况看，巴巴多斯已经两周没有出现确诊病例了。巴巴多斯总共出现了92个确诊病例，49人是女性，43人是男性，最小的7岁，最大的95岁，确诊和死亡的都是年龄比较大的，死亡人数7人。目前，还有4人在进行隔离，81人已恢复健康。

巴巴多斯的抗疫整体比较成功，没有大规模暴发，现在已经得到控制。我们从上周五就开始上班了，现在基本上实现了全面复工，不过仍然在宵禁中，复工之后的工作时间缩短，为了保持社交距离也没有全员复工，另外有些需要带小孩子的雇员也没有复工。西印度大学的专家根据数据模型预测巴巴多斯会死亡100人，但是实际上死亡人数只有7人，对于这样一个小国家来讲，是非常成功的，世卫组织也表扬了巴巴多斯。4月30日，CNN的著名主持人专门对巴巴多斯的总理进行了采访。以上都表明巴巴多斯疫情控制比较成功。

巴巴多斯的抗疫和复工复产都分成了四个阶段。3月16日疫情发生之前，就已经准备好了充分的预案，总理、各个国家关键机构的领导人、反对派的领导人，开了五六个小时的会议，就防疫达成共识，成立了专门的委员会，负责疫情防控的协调工作。在巴巴多斯这个岛上，只有伊丽莎白女王医院一个急性护理机构，呼吸机、隔离设施等也需要购买。国会投票拨款880万美元，用于购买和翻新医院的防护设施，计划整个巴巴多斯的隔离能力需要达到102张隔离病床。

第一阶段开始启动国家应急行动，启动隔离中心，对人员进行筛查，限制群众集会，公布紧急预案，资源隔离，发布卫生建议，储备物资，等等。在这个阶段感觉巴巴多斯人对戴口罩还是不太重视，西方人传统上就认为只有病人才需要戴口罩，互联网上也有戴口罩没用的信息。4月3日，政府给国防军和警察各发放了2000个口罩；4月6日的新闻发布会上，政府表示不反对健康的人戴口罩；4 月 11 日，总理表示有可能会强制大家在公共场所戴口罩；现在，上班和去公共场所都需要戴口罩。其实，在疫情发生之前就已经买不到口罩了。

整体看，巴巴多斯的准备还是很充分的。民众这边有一些恐慌性的购买，巴巴多斯主要依赖进口，民众不知道接下来会发生什么。我也听到一些谣言，说是实际感染人数是政府公布的人数的 10 倍。我们孔院也储备了一些物资，政府是提倡储备物资的，但是，有些人过度储备物资。政府储备充分，后来超市都能够保证供应。

第二阶段开始于 3 月 16 日，当天出现了两例确诊患者，一个是本地人，一个是美国游客，巴巴多斯马上进入国家紧急情况。到 3 月 21 日，已经有 17 例病例了，出现了人传人的现象，传播高度局部化。当局要求公众提高防控意识，核酸检测面有所扩大。

这时候巴巴多斯没有马上把学校关闭，孔院所在的西印度大学凯夫希尔分校立即宣布停止面对面授课。中小学停课涉及各种问题，政府部门召开了一个包括家长、教师代表在内的听证会，辩论了 5 个小时，总理也进行了发言，最后宣布中小学继续上课。听证会结束的第二天原本有一个全国中小学的运动会，运动会被取消了，但是中小学继续上课。我们孔院的老师在中小学都有课程，大家都非常担心。我当时提出，我们的老师去要戴口罩去上课，外方院长非常强硬地表示反对，后来经过一系列协商，孔院的老师不再去上课。实际上，当天由于教师工会的抗议，政府决定中小学也进行停课。当时如果不停课，可能就不是现在这个局面了。

出现了 17 个病例以后，马上就进入了第三阶段。这时候，政府要求大家保持社交距离，但是没有提倡戴口罩。政府不提倡 25 人以上的聚会，酒店也被作为了隔离病房的替代方案。

第四阶段是从 3 月 27 日到 5 月 3 日。3 月 27 日就有 24 个确诊病例了，5 月 3 日达到了 75 个病例。国家进入宵禁，除少数绝对必要的活动外，一切商业行为停止,人们各自在家中隔离。5 月 4 日的时候,确诊病例累计 81 个,这是最严重的时候,疫情达到了拐点,自此就开始复工复产。

巴巴多斯的成功经验在于以下几个方面:

1. 详细的法令指引。疫情防控和复工复产的各个阶段都是有法令支持的,国会会把相应的措施公布给大家,而且会用图表的形式对这些法令进行说明,总理、卫生部长也会向大家耐心解释和说理。

各个行业都有相应的复工复产的措施,政府保留随时观察监督的权力。如果不遵守相应的规定,可能会被政府取消复工复产的决定。

2. 民众的支持。现在人们对巴巴多斯的抗疫越来越有信心。巴巴多斯政府得到了大多数人的赞扬。作为疫情后发国家,巴巴多斯政府积极借鉴他国的经验,措施得力,民众也非常配合。这届政府是工党,在 2018 年以 30 票对 0 票的支持率上台执政,民众非常信任他们,也理解和配合政府出台的政策。

3. 公开透明。在疫情期间,政府召开新闻发布会告诉大家物资的储备是充足的。为了应对谣言,他们多次召开新闻发布会告诉大家不信谣、不传谣。平均两三天就开一次新闻发布会,都是总理、代总理、卫生部长这些高官出面解释政策,回答记者提问。

4. 社会捐赠。中国驻巴巴多斯大使馆,湖南省,以及阿里巴巴等都给巴巴多斯进行了捐赠,巴巴多斯的公司、企业、侨民等都捐赠了很多物资。雷汉娜给巴巴多斯捐赠了一台呼吸机。

5. 其他因素,如统一战线共同抗疫、关注民生福利政策等。

巴巴多斯的民众是非常善良、友好的。作为一个旅游国家,它是很多游艇、游轮的"母港"。在疫情期间很多国家唯恐避之不及的情况下,他们勇敢承担了责任和义务,收留无家可归的游轮,帮助游轮上的旅客回国。

巴巴多斯人非常友好,也非常愿意和中国人交往。在中国发生疫情的时候,巴巴多斯西印度大学凯夫希尔分校的校长还在百忙之中抽出时间和孔院的老师见面，拥抱每一个孔院老师并表示慰问和支持。中国政法大学 68 周年校庆的时候，她也给马怀德校长写信祝贺。疫情中，她和马校长互致问候和鼓励，一共写了 8 封信。

**李松锋（主持人）：**

谢谢李院长按照时间轴介绍了巴巴多斯疫情发展的情况。我想这次疫情，一方面考验着各个国家的社会治理能力，包括应对谣言等问题，另外一方面也对一个国家的人性带来考验。其实，我们会发现，如果应对疫情还可以通过"抄作业"的方式来模仿学习的话，那种灾难面前所展现出来的人性是很难学习的，而这个又恰恰是更为长久，能让更多的人记住的。李院长分享的巴巴多斯应对疫情中的人性光辉更令人感动。

李院长那边如果缺人的话，我们在座的老师和同学们可以考虑一下。接下来请段炼博士来讲西班牙的情况。

**段炼（主讲人）：**

西班牙疫情的严重性一直位居前三，和南欧的意大利是"难兄难弟"。西班牙的情况比较复杂，我按照时间轴进行讲述。当然，我主要是根据自己的观点进行讲述，大家如果有什么意见、建议，请多多提出。

首先，我先介绍一下西班牙的医疗水平。西班牙当前人口约 4670 万人，65 岁以上的老年人约占到 20%，平均年龄为 83 岁。执业医师有 14.9 万名，执业护理人员 18.6 万名，其他专业从业人员 33.1 万名，合计 66.6 万人。西班牙有 1.3 万个初级保健中心、近 700 万个 112/061 紧急医疗求助报警点、468 家医院，拥有 11.2 万张床位，在医疗方面的财政支出约为 1050 亿欧元/年，占全年 GDP 的 9%。西班牙的公共医疗在欧洲算是不错的。

从时间线上来看，西班牙的疫情可以划分为 4 个阶段。西班牙的首例确诊病例是来自德国的游客。1 月 31 日到 2 月中旬是一个疫情广泛传播的期间，到 3 月 13 日的时候，全国 17 个自治区、50 个省全部出现了确诊病例。

从 3 月 13 日开始进入了一个非常重要的阶段。在 3 月 30 日左右，感染病例增加最多的一天达到了 9222 人，数量还是很高的，现在每天增加的人数大概是 100 多人，没有那么严重了。4 月初，每天的死亡人数最高达到 950 人，至今死亡率和医护人员感染率仍然很高，直到 6 月 6 日，当天还有 67 例死亡。5 月 16 日开始，政府就不再公布死亡率和高危病例的比率。

86% 的死亡人口都是 70 岁以上的老人，25 岁以下的感染人数很低，受感染的主要集中在 50 岁以上的人群，女性的感染比例要高于男性。我本人喜欢看斗牛，一起看斗牛的大叔有 3、4 个因为疫情去世了。我导师也得了新冠肺炎，让我感觉到疫情距离自己其实很近。截至 2020 年 6 月 6 日，西班牙已确诊病例 241 310 例，死亡 27 135 例，仍存在病例 57 142 例，已康复 150 376 人，每 10 万人就有 166 人确诊。

国内出现疫情的时候，西班牙很快就发布了通报，但是因为经济考量和政治斗争导致了今天这样的局面。西班牙疾控中心主任西蒙是一个技术型官员，主抓过埃博拉疫情的防控，他其实做了很多贡献，但是由于内阁之间的政治博弈，他的政策很多都没有被实行。

3 月 8 日西班牙的妇女节大游行和疫情的暴发有很大关系。副首相的妻子、平等大臣、领土政策和公共职能大臣相继被确诊，众议院议员、右翼政党呼声党主席圣地亚哥·阿瓦斯卡尔也被确诊，皇马篮球队的球员也有受到感染，马德里和加泰罗尼亚的主席也被确诊感染。3 月 20 日的时候，武磊被确诊，这对爱好足球的西班牙震动还是比较大的。

3 月 8 日的游行其实有很大的争议，欧盟也提醒不要举行大的游行。西班牙的政府现在是左翼联合政府，很需要这种大游行。西班牙的平等大臣就说，疫情的问题让卫生部去解决，我们要的是平等，是女性的权利。这就导致了卫生部的政策没有得到很好地贯彻，游行中 4 个比较重要的内阁成员均被确诊。

3月9日，马德里大区开始重视疫情的问题。在过去的短短24个小时之内，确诊人数从200人达到了近600人，并且只有重症才会去医院监测。当晚，马德里就决定大中小学和幼儿园停课。西班牙的自治大区有权力发布这样的命令，并自己执行。

宣布停课以后，老百姓就意识到了问题的严重性。虽然当时西班牙还没有开始戴口罩，但是民众已经开始疯狂囤货了。下午的时候，平日里大家会出来晒太阳、喝下午茶，但是现在街上一个人也没有。

3月14日，西班牙宣布进入紧急状态。这是西班牙实现民主化以后第2次宣布进入紧急状态，第1次是因为恐怖袭击。首相宣布紧急状态只能维持15天，如果需要延长，就得经过国会审批，每次最多延长30天，实际上西班牙每次延长15天。宣布进入紧急状态以后根据皇家法案BOE-A-2020-3692的规定，各地方权力收归中央政府，具体由国防、内政、卫生、交通及城市管理部门负责管理。卫生大臣直接集中指挥全国卫生系统工作，卫生部有权动用和调配全国所有医疗资源，国家和地方警察等安全部队暂由内政部管辖。所有教育机构停止现场教学，除供应食品等生活必需品以及出售报刊、燃料等的商店以外，其他零售商店全部停止营业。

除去一些必要的生活部门，其他的被全部关闭。民众不能随便上街，除了去医院或者超市，其他情况下基本不能外出。补充一点，各个地方的卫生部门是有权力采购物资的，这一权力收归中央以后，曾经出现过乱象。咱们国内发来的物资曾经被他们征用却不给钱，商务部多次进行交涉；别的大区采购的物资被转给了马德里，引起了地方的不满。从3月13日开始，只有满足8个条件才能出门，但是民众前期不够重视，出现了花式遛狗之类的新闻。

西班牙交通部宣布封锁国界线并将航班数量减少到原有的50%。财政部拨款28亿欧元用于疫情防护，并为了帮助中小企业和微型企业（PYME）渡过难关，出台了相应的免税政策。卫生部将私立卫生机构和医药企业置于卫生部的管理之下，并要求私立卫生机构提供医疗空间和医疗人员服务抗疫。

劳工部推出需补偿式的带薪休假，呼吁并希望公司与员工达成共识，在紧急状态期间可以带薪休假，但是之后要把休假时间补回来。3 月 7 日的时候，西班牙的确诊病例达到了 1 万多，大家关注的焦点从意大利转到了西班牙。

很多人不服从政府的防疫政策，有位老大爷违法上街被罚款，罚款的力度还是很高的，罚款金额从 601 欧元到 30 000 欧元不等，情节严重者，甚至可以判处 3 个月至 1 年的监禁，进入紧急状态的当天就开出了 3000 多份罚单，执行的时候也比较严格。地铁里面进行了消毒，对流浪汉也进行了集中安置，很多宾馆被征用来安置流浪汉。当时西班牙比中国国内还缺乏物资，他们也效仿中国，让国家安全部队建立了方舱医院，主要是收治轻症患者。西班牙疫情最严重的时候，尸体都来不及火化，奥运会使用的冰球场都被用来放置尸体。

在疫情防控方面，西班牙和我们国家其实有很多联动，外长之间互通电话，当地的使馆也给华人华侨提供了很多帮助。3 月 10 日的时候，王毅部长就开始和这边联系，了解留学生的情况，给大家调配物资，提供了很多帮助。3 月 23 日的时候，中国官方的援助物资就到了，马云的基金会、华为集团都给西班牙提供了很多帮助。

中国曾经两次要给西班牙提供物资和医疗团队，但是都被西班牙给拒绝了。大概西班牙还保持着 500 年前的那种傲慢吧，相信自己可以应对疫情。虽然没有让中国的医疗团队过来，但是他们依然和中国政府保持联系。

西班牙老百姓的一些行为也挺令人感动。一家食品店门口贴了告示，表示可以给店里打电话，店里会给必要的人送去外卖。一家餐厅的老板主动给周边的老年人免费送餐。中国的华人华侨也给西班牙的警察、医院捐了很多物资。每天晚上，大家都会到阳台上，鼓掌打气，互相鼓励积极面对疫情。

西班牙是一个比较典型的君主立宪制国家，但是和英国区别很大，西班牙的王室在政治上的影响力依然很大。西班牙的民主化得益于老国王胡安·卡洛斯一世的让权，胡安·卡洛斯在 2008 年因为与沙特的高铁项目被捕入狱，疫情暴发初期，内阁成员还在试图释放他。瑞士的报纸首先报道出来这件事，现任国王和老国王划清界限，停发了他的王室津贴，放弃继承父亲的遗产，让大家把注意力集中到防疫上。据我的观察，王室对现任的内阁评价不高。

王室也为防疫做了很多事情，国王去视察军队管控中心和医疗报警中心，女王储和小公主鼓励小朋友们在家积极防疫，好好学习，她们的影响还是很大的，民众对她们的评价也很高。

西班牙政府也制定了救助计划。西班牙人不买房也不存款，就像美国人一样。租房方面，受疫情影响而存在经济困难状况的租客，可以在行政法令生效起的一个月内向房东申请临时非常规的房租延期缴纳，如果未能与房东达成任何协议，租客也可以申请小额国家贷款，而无需支付利息或手续费，且这笔贷款必须用于支付租金，并将覆盖最多 6 个月的房租支付。在警戒状态下未停工的公司和个体户可以申请暂停社保缴纳，包括小型商铺、面包店、糖果店等零售业，广告代理商、牙科、美发和美容治疗等行业。4 月 17 日，有超过 919 000 名个体户已经获得了政府为被迫停止营业或收入减少75%的个体户提供的补助，这意味着社保已经支出了 6.709 亿欧元，再加上相应的免税额度，社保支付给每位个体户的补助的平均金额约为 730 欧元（最低为 661 欧元）。西班牙还有一个确认临时雇工的法规文件，保护员工的就业。临时雇佣是一种很好的缓冲措施，如果疫情期间停工了，政府会发放失业金，但是紧急状态解除后会照常复工，这种缓冲对于西班牙是非常必要的。

4 月中下旬，政府在防疫方面做得不错，后期政府制定了《"新常态"下的西班牙》文件，这是一个纲领性的文件，指导西班牙如何逐步复工复产和逐步解禁。这个文件很重要，它规定了西班牙逐步解禁的过程。西班牙现在还处于国家紧急状态下，国家紧急状态得一直持续到 6 月 22 日。这个文件将疫情防控降级划分为了 3 个阶段，细致地规定了每个阶段人们可以做什么。现在，马德里大区进入了第 2 阶段，其他很多大区已经进入了第 3 阶段。

根据西班牙中央银行最新预估，2020 年，西班牙国内生产总值将下降 15.1%，失业率将高达约 24%，财政税收将减少 400 亿欧元，政府赤字将从 2019 年的 2.6% 增加到 2020 年的 15%，疫情对国家经济的冲击还是比较大的。西班牙的支柱产业是旅游业，占经济总额的 20%，在疫情期间，旅游服务业处于停滞状态。现在，西班牙正在进行复工复产，从 7 月 1 日开始，逐步开放边境，入境西班牙的人不需要进行 14 天的隔离。

说到这里，不得不提一下西班牙的央地关系，地方的自主权非常大，因为疫情造成了财政赤字，地方政府就开始向中央政府要钱。加泰罗尼亚大区直接要求中央政府拨款 200 亿欧元，并且不会用地方财政返还，他们认为中央政府有能力支付这笔钱。6 月 7 日上午，在首相与各大区主席的视频工作会议中，政府承诺向各大区拨款共计 1600 亿欧元，作为疫情之后恢复经济发展的基金，且各大区政府不必将这笔资金归还给国家。桑切斯解释称，这 1600 亿欧元的资金将分为三部分：900 亿欧元将用于医疗保健投资；200 亿欧元用于扶持教育，使得全部学生能在九月重返校园继续学习；剩下的 500 亿欧元将用于对收入减少的民众进行补助。为了进行分配，必须提前制定标准，这也引起了各大区主席的讨论。卡斯蒂利亚–拉曼恰大区主席埃米利亚诺·加西亚·佩奇认为这笔钱将根据各大区的人口数量分配，而不取决于每个社区中新冠肺炎的发生率；加泰罗尼亚大区主席奎姆·托拉反对该基金的新分配标准，认为该标准不利于受疫情影响最严重的加泰罗尼亚大区和马德里大区。

欧盟在这次疫情当中，还是发挥了很重要的作用。在谈欧洲疫情治理的时候，我们容易忽视欧盟的作用。欧盟为研究人员建立数据共享平台，制定发布旨在遏制并消除 COVID-19 的措施的欧洲共同路线图，涉及经济、医疗、交通、民生等诸多领域。欧盟还制定了 7500 亿欧元的欧洲复兴计划，有人称之为 21 世纪的马歇尔计划。这和英国脱欧是有关系的，在疫情刺激下，欧盟可能会发展得更好。西班牙很有底气地发钱，和这个也是有关系的。西班牙向欧洲稳定机制申请了 2000 亿欧元的贷款，也可以从这 7500 亿中分一杯羹。

我觉得疫情对西班牙经济的影响没有那么大，但是，总体来看，还需要一两年的时间才能恢复过来。从疫情整体的治理情况来看，前期过松，后期过紧，现在处于摇摆不定的状态。西班牙的整体防控，我认为可以得 70 分。我的介绍就到这里。

**李松锋（主持人）：**

谢谢段博士！段博士对西班牙的情况介绍得相当全面，帮助我们了解了西班牙应对疫情的做法，尤其是西班牙人民的娱乐精神，给我们留下了深刻的印象。

大家如果有什么问题可以在聊天区提出来。我有两个小的问题。第一，中国在试图向西班牙派遣医疗救助队的时候，他们拒绝了，但是为什么拒绝了官方的援助却向中国公司求助？第二，从 5 月 16 日，死亡率和高危病例的数据就不更新了。在这样一个所谓的民主政体下，政府不更新数据——虽然更新了大家也未必相信，但不更新还是令人难以接受——这种情况下，议会和舆论没有施加什么压力吗？

**段炼（主讲人）：**

我先回答您的第一个问题。王室和政府是两个体系，王室和内阁并不重合。王室是通过私人关系联系的中国企业，然后从中国企业寻求到物资的帮助。援助西班牙的医疗队一个是国家层面的，一个是浙江省政府的。加泰罗尼亚大区和北京共建了欧洲的中医药研究发展中心，当时加泰罗尼亚大区向北京的中医药局求助，要求派一支医疗队过来。但是，当时地方的权力被收归了中央，被内阁给拒绝了。王室向中国企业的求助，严格来说不算官方行为，只是王室的行为。

第二个问题可能是因为我没有说清楚。现在西班牙也更新数据，理论上是一周一更，一些媒体也在做每天的数据分析。政府现在更新治愈的、死亡的数据，但是，还在 ICU 的数据、住院的数据已经停止更新了。

**李松锋（主持人）：**

谢谢段博士的解释。两位李院长在聊天区也回答了一些问题，两位李院长还有要补充的吗？

**李仁燕（主讲人）：**

网络上确实有一些针对中国的恶意信息。我就看到一个视频，是广东的南非黑人感染新冠受歧视的，后来被证实是假消息。巴巴多斯人认同欧美的价值观，网上有一些消息，有时候不经核实地转发会带来负面影响，黑人对种族问题是非常敏感的。

凯夫希尔分校的校长就专门告诉我们，如果因为疫情有什么事情感到不舒服了，一定要告诉她。发生过这样一件事：我们一位志愿者老师在给小学生上课的时候，孩子们用袖子、口罩、手巾捂嘴，说中国人要毒死他们，代课老师非常委屈。后来向校长反映了这个情况，该班代班老师和学生都向我们这位老师道了歉，事情被圆满解决。不过从总体看，大多数巴巴多斯人对中国人非常友好，不用担心受到歧视。

**李松锋（主持人）：**

谢谢李院长！有请居迁院长。

**李居迁（主讲人）：**

谢谢李老师和段博士，讲的内容非常丰富，我刚才也做了不少笔记。刚才松锋老师提到了关于隐私权的问题。关于隐私权，也就是怎么知道一个人感染了新冠。一个人感染之后，应该首先联系家庭医生，由家庭医生提供建议再决定是否去医院，不能直接去医院。如果情况特别紧急，可以拨打

116117，可以被直接送进医院。挪威有一个非常完善的系统让人了解感染了新冠肺炎的人群，各个地区的感染情况会公布，但是，感染者的个人信息是不会公布的，这时候社区自治的作用就体现出来了。就像我举的那个例子，实际上被人举报的那个感染者本来应该在家隔离——由于挪威社会的特点，大家很容易获得这样的信息——当那个人不遵守管理规定的时候，邻居就把他举报了，举报了以后就受到了警察的处罚。自己需要对自己的行为负责，另外社区也会进行自治性的管理。挪威实际上没有实行严格的封闭，被隔离的患者是可以自己出来的。

**李松锋（主持人）：**

因为时间关系，我们今天的讨论就到这里。谢谢三位嘉宾！希望大家在海外多保重，注意安全。最后，还是打一个广告，下周同一时间我们会关注意大利的防疫情况，希望各位老师和同学继续关注和参加。今天就到这里，谢谢大家的参与！再见。

# 意大利疫情防控政策

**主讲人** ·····················································································

**胡俊宏**　北京师范大学法学院副教授

　　　　　（现派驻中国驻意大利使馆从事教育外交工作）

**评议人** ·····················································································

**李　媚**　中国政法大学比较法学研究院讲师

　　　　　意大利罗马第二大学法学博士

**郭逸豪**　中国政法大学法学院讲师

　　　　　意大利罗马第二大学法学博士

**主持人** ·····················································································

**李松锋**　中国政法大学法学院副教授

**李松锋（主持人）：**

大家晚上好，我是中国政法大学法学院的李松锋，欢迎参加域外公法论坛。一转眼这个系列的论坛已经举办了两个多月，今天晚上是域外防疫系列的第 10 讲，也是我们计划中的最后一讲。这个系列讲座刚启动时，疫情正在全球蔓延，搞得人心惶惶。但在过去的两个月，我们不断听到来自世界各地的好消息，疫情逐步得到了控制。特别是在中国的我们，正在享受着从二三月份那种阴郁状态中解放出来的感觉。但很不幸，最近两天北京又出现确诊病例，让人担心会不会出现第二波疫情。

今天晚上我们聚焦意大利。这个国家在这次疫情中的表现非常特殊。我个人觉得，在过去近五个月的时间里，意大利好像一直处在战疫的状态。据我了解到的消息，从1月份开始，意大利就出现了疫情。好像在1月底，意大利就宣布进入疫情防控的紧急状态，一直持续到5月份，才陆续放开。意大利最近好像也出现了令人担心的第二波疫情，出现了一些新增确诊病例，这种情况确实令人意外。

在这个背景下，我们有幸邀请到三位嘉宾来跟我们聊一聊意大利疫情防控的情况。今天的主讲人是胡俊宏老师，胡老师是北京师范大学法学院的副教授，在意大利拿的法学博士学位，现在在意大利中国使馆从事教育外交工作。同时，我们也非常荣幸邀请到了两位评议人，都是我们中国政法大学的老师，分别是比较法学研究院的李媚老师和法学院的郭逸豪老师，两位都是在意大利罗马第二大学拿的博士学位，郭逸豪老师好像是在疫情发生之后才从意大利回到了北京。很高兴今晚能请到三位老师来进行这场讲座，接下来就把时间交给胡老师。


**胡俊宏（主讲人）：**

大家晚上好，非常高兴也非常荣幸接受中国政法大学法学院的邀请，为大家做意大利新冠疫情防控政策方面的介绍。就像刚才李老师所讲到的，意大利确实是欧洲最早遭受新冠疫情入侵的国家，同时，也是世界上疫情非常严重的国家之一。今天，我的讲座分成四个部分，包括：意大利疫情的基本情况；意大利采取的疫情防控措施；意大利疫情防控的特色和评价；如果还有时间，我再介绍一些比较有特色的意大利民间自发的抗疫形式。交流过程当中，大家可以随时打断我。

首先介绍意大利的疫情暴发。可以讲，疫情暴发得非常突然，最早确诊的病人是从中国武汉到意大利旅行的两位旅客，他们年龄也都比较大了，六十多岁。这两位旅客从米兰入境以后，在入住的罗马酒店出现了高烧症状，被急救车送往斯帕兰扎尼（SPALLANZANI）医院——意大利最权威的传染病医院。1月31日上午，孔特总理就宣布国家进入紧急状态，直到6月30日。

1月30日以后，似乎有一段风平浪静的时间。确诊病例出现后，二十多天没有新发的病例。但是就在2月20日，意大利出现了最早的本土确诊病例，病例在米兰附近，是一对夫妇。那一天恰逢两位确诊的中国游客的治疗获得阶段性成功，转入普通病房，当天在斯帕兰扎尼医院举行新闻发布会的时候，拉齐奥大区的卫生专员还讲道："两位中国病人的痊愈，让意大利人民看到了希望。"意大利的疫情暴发得突然，蔓延得迅速，到2月22日，就确诊了50人，并出现了最早的两例死亡病例。当时，意媒形容"疫情像无根的树，生长茂盛"。再接下来，疫情发展得一发不可收拾。

意大利的抗疫行动至今分为三个阶段。从2月20日到5月3日是第一个阶段，在这个阶段，意大利从部分封锁到全面封锁。发现第1例确诊病例之后，24小时之内，米兰附近的11个市镇就已经进行了封锁；3月5日，疫情最严重的4个大区——伦巴第、皮埃蒙特、艾米利亚罗马涅、威内托也进行了封锁；3月10日，全国进行了封锁。第二阶段，从5月4日到6月3日，属于逐步解封阶段。根据不同行业遭受病毒感染的难易，分层次、按步骤来解封。6月4日起进入了第三阶段，边境开放，大区之间可以自由通动；6月30日之后会逐步向欧盟以外的国家解禁。

那么目前意大利的疫情是什么状况呢？先看一下意大利国内的情况，四个疫情最严重的大区的确诊人数以及死亡人数几乎占意大利人口总数的一半。在国际层面，最新更新的数据显示，意大利确诊数累计237 290例，死亡人数34 371例，排在世界第7位。

疫情对意大利社会造成了非常严重的负面影响。从死亡的数量上来讲，根据意大利国家统计局的数据，1月20日到3月31日之间，意大利总计死亡

9 万多人，比前 5 年的平均值要高出 2 万多人。疫情最为严重的伦巴第大区，死亡人数比前 5 年的平均人数要多 50%；贝加莫省这期间的死亡人数则比前 5 年的平均数多 6.68 倍。疫情首先造成生命健康的损害，还有经济层面的巨大损失。根据欧盟发布的数据，受疫情影响，意大利今年的经济增长率有可能降低 9%，200 多家企业破产。当然还有人们心理方面的损害，据意大利心理咨询师协会调查，大概有 60% 的人认为必须要经过心理医生的心理干预才能够走出疫情的阴影。有新闻报道，有人因为恐慌，走人行横道都担心和对面的人面对面会不会造成感染。因此，意大利行人交通事故的数量明显增加。

接下来就介绍一下疫情的防控政策，我从三个方面来介绍。从法律的角度来讲，主要涉及医疗和紧急状态，对于这两方面的立法我会做一些简单的介绍。然后，讲一下意大利政府与抗疫有关的职能机构、疫情期间颁布的几部立法。此外，综合地介绍一下抗疫政策所涉及的几方面内容。

意大利的医疗卫生法律体系还是挺复杂的。1934 年的《综合卫生法》第五编第一章专门规定传染性疾病的防控措施。1948 年的《宪法》确认公民享有健康权，《宪法》第 117 和 118 条频繁出现在意大利抗疫阶段所颁布的法律规范的立法说明中。1958 年的第 296 号法律设立了卫生部，1968 年的第 132 号法律规定了对医院的改革。1978 年的第 833 号法律非常重要，它确立了意大利的国家卫生服务体系。后续的几部法律又对卫生体系进行了改革和调整。

1992 年第 225 号法律及其后续的修订逐步建立了由国家民防署（Protezione Civile）牵头的应急体系。这部法律后来逐渐发展成为 2018 年的《意大利民防法典》，法典对紧急状态下中央政府和地方政府的权力分配、应急响应级别的基本要求和对应程序进行了规定。

由上述法律所确定的意大利医疗卫生体系是一种什么样的状态？我给大家简单地介绍一下。意大利实行全民免费医疗，只要购买 149 欧元的医疗保险，到医院去看病就是不花钱的。地方卫生机构（ASL, Autorita' Sanitaria Locale）和家庭医生制度的建立成为确保卫生服务全覆盖的主要支柱。意大利全国共设立地方卫生机构 101 家，家庭医生的数量是 54 831 人，为全国 6000 万人口提供医疗服务。《柳叶刀》杂志 2018 年发布的世界各国医疗质量排名中，意大利在 195 个国家中位列第 9，它的人均预期寿命是 82.7 岁，很多人对意大利的卫生服务体系是非常有信心的。如果在欧盟之内做一下调研，就会发现意大利千人拥有的病床数量只有 3.2 张，德国为 8 张。在疫情中发挥巨大作用的重症病床 ICU 的数量，德国有 28 000 张，意大利只有 5100 张，在欧盟国家排倒数第 5 位。医疗投入占 GDP 的比例，2018 年欧盟平均水平为 6.6%，德国是 9.5%，法国是 9.3%，英国是 7.5%，而意大利是 6.5%，显著低于其他欧洲大国。相对而言，意大利对医疗的投入和欧洲强国相比，也是比较差的。

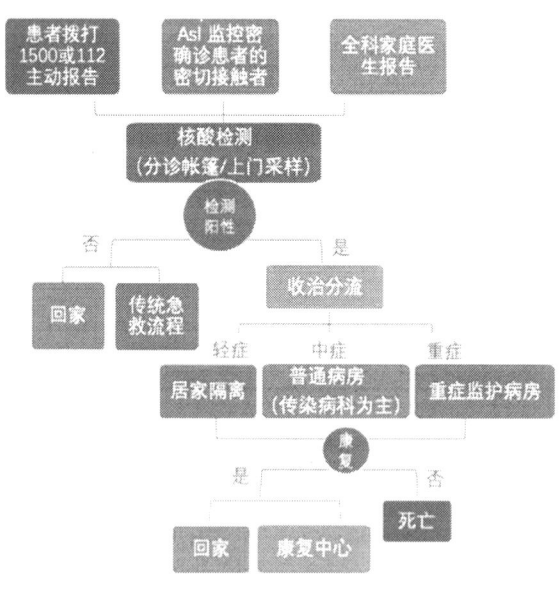

图 1  疫情时期看病流程

此外，意大利在 2001 年的时候进行过一次全民公投，实际上只有 30% 的公民进行了投票。这一次公投对宪法进行了修订，削弱了中央政府的权力，赋予大区政府包括医疗卫生在内的独立行政权力。地方医疗机构（ASL）是中央政府根据国家法律规定，根据人口、医疗资源分布、地理条件等因素，在各大区内设立的，接受各个大区政府的监管。意大利的行政区划分三级：大区、省、市镇，共有 20 个大区，110 个省。此次疫情 110 个省无一幸免，全都受到影响。

在疫情中看病大概就是图 1 所示的基本流程，患者可以拨打 1500 进行检测，但疫情严重的时候，学生反映 1500 永远是打不通的。那个时候医疗资源非常紧张，当时各个大区招募了一些民间的力量。中国到意大利进行访学的来自江苏省、河南省、湖北省的医生组成的医疗平台，经过坎帕尼亚大区的认可，为我们中国留学生、华人华侨提供免费的初诊和咨询。疫情严重的时候，1500 确实打不通，最好的办法就是打 118 急救电话，那个时候还是稍微有效的。

意大利主要的抗疫职能部门在中央这一级是卫生部和民防署。疫情期间，意大利卫生部、民防署的官方网页全部都换成了非常醒目的疫情主题，设专栏公布与疫情相关的信息和法规，每天 18 点在民防署和卫生部网页上权威发布当日的疫情动态。

截至今天，意大利在疫情期间共颁布了 5 部法律。意大利的法源位阶分成 4 级，疫情期间颁布的法律（legge）属于首级位阶。所颁布法律的内容主要涉及隔离政策，包括如何在区域之间、商业场所、公共场所、娱乐场所进行隔离政策；还有禁止学校的现场教学活动及教育旅行；还涉及医疗力量的加强，比如规定了今年应届的医科毕业生可以提前毕业，直接进入医疗实习阶段，已经退休的医疗人员也被招募回医院来；当然还有经济方面的救助。

大家看上述法律颁布的日期都是 5、6 月份，疫情 1 月 20 日就暴发了，法律的颁布为什么这么迟呢？意大利在逐步封锁的过程当中，在几个标志性的日子，都会颁布法令（Decreto Legge）。法令同样属于法源位阶的首级，但它和法律之间是有区别的。法律由议会提议并审议通过，而在紧急状态下，总理就可以签署法令，法令的有效期是 60 天，在 60 天之内，如果通过了议会的批准，就成为法律了。意大利在抗疫期间，非常及时地颁布了法令，这些法令在日后的议会投票通过后，成为法律。

意大利的疫情防控政策主要涉及哪些方面呢？

第一，最重要的是医疗方面。意大利的疫情这么严重，但是总体而言民众对政府还表示满意，是因为在医疗方面，政府采取了迅速的行动，增强救治能力。原有 5100 张重症病床，迅速增加到了 9000 张，疫情暴发初期的 3 万张呼吸科病床增加到了 18 万张，4200 台呼吸机也迅速分送到了全国各地。此外，政府还采取行动增强检测能力，意大利计划在未来的两个月内对全国 20 个大区进行 500 万份的检测。除此之外，政府还努力提高口罩的生产和供应能力，加快疫苗的研发。口罩说起来很有意思，武汉封城的时候，我当时还在国内，那时大家很快就自觉戴起口罩来了。但是在意大利，戴口罩真的是一件非常非常困难的事情。即使是在疫情最为严重的伦巴第大区，4 月 4 日大区主席才签署了法令，要求大家在公共场合必须佩戴口罩。当时，不要说民间了，连医院都反映已经没有口罩，也没有手套了，那个时候意大利医院的状况也确实是非常艰难。说到疫苗，最近有消息说意大利波梅齐亚的一家公司和英国牛津大学合作，疫苗在今年秋冬季能够开发成功并投入使用。讲到意大利医疗体系的特点，我再补充一点。意大利的高等卫生院（ISS）作为国家卫生服务体系内最高科学技术机构，其职能为向政府提供卫生领域政策咨询建议、普及公共卫生知识、评估环境健康风险、提出卫生领域科研计划等。此次疫情中，在进行政治决策之前，政府是非常尊重医疗方面的专业意见的。

第二，关于经济方面的救助。在经济方面，首先是从 3 月 15 日开始，国家给符合一定家庭收入标准的家庭每人每月发放 600 欧元的疫情补贴，受益者达到 300 多万人，困难家庭还可以领取食品券，儿童可以领取看护券。其次，国家为中小企业提供贷款的担保，政府先后向企业提供了 7500 亿欧元的贷款担保，在疫情期间可以暂停偿还贷款，房租也可以得到减免。最后，政府还积极争取欧盟的援助。目前为了倡导大家骑自行车出行，凡是购买自行车的民众，可以给予补贴，报销购车费用的 60%，当然每辆自行车报销额度不能超过 500 欧元。

第三，在教育方面，意大利抗疫的政策主要涉及远程教学。大学里面的远程教学已经相当发达了，意大利拥有 8 所国家承认的远程教学大学。抗疫政策还涉及学费的减免，意大利的大学从 9 月份开始对家庭总收入在 2 万欧元以下的家庭免学费——他们叫作注册费，家庭收入在 2 万到 3 万欧元的家庭可以进行学费减免。每个大学有自己的自治权，政策如何实行，都由各个大学自行决定。这是否涉及我们中国留学生呢？这肯定是大家所关心的问题。我们也向意大利教育中心提出了这个问题，疫情是全球性的，所有的学生应该不分国籍进行学费的减免，但大概提出有一周了，还没有得到他们的回复。

第四，外交方面。意大利疫情最严重的时候应该是在 3 月中上旬，当时，意大利首先向欧盟求救。大家知道那个时候意大利处于至暗时刻，其他国家也都处于至暗的前夜，谁也顾不了谁，欧盟也没有任何的反应，最终意大利向中国、俄罗斯求援。3 月 12 日我们的第一批医疗专家组和物资就到达了罗马，在 3 月 24 日和 28 日，陆续又有中国医疗队到达意大利。前几天，孔特总理发表讲话，强调意大利人民不会忘记所有对意大利提供支持的国家，列举了中国、俄罗斯。经过疫情，民意测验显示，意大利民众认为中国、俄罗斯、美国都是意大利的朋友，但是德国、法国、英国被他们认为是敌人，有 36% 的人认为中国日后应该成为意大利的盟友，有 30% 的人认为仍然应该将美国视为盟友。

接下来，我就再讲一讲意大利疫情防控的特征。很坦诚地讲，我在意大利学习、生活、工作多年，对意大利比较有感情，所以我罗列了更多积极方面的东西，负面的可能讲得少。其一，意大利疫情防控的信息都是公开透明的。所有职能部门，都有专门的抗疫专栏，打开这些部门官方网页的首页，可以非常容易地找到抗疫信息。专栏的内容不仅包括疫情信息、国家立法，还有行政通报、部长令、抗疫的决定。其二，行政是公开的、有法可依的。如前所述，意大利在疫情期间颁布了 5 部法律。其三，政治决策以专业意见作为重要依据。意大利从 5 月 4 日起进入抗疫第二阶段，开始部分解封，部分解封只涉及 40 多个行业。当时意大利高等卫生院的技术委员会出具了 22 页的报告分析各个行业的感染概率。无独有偶，意大利教育部决定学校在 9 月份才开学，这一决定也是帕多瓦大学的专家委员会在进行了专业研究的基础上提供了报告，意大利教育部以此报告的内容作为决策的作出依据。第四，防疫行动是有监督的。举几个例子，比如民意测验机构对各个大区主席的支持率进行民调，结果显示，经过疫情之后威尼托大区主席的支持率一路升高。因为威尼托大区是意大利疫情最为严重的四个大区之一，但是该大区的死亡率却是疫情最为严重的伦巴第大区的 1/4。民调结果还显示，伦巴第大区主席的支持率从疫情前的 54% 跌落到现在的 38%。可见，民意对疫情防控的反应是非常敏感的。新闻媒体在整个抗疫过程当中也全程报道，很重要的一点是有不同的声音，有支持的也有反对的。在司法层面也是有监督的，伦巴第大区两个小镇（NEMBRO 和 ALZANO）没有作为第一批封锁的市镇，这两个小镇在 2 月 23 日就出现确诊的病例，但是一直到 3 月 5 日才封锁。有位贝加莫女检察官罗塔在 6 月 10 日向孔特总理提出质询，要求孔特参加听证，并解释当时为什么没有及时对这两个小镇进行封锁。6 月 13 日，孔特接受了大概 3 个小时的质询。此外，意大利在抗疫过程中比较重视对于个人权利的保护。比如针对现在使用的免疫 APP，从 5 月份初就开始征求各方面的意见，对所有的利害关系人的权利和义务都有非常详细的规定，从而加强了对于隐私权的保护。最后一点，在抗疫过程中意大利政府与民众之间积极地进行互动。例如在意大利逐步封锁和解封的过程中，几乎每次重大行动之前孔特总理都要面对公众进行一场电视讲话。再举个例子，有一位医护人员在抗疫当中去世了，他的女儿非常痛苦，就给意大利总统马塔雷拉写了一封信，总统竟然亲自回电进行安慰。

关于负面的评价，我认为意大利的死亡率确实是比较高的，确诊 23 万，现在死亡了 3 万多人。有观点认为死亡率高是因为意大利人口老龄化，65 岁以上的人口占总人口的 23%；还有观点认为这是统计方法不同所致，意大利把所有确诊后死亡的患者都计入新冠肺炎的死亡病例。在其他国家，有些老年人尽管确诊了新冠肺炎，但器官衰竭死亡的，可能不被计入新冠肺炎死亡范围之列。有媒体说，意大利在疫情最严重的时候医疗体系濒临崩溃。

我再简单讲一下意大利比较有特色的民间抗疫形式。疫情期间，社会最困顿的时候，意大利人设置了爱心吊篮，以示人与人之间相互关心。这个传统起源于那不勒斯，称为 Caffe' sospeso，指有钱人在购买咖啡的时候买两杯，自己喝一杯，另外一杯留给不确定的人——通常是穷困潦倒的阶层。后来，全世界很多地方都效仿这一做法，成为一种民间自发的慈善行为。现在，大家就把一些自己购买的食品提供出来，对那些在疫情期间可能吃不饱饭的人给予一些帮助。现在竹篮变成了塑料篮子，上面写着意大利语：有钱的付出，没钱的自取。再比如，意大利是个艺术的国度，著名男高音歌唱家 Andrea Bocelli 在复活节傍晚，在米兰大教堂里面进行了个人独唱音乐会。意大利的天主教团体在抗疫过程中也起到了非常重要的凝聚作用。意大利人做事情比较细致，在公交车里粘贴了明显的标志，提醒乘客保持安全距离。这些抗疫的行为都不是法律能够规定到的，是工作人员、最普通的人基于自己的敏感性，将事情做到了极致。

最后，我想谈谈意大利的帕多瓦大学，帕多瓦大学的医学院在这次疫情防控当中，在科学研究方面发挥了重要的作用。正如意大利总统马塔雷拉在意大利解封的日子——5 月 4 日，正好是咱们中国的青年节——向所有意大利青年做的电视讲话中所说，疫情让世界发生了重大的变化，疫情之后，世界肯定不会回到从前的样子。世界将会成为什么样子，我们现在无从得知，但今天大学里青年人的学习、研究和交流，可以决定未来世界的样子。

感谢大家关注。

**李松锋（主持人）：**

谢谢胡老师！胡老师讲得特别好，在有限的时间内讲得特别全面。整个讲座内容，既有描述也有评价，既有制度方面也有人情方面，涉及了政治、经济、文化、外交方方面面，内容非常全面。

胡老师现在在意大利从事教育外交工作，推动中意之间的教育文化交流，从刚才的讲座中也得知胡老师在争取对中国留学生的一些优惠政策。谢谢胡老师的工作！

大家如果有什么疑问或进一步交流的问题可以在聊天区里提出来。我看到有同学已经提了一两个问题，胡老师可以等最后一起来回答。我也有一个小问题。大概在前几天，国内新闻报道意大利的议会通过了"追责中国"的议案。我不知道胡老师是否了解这件事，等会儿如果有时间，麻烦您简单介绍一下这个问题。接下来请李媚老师做评议。

**李媚（评议人）：**

各位同学，各位老师，大家晚上好。非常感谢李老师的邀请。我对意大利的疫情防控，只能说有一些粗浅的个人感受。今天主要是聆听和学习来自意大利防疫第一线的胡老师的精彩分享。可以看出胡老师做了非常认真的准备。有关意大利新冠疫情的暴发、发展的阶段，整个的发展状况，意大利政府在医疗卫生、经济、教育、外交等各个方面的一些具体的政策，胡老师都给我们做了非常详细的介绍；对于意大利疫情防控的特征，胡老师也进行了深入的分析，讲解非常清晰。通过她的介绍，我们对意大利这段时间的新冠疫情的防控情况有了非常全面的了解。

我知道胡老师这段时间非常的辛苦。她在使馆的教育处工作，工作强度是非常大的，一直在意大利防疫的第一线。刚才李老师也提到了，胡老师在为广大的在意大利的中国留学生和中国学者争取更多的权益，也提供了非常多的帮助。我在朋友圈看到信息，有几个在意大利的留学生4月初的时候收到了使馆发放的防疫健康包，里面有外科口罩、连花清瘟胶囊。健康包是用《人民日报》包的，里面还有两句非常深情的诗，还是用中国的毛笔写的。可见中国大使馆的工作人员非常用心地给远在异乡的中国留学生和中国学者提供了帮助，在海外的留学生心里面都是暖洋洋的。我在朋友圈看到好多同学都流泪了，感觉祖国随时就在自己的身边，看到他们朋友圈的晒图，我自己的眼眶也湿润了。虽然东西不多，但在4月初意大利疫情非常严峻的情况下，这样的健康包是非常及时的。

我特意看了一下健康包上写的诗句，"细理游子绪，菰米似故乡"，所要传达的精神就是希望远离祖国、远离故乡的意大利的留学生们、意大利的游子们能够冷静下来，先不要慌张。健康包里的防疫物资虽然仅是"菰米"，量不是很多，但它却是祖国对大家的牵挂，希望大家都可以平安归来。

我们这些曾经在意大利学习生活过的国内学者们，实际上也非常牵挂自己的母校，牵挂自己的老师。4月初，在当时国内防疫物资已经不那么紧缺的前提下，我们这些曾经在意大利学习生活过的中国学者们，包括现在在会议中的郭逸豪老师和外国语学院的雷佳老师，在中国政法大学的费安玲老师、北大的薛军老师和西北政法大学的王莹莹老师的带领下，组织了自愿捐款捐物的活动，购买了口罩等防护用品和设备，及时送到了罗马第二大学的医院，送到了罗马大学、博罗尼亚大学、比萨大学、布雷西亚大学等意大利各地区的高校和教授们的手中。我个人觉得对他们来说，真的可以说是雪中送炭。我们跟意大利的教授们联系的时候是在3月中旬，当时绝大多数意大利的教授没有口罩，已经有意大利教授的家人感染了新冠肺炎。3月中旬，我们已经行动起来，和意大利的教授取得联系，和在意大利的好朋友以及原来的房东也取得联系，给他们寄去一些当时急需的口罩和消毒液。

意大利政府虽然行动得很早，在 1 月 30 日就宣布整个国家进入了紧急状态，但意大利的民众并没有对新冠疫情重视起来，并没有预想到疫情的影响会这么大，最开始他们很多人都认为新冠肺炎可能跟流感一样，也就是他们所谓的"大号的流感"。意大利的民众并没有进行物资的储备，他们的防疫物资是非常缺乏的。我在意大利的房东的女儿是意大利航空的工作人员，这是非常危险的窗口单位，必须戴 N95 口罩、穿防护服，但她连口罩都没有，她写邮件跟我说，她用棉布和纸张自己制作口罩。可见当时意大利的防疫形势非常严峻，我也给他们寄去了一些口罩。

针对意大利疫情的暴发，刚才胡老师提到了我们中国政府很快就做出响应，3 月 13 日向意大利派出了首支医疗队，带给他们最需要的 1000 台呼吸机等医疗防疫物资，我们政府的行动是非常迅速的。当时意大利外交部部长也在他自己的推特上对这件事情进行了现场直播，他非常感谢中国在患难时刻能够伸出援手。这是官方层面的，此外，还有民间层面对意大利教授、意大利朋友的关心和帮助，我想这对于中意之间保持良好的友谊非常有帮助。

在意大利的抗疫过程中，我个人感受比较深刻的是意大利人一贯的乐观和坚强，也感受到了意大利浓厚的艺术氛围。在意大利封城期间，我在朋友圈经常会刷到意大利的朋友隔离在家，但他们并没有闲着，会有各种阳台音乐会、阳台演奏会、阳台独唱会等上演。意大利人是很乐观、很积极、很热爱生活的，这是他们民族的特点。对于疫情的影响，我只有一些感性的认识。

另外，我比较关注的是意大利甲级联赛停摆和重启的问题。足球对意大利人来说非常重要，从 3 月 9 日开始，意甲联赛宣布因新冠病毒的流行而停赛，在欧洲五大联赛当中第一个宣布停赛。意大利的专家也提出来，意大利新冠疫情大暴发的引爆点就是亚特兰大队跟瓦伦西亚队在 2 月 20 日举办的那一场欧冠比赛。意甲从 3 月 9 日开始就停赛了，随后意大利方面颁布了法令，禁止在 6 月 14 日之前进行职业赛事，任何体育赛事、文体活动都应该在疫情稳定、相关的防疫措施到位的前提之下进行。现在，6 月 14 日已经过去了，意大利的各个俱乐部都在保障球员健康安全的情况之下，有序地恢复了训练。我想这也是顶级俱乐部综合实力的展现，同时也是意大利这样有深厚足球底蕴国家的足球精神的体现。意大利的科学委员会，对足球复赛比赛当中的医疗规程也进行了严格的规定，比如，赛前不能够握手，进球不能够拥抱庆祝，用碰手肘的方式来代替。全队无论球员还是工作人员，如果新冠检测阳性，那么，整个球队必须隔离 14 天。

现在中超也还没有重启，意大利从严重疫情之下走过来，对于联赛的停摆和重启有很多的经验，可能值得中超联赛进行相应的借鉴。从意大利停赛到现在 3 个多月以来，鉴于目前意大利形势比较稳定，体育活动在逐步有序地启动。我们看到，意大利杯比赛在前两天已经重启了，并且进行了两场非常重要的比赛。在目前的疫情之下，尤文图斯对米兰的比赛空场进行，但球迷的热情非常高涨，创下了意大利比赛直播转播率的新高。两场意大利杯半决赛在开赛之前都举行了为因新冠肺炎疫情去世的人们进行默哀的仪式。另外值得注意的是，在尤文图斯的队内有感染了新冠肺炎的球星迪巴拉，但他已经痊愈复出了，从他在场上的表现上来看，新冠肺炎感染对他其实并没有产生非常明显的影响。这一定程度上也打消了大家对感染新冠肺炎之后是否会留下严重后遗症的疑虑。在另外一场那不勒斯对决国际米兰的意大利杯的半决赛当中，我们可以看到镜头直接给向了那不勒斯的主帅加图索，原因是他的妹妹在这次新冠疫情当中不幸去世了。疫情是我们全人类共同的敌人，我想大家的悲痛是相通的。

就我所了解到的情况，目前意甲联赛已经重启了，比赛的节奏非常紧凑，意大利杯的决赛在周四就会进行，意甲联赛也会在周六恢复，意甲的 20 支球队会在未来的 6 周之内完成所有比赛，每支球队平均 2~3 天就要踢一场比赛，剩下的比赛非常激烈，直接关系到今年意甲联赛冠军的归属。如果群里面有球迷朋友，也不要错过这几场非常重要的比赛。

刚刚胡老师也提到了，意大利曾经是欧洲疫情最严重的国家。从对足球的影响来看，我想这可能是意大利人自二战以来远离足球最长的一段时间，足球是意大利人生活中非常重要的部分，足球是他们的信仰。我自己在意大利求学期间，也想去罗马的奥林匹克球场支持我所喜欢的罗马队。意大利看球的氛围非常好，我也感受过火爆的气氛，确实是一种很棒的体验。在欧洲疫情得到基本控制的情况下，欧洲的五大联赛除了法甲之外，都已经开启了，虽然都是在空场的情况之下进行，但特殊时期也激发出了很多创新手段，比如说有联赛推出了所谓的云视频，在球场中间树立起很大的屏幕，让大家直接进行视频连线，身临其境观看球赛；比如，看台上树立球迷个人的人形立牌看球；等等。

刚才胡老师分析了意大利新冠疫情死亡率比较高的原因，我个人也非常同意胡老师的观点，其中很重要的原因是意大利是全世界最长寿的国家。2018 年的统计数据是，意大利人平均寿命超过了 82 周岁，意大利人长寿得益于他们天生的乐观派，也得益于营养学界非常推崇的地中海生活方式。意大利的人口老龄化程度是比较严重的，感染新冠肺炎的概率和出现重症的可能性相对较高，这是造成意大利死亡率较高的原因之一。以上就是我个人对意大利疫情防控的一些感性认识，不成体系，还请大家多多包涵。

**李松锋（主持人）：**

谢谢李老师！李老师做了非常好的补充，特别是一上来讲到中国学者和意大利之间的交往，让我想到，不管政治风云如何变幻，人民之间的情谊是永久的，确实很让人感动。接下来有请郭逸豪老师。

**郭逸豪（评议人）：**

谢谢松锋兄的邀请。刚才听了胡老师的讲解，从点到面、从面到点都非常丰富、清晰。我觉得这场讲座像我们老朋友的聚会，我跟胡老师以前在罗马也经常喝咖啡，刚刚我就想到我们两个在西班牙广场喝咖啡的场景，不知道现在那个咖啡馆开了没有。松锋兄讲到我寒假去意大利，其实我是去葡萄牙授课的，我在正月初三去的葡萄牙，但是到葡萄牙之后，他们觉得国内的疫情太严重了，就把我的课取消了，怕我传染学生。

我在葡萄牙待了两个星期，重读了一篇文章，也是我前两天的讲座中提到的，叫《艾滋病及其隐喻》。里面有一段话，对照我看到的意大利民众们在广场上的场景，让我思考了很多，这段话是："我们所在的社会的一套话语是消费、成长，做你想做的，享受你自己；这个经济体系提供了前所未有的行动自由和物资繁荣，它的正常运转需要鼓励人们不断地突破界限，欲望想必是无所节制的；资本主义的意识形态使得我们全部成为了自由的鉴赏家。"我的思考是，意大利人或者西欧人为什么认为某些事情是他天生的自由，比如去社交，去咖啡馆……桑塔格的这段话提醒我注意这是不是跟资本主义有关系。

之后我就查了很多资料，也进行了很多阅读。比如，19世纪早期的资本主义跟工业资本主义发展之后，物质世界的丰富，个人自由的形成，以及人们关于财富和消费的态度等。意大利特别能体现出我思考的这些部分，就是资本主义对于防疫内在的比较"牵强"或比较长的逻辑链条。如果深入去思考的话，你会发现这是有原因的。他们认为社交、去广场、去咖啡馆、去见朋友、去开party是一种自由，而且这种自由的生活方式已经形成非常久了，原本他们把疫情视为一种流感，为什么流感来了我要放弃我的这种自由？每个人都成为自由的鉴赏家，这种修辞让我特别感兴趣。

此外，意大利还有独特的家庭特点。在一本关于意大利民族优点和缺点的书里面专门有一章叫"家庭的力量"，家庭是力量的第一源泉，在充满敌意的大地上，意大利的家庭是个坚固的堡垒，个人在家庭的横墙背后，在家庭的成员当中可以得到安慰、帮助、劝告、给养、贷款、武器、同盟和帮凶，来帮助他达到所追求的目的。我之前在德国、法国和意大利都留学过。在德国，德国的学生都喜欢自己住个小房间，不喜欢回到自己的家庭里面。相比德国，意大利的年轻人更倾向于住在自己的家庭里面，家庭可能有三代人，有老人、父母以及他们自己。年轻人出去进行社交生活，如果感染了，回来就会传染给老人。意大利的疫情有一个特别的概念或者现象——意大利老人，这五个字是非常值得注意的。在美国，很多死亡率高的地方实际是养老院，西班牙也是，意大利也是。就我自己在意大利的生活来看，我们经常去咖啡馆，发现其实里面坐满的都是老人。他们拿的退休工资可能只有600欧或者700欧，但是，一杯咖啡是很容易消费的，一般是70欧分或者80欧分，最贵的有1欧。他们在那边可以聊天，可以继续坚持自由社交的生活方式。我们有时候看的一些搞怪影片里面，老人即使不能出门，也要在家里演出去咖啡馆喝咖啡的样子。他们把这种生活方式视为理所当然，很难因为流感式的疫情而改变。

我在《纽约时报》上读到一篇文章，叫"意大利人能够遵守规则吗?"这篇文章特别有趣，里面讲到意大利人常年遭受外敌的压迫，面对外敌的压制，他们不愿意去遵守但又不得不遵守外敌制定的规则，因此只能钻空子。这些钻空子的词就形成意大利语，然后传到他们所谓的文化基因里面，以至于后来面对自己政府的要求还是会钻空子。

关于意大利防疫的特点，我想向胡老师请教意大利中央跟地方的关系。刚才胡老师也讲了意大利分20个大区，100多个省，各种市镇。中央的政策地方有权拒绝吗? 可以不去实行吗? 他们央地的关系是怎么样的? 我们经常看到新闻报道他们发生冲突的例子。

接下来我想讲一下意大利的贫穷，尤其是胡老师刚才讲的意大利南部的贫穷。封城很久之后，意大利媒体出现了一种论调，贫穷可能比疾病更能杀死人，他们的生活方式就是"手停口停"，手停下来了，可能就没有收入，就没法支付账单。比如水费、电费就没法交了，我们才会看到刚才胡老师讲的爱心篮子出现一些比较便宜的，比如说价值60欧分或70欧分的，可以吃一两天的意大利面之类的东西。但是这些东西并不能覆盖所有贫困人口，他们难道就看着这些贫困的人饿死吗？会不会出现一些街头游行的问题？

还有一点是关于思想界的。4 月份，我们在公众号里面看到意大利思想家阿甘本的几篇文章引起了整个欧洲哲学圈的讨论。阿甘本质疑，在认为新冠肺炎是流感的情况下意大利就早早宣布了紧急状态，这种方式是否可取。政府是不是已经把紧急状态视为一种非常常见的手段，只要有可能就宣布紧急状态，总理就可以越过议会去颁布法令？阿甘本因此被很多人攻击。之后我们发现，疫情并不是一种流感，比流感严重好几倍，德国哲学家南希就嘲笑阿甘本。阿甘本非常惧怕科技，甚至把科技视为一种宗教，南希认为这非常可笑，而且阿甘本曾经说服南希不要做心脏病手术，差点把南希给害死。大部分的哲学家都嘲讽阿甘本，但是阿甘本的用意非常明显，就是延续他 20 世纪 90 年代的两本书《赤裸生命》和《例外状态》中的观点，阿甘本认为政府在某种情况下会挥舞利维坦的剑，轻视人们的自由，把疾病夸张得越可怕，那它就越能挥舞这把利维坦的剑。我大概就讲这几点，同时我想问一下胡老师关于中央跟地方的关系。

**李松锋（主持人）：**

谢谢郭老师！逸豪是我们学校年轻的法律史和政治思想史学者，大家从他的发言中能够感受到浓厚的历史文化气息。我至今不知道逸豪会多少种语言，也没听出来刚才发言中说了多少种语言，很抱歉的是我只听懂了中文。郭老师帮我们分析疫情及其防治背后的文化因素，让我们能在更广阔的视野中思考当前世界面临的问题。谢谢逸豪！

今天在现场的还有我们外国语学院的雷佳老师。请雷老师讲几句吧。

**雷佳：**

谢谢李老师，我今天其实是来给我的好朋友"打 call"的，胡老师和我们私底下交流比较多。首先，还是要感谢胡老师刚才非常系统、详尽地介绍了意大利防疫的情况。我们在国内的一些社交媒体上，其实也能看到一些，但是胡老师给我们带来了更多更细节的内容。我有两个问题想要请教一下胡老师。

6月9日，疫情比较严重的伦巴第大区议会以42票赞同、33票反对通过了动议，督促伦巴第大区政府从国家和国际两个层面启动向中国政府追责的程序，动议里面最早有200亿欧元赔偿的内容，最后通过的动议将其删除了。我想请胡老师谈一谈对这个事件的看法。

另一个问题可能和今天的内容不是那么相关。很难得请到了我们胡老师，她的日常工作涉及两国的教育交流，中国政法大学在和意大利高校的交流和合作方面有很久远的传统，今天评议的两位老师，都是法大培养的非常优秀的人才，他们都是去意大利留学之后又回到了法大。我们和意大利的高校有很多合作的项目。我想请胡老师针对法大有留学意向的学生，提几点相关的建议，我的问题就是这些。

**李松锋（主持人）：**

谢谢雷佳老师！我刚才忘了说，雷佳老师也是在意大利留学，现在在外国语学院教意大利语，雷佳老师还是法学博士，法律和意大利语同样好。今天在现场的还有几位老师，但因为时间关系，没有办法让大家都发言。如果在座的老师或者同学有问题或者想交流的话题，可以在聊天区继续提出来。刚才评的几位老师也提了一些问题，接下来请胡老师作回应。

**胡俊宏（主讲人）：**

感谢大家对今天讲座主题的关注和兴趣。雷佳老师是我在罗马第三大学下一届的博士同学。刚才李媚老师提到了健康包，这里还要感谢费安玲老师组织一些留意学成归国的同学们筹集的抗疫物资。我对各位前辈、师弟师妹们再次表示衷心的感谢。

刚才大家提到，伦巴第大区议会在 6 月 9 日通过秘密表决的方式通过了对中国政府就新冠疫情蔓延的责任进行调查的决议，大家肯定有不同的想法，我跟大家交流一下我的想法。我认为这首先和意大利的国内政治有关。意大利，有三个实力最强的政党：民主党、五星运动和联盟党。当前的政府是民主党和五星运动联合执政，而伦巴第大区是最大的在野党——联盟党的所在地。此次新冠疫情最严重的地区就是伦巴第大区，出于推卸责任的需要，追责中国成为一种选择。当然也有很多议员认为，伦巴第大区作为意大利经济发展的火车头，当地意大利企业和中国之间关系密切，每年的贸易额达到 18 亿欧元，对中国不应该采取这样的态度。

此外，议会的决定也是地方性的，它也不能够代表意大利针对中国的外交态度。中国和意大利人民总体来讲非常友好，除了两国政府间的外交行为，民间外交也非常重要。在抗疫的过程当中，意大利人的逻辑和中国人非常接近。第一个问题，我就跟大家交流到这里。

逸豪刚才提到自由的问题，还有抗疫中暴露出来的老人的问题。在疫情当中，老人是受疫情影响最大、受疫情打击最严重的群体，这是世界普遍性的问题，也是我们应该深刻思考的问题。如果说我们的孩子在幼儿园里，我们肯定会在疫情暴发的第一时间把孩子从幼儿园接回家。但是，那么多的养老院成为疫情暴发的聚集地，为什么我们想不到有了疫情就第一时间把老人从养老院里接回家呢？这让我不免有一些伤感。刚才逸豪还提到了家庭的力量，人都是出生在家庭里，从家庭中获得力量，但是在人生接近终点时我们却要离开家庭，在养老院里度过余生。疫情让我们认真思考社会的老龄化问题。

关于自由的问题，我认为自由无疑是一种非常重要的价值。但是宪法确认的需要保护的权利非常多，在特定的情境下，对权利和价值的保护是不是应该有先后的排序？工作的权利、生命健康的权利都是需要保护的，如果在疫情当中仍然坚持强调自由，我认为这种价值排序也许不是特别恰当。

　　刚才逸豪提到中央和地方的关系以及紧急状态，我将其合并成一个问题来作回应。意大利这么早宣布紧急状态，当时有人认为孔特只是借机会把权力收归中央，现在看，宣布紧急状态的决定是正确的。抗疫过程中发布的那么多法令最终还是通过议会批准之后才真正具备了法律的效力。在 2 月 23 日晚上颁布，后来也被议会通过的法律当中，就有一条涉及中央和地方的关系，大意是为了应对疫情，大区政府可以采取目前法定范围以外的任何一种行动，只要其目的是阻止疫情的蔓延。在抗击疫情这件事情面前，尽管有中央收权的过程，但是也赋予了大区相当的自主权。我个人觉得还是合理的，在紧急状态下一定要有紧急的处理方式，尽管它不完美，但是仍然比不做任何事情要好。

　　雷佳老师刚才问了对于留学生的一些建议。我本人曾经在意大利留学，在新冠疫情暴发的时刻，我们大使馆真的为留学生做了不少的工作。我觉得意大利的高等教育水平在欧洲国家里面还是比较均衡的，刚刚发布的 QS 世界大学排名，意大利入榜大学的数量排在英国和德国之后，比法国和西班牙都要多。大家都知道意大利在法学领域的重要性，如果同学们有想法的话，最好一进入大学就开始学习意大利语。对于社会科学专业，语言是非常重要的，阅读能力、写作能力、交流能力都是以语言作为基础和前提。这是我给大家的建议，一定要打好语言的基础，为今后在专业方面的发展做好储备。疫情之下，留学这件事情可能又充满了不确定性，在未来，远程教学可能在一定程度上替代现场教学。意大利把高等教育的国际化作为他们的战略，最近这些年在有计划、有步骤地推进。意大利也非常重视和中国的交流合作，非常重视吸纳中国学生。意大利认为中国学生聪明、综合素质好，非常乐于选择我们。我们是不是选择意大利呢？我觉得大家可以在学习语言的过程当中给予更多的关注和了解。当然，我在这里向大家表示欢迎，热烈欢迎同学们未来能够到意大利留学。

**李松锋（主持人）：**

胡老师回答得非常全面、详细。谢谢几位老师，今天时间其实也不早了，不知不觉中讲座已经持续了两个小时。再次感谢几位老师，也感谢参与这场讲座的老师和同学。不管在哪里，首先希望大家能够保重自己，照顾好自己，注意安全。因为时间的问题，我指的是国内学校要放暑假，再加上我们的讲座在过去两个月的时间里覆盖了十多个国家和地区，限于种种原因，我们的系列讲座到这里就告一段落了。特别感谢过去两个多月以来，各位老师和同学对讲座的支持和帮助。讲座能办这么多场，主要是得益于在国外学习或者工作过的老师们的支持，使我们得以有这样的机会，给国内的老师和同学们介绍各个国家在应对疫情方面所做的事情以及防疫的效果，帮助我们一方面了解世界，另外一方面也反思自己，特别感谢大家的关注。今天就到这里，谢谢大家，再见。